한국 가톨릭 교회 - 이대로 좋은가?
II

SYE Kong-Sek, JENG Yang-Mo (ed.)
CATHOLIC CHURCH IN KOREA – GOING WELL AS SHE IS? II
— *Jesus Christ and the Church Authoritarianism* —

© Benedict Press, Waegwan, Korea 1999

한국 가톨릭 교회 - 이대로 좋은가? II
1999 초판
엮은이: 서공석·정양모／펴낸이: 김구인
ⓒ 분도출판사(등록: 1962년 5월 7일·라15호)
718-800 경북 칠곡군 왜관읍 왜관리 134의 1
편집부: (0545)971-0629
영업부: 〈본사〉(0545)971-0628 FAX.972-6515
〈서울〉(02)2266-3605 FAX.2271-3605
우편대체 계좌: 700013-31-0542795
국민은행 계좌: 608-01-0117-906
ISBN 89-419-9920-0 04230
값 7,500원

한국 가톨릭 교회 –
이대로 좋은가? II
― 예수 그리스도와 교회의 권위주의 ―

1999년 봄, 제2차 학술 심포지엄

서공석 · 정양모 엮음

분 도 출 판 사

발간사

1997년 10월의 제1차 심포지엄에 이어 이번에는 1999년 4월 24~25 양일간 제2차 심포지엄을 개최하였습니다. 많은 분들이 열성적으로 참여하고 활발하게 토론도 해 주셨습니다. 교회를 위한 열정들을 읽을 수 있었습니다.

교회 안에 우리의 자리가 어떤 것이든, 우리는 교회 안에 살면서 교회를 위해 일합니다. 교회는 신앙인에게 추상적인 것이 아닙니다. 신앙인의 삶과 직결된 현실입니다. 교회는 예수 그리스도가 남긴 언어를 따라 하느님 아버지를 중심으로 어떤 실천을 하는 사람들의 모임입니다. "교회"라는 주제는 "예수의 부활" 혹은 "아버지이신 하느님의 함께 계심"이라는 주제 못지않은 중요성을 지닙니다. 신앙은 진리의 명제命題들이 아닙니다. 그리스도 신앙은 예수로 말미암아 역사 안에 발생한 삶의 실천입니다. 이 삶의 실천을 볼 수 있고 이 삶의 실천을 메시지로 가진 공동체가 교회입니다.

교회는 우리에게 중요합니다. 교회 없는 신앙은 있을 수 없습니다. 역사 안에는 무교회無敎會주의자들의 시도가 많이 있었습니다. 그러나 모두 무산될 수밖에 없었습니다. 교회 공동체가 없으면 예수 그리스도와 하느님에 대한 메시지가 역사 안에 지속되지 않기 때문입니다. 그러나 교회는 하느님 나라도 구원도 아닙니다. 교회는 하느님 혹은 예수 그리스도와 동일하지 않습니다. 교회는 우리들입니다. 구원과 교회를 혼동하면 독선과 권위주의가 발생합니다. 독선과 권위주의는 예수께서 거슬러 싸우신 것이었습니다. 그것들은 하느님과 전혀 무관하고 그리스도적이지도 않습니다. 독선과 권위주의는 하느님을 부정하고 역사 안에 일하시는 "성령에 대해 모독하는"(마르 3.29) 일입니다. 예수 그리스도는 "온유하고 마음이 겸손하신" 분입니다. 우리는 "그분에게서 배워야"(마태 11.29) 합니다. 그러면서 우리는 교회일 수 있습니다.

유럽 중세 사회는 "교회 밖에 구원 없다"라는 구호를 남겼습니다. "사람들에게 주어진 이름들 가운데 우리가 의지하여 구원받아야 할 또 다른 이름은 하늘 아래 없습니다"(사도 4.12)라는 성서 말씀도 있습니다. 그러나 이런 구호와 말씀은 새롭게 해석되어야 합니다. 그리스도 신앙만이 유일한 종교였던 유럽 사회에서 "교회 밖에" 있다는 사실은 인간답게 살 수 있는 문화권 밖에 있다는 말입니다. "우리가 의지하여 구원받아야 할 유일한 이름"으로서 예수 그리스도는 베드로의 설교 안에 나타나는 초대교회의 신앙고백입니다. 이 구호와 신앙고백은 객관적 진리를 초역사적으로 선포하는 언어가 아닙니다.

"교회 밖에 구원 없다"고 말하는, 교회와 사회가 하나로 보였던 중세 유럽의 유산이 있습니다. 신앙고백적 언어를 진리에 대한 객관적 사실 보도와 구별하지 않고 초자연적 진리의 객관적 선포로 이해한 과거의 신앙 이해 관행이 있습니다. 거기에 과거 유럽이 몰랐던 다른 대륙들을 발견하면서 시작한 식민주의도 있습니다. 식민주의는 유럽 문명의 우월성을 기반으로 다른 대륙의 주민들을 지배하고 유럽의 문화를 그들에게 강요하는 횡포였습니다. 그 문화 안에는 그리스도 신앙도 들어 있습니다. 이런 유산, 이런 신앙 이해의 관행 그리고 이런 식민주의적 횡포 등이 우리에게 전해진 예수 그리스도에 대한 언어와 혼연일체가 되었습니다. 위에 지적된 세 가지 역사적 첨가물들을 추출하여 퇴출시키지 않으면 예수 그리스도의 복음은 왜곡됩니다. 그 복음의 진면목을 확인하지 못할 것입니다. 오늘 교회를 경직시키는 보수적 성향의 사람들은 과거의 이런 첨가물들을 복음에서 분리하지 못하거나 않겠다는 사람들입니다. 이 사람들은 오늘의 새로운 세상, 새로운 언어를 애써 외면합니다. 세상은 급격히 달라지고 있습니다. 사람들의 사고방식이 변하고 있습니다. 이 변화에는 가속이 붙어가고 있습니다. 그러나 교회들은 과거의 언어와 관행들을 예수와 하느님의 이름으로 포장하여 계시된 진리, 불변의 진리로 강요하고 있습니다. 그러나 기원의 체험으로 돌아가서 우리의 언어와 관행을 새롭게 점검하겠다는 생각은 드뭅니다. 그런 노력에 교회 기득권층은 대단히 인색합니다.

화석화된 언어와 제도를 지키기 위해 권위주의로 중무장한 군주(君主)들과 기사(騎士)들이 보입니다. 제1차 바티칸 공의회(1869~1870)가 정의한 교황의 무류권은 로마의 중앙집권이나 권위주의를 보장하기 위한 보도寶刀가 아닙니다. 화석化石은 관상용일 수 있습니다. 그러나 생명이 그 안에서 살기를 고집하면 그 생명은 상해傷害를 입습니다. 많은 신앙인들이 상해를 입고 있습니다. 오늘의 세상에 군주들은 사라졌습니다. 시대를 착각하고 태어난 군주들이 있긴 합니다. 그러나 그들은 있어도 없는 듯이 삽니다. 유럽의 기사들은 돈키호테와 더불어 이 세상에서 자취를 감추었습니다. 교회의 실상을 제대로 본 사람들 중 많은 이들이 좌절과 실망으로 교회를 떠나갔고 지금도 떠나가고 있습니다. 군주들과 기사들을 보아내지 못해서 떠나갑니다. 그들의 신앙 부족만을 탓할 수 없는 현실입니다.

이번 심포지엄에서 우리는 예수 그리스도로 말미암아 발생하는 언어의 성격을 부분적으로 짚어보았습니다. 그리고 오늘의 가톨릭 교회 안에 만연된 권위주의라는 비그리스도적 현실이 어떤 것인지를 살펴보았습니다. 그리스도 신앙의 기원적 현상과 우리 현실의 병폐를 함께 놓고 반성하자는 뜻이었습니다. 그것은 어디까지나 반성이었습니다. 교회는 교계제도의 것도 아니고 목자라고 말하는 소수 사람들의 것도 아닙니다. 예수 그리스도 안에 우리를 위한 하느님의 말씀을 듣는 우리 모두의 것입니다. 무력한 우리들의 "온유하고 겸손한" 반성이었습니다.

이 반성에 참여하고 기여하신 모든 분들, 한 분 한 분에게 하느님의 축복을 비는 마음입니다. 특히, 바쁘신 중에도 태평양을 건너와 미주 한인교회의 실상을 소개하고 깊이있는 반성을 해주신 민경석 교수님, 한국 여성 수도자들의 비애를 솔직하고 진실하게 반영해주신 소희숙 수녀님, 이번 심포지엄 개최 준비를 총지휘하고 토의에서 한국교회 내 여성이 안고 있는 문제들을 섬세하게 지적해주신 강영옥 박사님께 심심한 감사를 드립니다. 이번 심포지엄의 주최를 맡아준 "우리신학연구소"와 심포지엄 당일 현장에서 수고해 주신 모든 형제자매들, 토의 내용을 녹취하고 편집하는 수고를 해준 박경선 양 등 감사드려야 할 분들이 많습니다. 끝으로 수익성을 고려하지 않고 번번이 좋은 책을 만들어내시는 분도출판사 관계자 여러분에게도 감사의 말씀을 드립니다.

1999년 7월 7일
서 공 석

목 차

발간사 ··· 서공석   5

성서의 그리스도론 - 예수 그리스도 어제와 오늘 ············ 정양모   11
그들이 입을 다물면 돌들이 소리지를 것이다
　―「성서의 그리스도론 - 예수 그리스도 어제와 오늘」을 읽고 ········ 박태식   67

오늘의 그리스도론 ······································· 서공석   75
"남들의 연대" 그리스도론을 제창하며
　―「오늘의 그리스도론」을 읽고 ································ 민경석   92

〈질의응답〉 ···   99

패널토의자 발제문 1
교회 권위주의의 발생처 ································· 서공석 111

패널토의자 발제문 2
미주 교포교회 내의 권위주의와 가톨릭의 권위주의적 풍토 ···· 민경석 119

패널토의자 발제문 3
한국 가톨릭 교회 권위주의의 실태 및
여성 수도자들에게 미치는 영향 ···························· 소희숙 141

패널토의자 발제문 4
여성의 눈으로 본 한국 가톨릭 교회의 권위주의 ············ 강영옥 153

〈질의응답〉 ··· 163

성서의 그리스도론
— 예수 그리스도 어제와 오늘 —

정양모(신부, 신약학)

I. 사료
   1. 비기독교계 사료
   2. 기독교계 사료
II. 역사의 예수
   1. 개관
   2. 활동 내용
      2-1. 예수님의 가르침
      2-2. 예수님의 행적
   3. 예수 수난사
III. 신앙의 그리스도
   1. 예수 부활 신앙
   2. 그리스도론적 존칭

I. 사 료

1. 비기독교계 사료

1-1. 타키투스 Tacitus

로마 역사가 타키투스는 110년경에 쓴 「연대기」Annalia(15권 44장 2절)에서, 예수는 티베리우스 황제가 로마 제국을 다스릴 때 본티우스 필라투스 총독에게 처형당했다고 한다. 연대기 단락의 배경은 다음과 같다. 64년 7월 19일 네로 황제가 로마 시내를 불지르자 시민들이 들고일어났다. 황제는 다급한 나머지 그리스도인들을 방화범으로 지목하고 4년간(64~68) 몹시 박해했다. 사법 절차를 밟을 것 없이 닥치는 대로 저들을 살육하도록 황제는 명했다. 네로 박해 때 베드로와 바울로도 순교한 것 같다. 연대기 단락은 이렇다.

> 네로는 자신에 대한 소문에 종지부를 찍고자 방화범들을 조작하고 극형으로 다스리게 했다. 이들은 온갖 추행을 저질러 미움을 산 사람들인데, 민중은 이들을 그리스도인들(Chrestiani로 誤記)이라고 불렀다. 그리스도인들이란 명칭은, 티베리우스 치세 때 본티우스 필라투스 총독에 의해 처형당한 그리스도에게서 비롯한다.

1-2. 플리니우스 2세 Plinius Secundus

비티니아(지금의 터키 이즈미트 지역) 속주의 총독으로 재직하던 플리니우스 2세는 112년경 트라야누스 황제에게 올린 서간에서, 비티니아 지방의 그리스도인들에 대해 보고하면서 그들을 어떻게 다룰지 하명을 구했다. 이 서간 가운데서 중요한 단락을 직역하면 이렇다.

> 그리스도인들은 주장하기를, 자기네 죄악 또는 잘못이라야 다음과 같은 사실뿐이라고 합니다. 즉, 그들은 일정한 날 밝기 전에 관례적으로 모여

서로 번갈아가며 마치 신을 위하듯이 그리스도를 위해서 찬송가를 부른
다는 것입니다. … 이런 일들이 끝나면 그들의 관습에 따라 헤어졌다가
나중에 다시 모여 음식을 드는데, 이는 해롭지 않은 보통 음식입니다(서간
집 10권 제96신 7항).

이 글의 내용인즉, 비티니아 지방 그리스도인들은 일요일 새벽 해가 뜨기
전에 모여 미사를 드렸는데, 그들은 그리스도를 신처럼 여기면서 성가를
불렀다는 것이다. 그리고 일단 헤어졌다가 점심 때 또는 저녁 때 다시 모
여 함께 회식(애찬 agape)을 가졌다는 것이다.

1-3. 수에토니우스 Suetonius

플리니우스 2세의 친구이자 뛰어난 전기작가인 수에토니우스는 120년경에
「황제들의 생애」De vita caesarum를 썼는데, 그 중 "클라우디우스의 생애" 편에
서, 49년 클라우디우스 황제가 유대인들을 로마에서 추방한 사실을 다음과
같이 적었다. "황제는 그리스도(크레스투스로 誤記)의 사주로 계속해서 분란을
일으키는 유대인들을 로마에서 추방했다"(「황제들의 생애」 5권 25장 4절). 수에토니
우스는 그리스도가 로마에 살면서 그리스도인들을 사주한 것으로 착각했
다. 로마에서 분란을 일으킨 유대인들은 유대계 그리스도인들이겠다. 사실
유대계 그리스도인 부부 아퀼라와 브리스킬라가 이때 로마에서 쫓겨난 다
음 고린토에 정착해서 천막 만드는 일을 했는데, 마침 사도 바울로가 고린
토에 전도하러 와서는 이 부부와 함께 살면서 같은 일을 했다(사도 18.1-3).

1-4. 요세푸스 Flavius Josephus

요세푸스는 제1차 유대 독립전쟁(66~70) 때 갈릴래아 지방 독립군 사령관으
로 재직하다가 전세가 불리하자 로마군에 투항한 다음 로마로 가서 시민권
을 얻고 후한 연금을 받아 편히 살면서 그리스어로 「유대전쟁」, 「유대고
사」, 「자서전」, 「아피온 논박」을 썼다. 「유대고사」 총 20권은 90년경에 쓴

것으로서, 천지창조에서부터 제1차 유대 독립전쟁 발발까지의 이스라엘 역사를 다룬 대작인데, 이 가운데 "이른바 그리스도라는 예수와 동기간인 야고보가" 62년 대제관 아난(그리스어로 아나노스)의 명으로 돌을 맞아 순교했다는 토막기사가 있다(제20권 200항 = 9장 1절).

1-5. 바빌론 탈무드 Babylon Talmud

바빌론 탈무드는 메소포타미아에 살던 유대교 율사들이 6세기 말엽에 편찬한 법전인데, 그 중 산헤드린 43a에 예수의 종생에 관한 기록이 있다. 이 기록의 역사적 신빙성을 부정하는 견해가 있으나(J. Maier, J. Gnilka) 여기에는 소중한 전승이 깔려 있을 것이다.

> 과월절 전날 저녁 때 예수를 매달았다. 그 40일 전에 전령이 이렇게 외쳤다. "예수는 성 밖으로 끌려가서 돌을 맞아 죽을 것이다. 왜냐하면 그는 마술을 부리고 이스라엘을 현혹하고 빗나가게 했기 때문이다. 그를 변호할 말이 있는 사람은 나와서 발설하라." 그러나 변호하는 말이 없었으므로 과월절 전날 저녁 때 그를 매달았다.

위의 다섯 가지 비기독교계 사료에 실린 예수에 관한 정보를 취합하면 다음 다섯 가지에 지나지 않는다.
— 예수는 기적을 행하고 오설을 퍼뜨렸기 때문에 처형되었다(바빌론 탈무드).
— 예수는 과월절 전날 저녁 때 처형되었다(바빌론 탈무드).
— 예수는 티베리우스 치세 때 본티우스 필라투스 총독에 의해 처형되었다(타키투스).
— 예수의 아우 야고보는 62년 대제관 아난의 명으로 돌을 맞아 순교했다(요세푸스).
— 112년경 비티니아 속주의 그리스도인들은 일요일 해가 뜨기 전에 미사를 드렸는데, 그때 예수를 신처럼 섬겼다(플리니우스 2세).

2. 기독교계 사료

기독교계의 대표적 사료는 신약성서이다. 그 가운데서도 예수님의 언행을 비교적 충실히 담고 있는 공관복음서가 가장 중요하고, 예수님의 정체와 행적에 대한 명상을 적은 요한 복음서가 그 다음으로 중요하다. 2세기의 어느 영지주의자가 쓴 토마 복음서는 고려하지 않겠다. 예수님의 언행은 한 세대 또는 두 세대 동안 구전 과정을 거쳐 차츰차츰 기록되기에 이르렀다. 구전 과정과 기록 과정을 약술하면 다음과 같다.

2-1. 구전 과정 - 전승사

신약학계에선 구전 과정을 전승사라고 한다. 예수님의 말씀과 행적은 일정한 양식을 지니고 구전되었다.

* 말씀 양식
— 비유: 본래의 비유는 이야기가 자연스럽고 전하려는 메시지도 한 가지이다. 본래의 비유가 특수 비유 또는 우화로 변질되는 수도 있다. 공관복음서엔 비유 약 35수가 수록되어 있다.
— 은유: 상징적 표현이 들어 있는 간결한 비유이다.
— 단구短句(logion): 순 우리말로는 토막말씀이라 하겠다. 전혀 발설 배경 없이 전해오는 짤막한 말씀이다. 속담과 몹시 닮았다. 세분하면 잠언, 예언, "나 말씀", 유행어 등으로 나뉜다.

* 사화 양식
예수님의 행적을 이야기로 전할 때도 일정한 양식이 있었다.
— 단화短話: 단구와는 달리 발설 상황이 명시된 말씀이다. 흔히 상황 묘사 다음에 말씀이 달려 있다. 그래서 상황어라 해도 좋겠다.
— 논쟁: 예수님의 상대가 적의를 품고 예수님의 처신이나 말씀에 반론을

제기한다. 그러나 예수님이 항상 이긴다.
— 대담: 언뜻 보면 논쟁과 닮았지만, 상대가 예수께 반론을 제기하지 않고 오히려 슬쩍 떠보거나 예수님의 가르침을 받고자 한다.
— 이적사화: 쉽게 말해서 기적 이야기인데, 세분하면 치유 이적사화, 구마 이적사화(축귀 이적사화), 소생 이적사화, 자연 이적사화로 나뉜다. 네 복음서에는 치유 이적사화 14편, 구마 이적사화 5편, 소생 이적사화 3편, 자연 이적사화 8편이 실려 있다.
— 발현사화: 하느님, 천사, 부활하신 그리스도께서 모습을 드러내셨다는 이야기이다. 예수 부활 발현사화가 돋보인다.
— 수난사화: 마르코 14-15장에 실린 예수 수난 이야기는 일찍이 예루살렘 교우들이 길게 엮은 가장 일관된 이야기이다. 마태오와 루가는 마르코의 수난사화를 옮겨썼다. 요한 복음서의 수난사화는 요한계 교회에 따로 구전되던 것을 요한 복음작가가 채록한 것이다.

2-2. 기록 과정 – 편집사

* <u>예수 어록(Q)</u>

마태오 복음서와 루가 복음서를 비교해 보면 순서와 낱말이 일치하는 경우가 많다. 우선, 두 복음작가가 70년경에 씌어진 마르코 복음서를 제각기 구해서 베꼈기 때문이다. 그런데 마태오와 루가가 마르코 복음서를 베끼지 않은 단락인데도 순서와 낱말이 일치하는 경우가 적지 않다. 왜 그럴까? 두 복음작가가 또 하나의 문헌을 제각기 구해서 베꼈기 때문이다. 하이델베르크 대학교 신약학 교수 홀츠만Heinrich Julius Holtzmann(1832~1910)이 1863년에 펴낸 「공관 복음서」란 논문에서 이 문헌의 존재를 확증했다. 독일 신약학계는 이 문헌을 Q(源泉을 뜻하는 독일어 Quelle의 略字)라고 이름지었다. 예수님에 관한 사료들 가운데서 가장 오래된 그리고 가장 소중한 사료라는 생각에서 지은 이름이다. 우리말로는 예수 어록, 또는 줄여서 어록이라고 한다. 짐작하건대 시리아의 어느 그리스도인이 예수님의 가르침에 심취한 나머지

50~60년경 그분의 말씀 70여 편을 모아 예수 어록을 펴냈다고 여겨진다. 마태오와 루가가 다같이 이용한 사료는 마르코와 어록이라는 학설을 이출전설二出典說이라고 한다. 이 설이 처음엔 가설이었지만 지금은 정설이다.

어록의 됨됨을 약술하면 이렇다. 예수 사화는 두 편뿐이고(루가 7.1b-10 = 마태 8.5-10.13; 루가 11.14-15.17-22 = 마태 12.22-29) 나머지는 모조리 예수님의 말씀이다. "그리스도"라는 존칭은 나오지 않고, 그 대신 "인자"라는 존칭은 자주 나온다. 인자 존칭의 용법을 보면 인자는 이미 오셨다고도 하고(루가 7.34; 9.58 등), 장차 오시리라고도 한다(루가 12.8.10.40 등). 예수 어록은 요한 세례자의 출현과 심판설교로 시작해서(루가 3.1-17 = 마태 3.1-22), 제자들이 이스라엘을 심판하리라는 예언으로 끝난다(마태 22.28-30 = 루가 19.28). 그러니까 어록 편집자는 종말임박 신앙에 심취했던 그리스도인이다. 기이하게도 어록에는 예수 수난사화도 예수 발현사화도 없다. 두 가지 사화가 본래부터 씌어지지 않았을까? 마지막 장에 씌어졌지만 관리를 잘못해서 떨어져나간 것일까? 큰 수수께끼가 아닐 수 없다. 마태오는 어록의 순서와 낱말을 많이 뜯어고친 데 비해, 루가는 어록의 순서와 낱말을 비교적 잘 보존했다. 그래서 어록을 복구할 때 루가 복음서를 따르는 게 관행이다. 예수 어록의 형성 과정에 관심이 있는 이는 조태연 지음『예수 운동』〔대한기독교서회 1996〕 325-404쪽을 보라.

* 공관복음서

예수 어록은 예수님의 말씀 모음인 데 비해, 말씀뿐 아니라 예수님의 행적을 이야기로 엮은 사화까지 기록한 작품을 복음서라고 한다. 70년 전후해서 어느 해외 유대계 그리스도인이 역사상 처음으로 복음서를 펴냈으니, 곧 마르코 복음서이다. 마르코 복음서에서는 예수님의 선재先在는 말할 것도 없고 그분의 사생활도 거론하지 않는다. 아울러 빈무덤사화로 복음서를 마무리하고, 부활하신 그리스도의 발현사화를 언급하지 않는 것도 특색이다.

아마도 시리아에 살던 해외 유대계 그리스도인이 80~90년경에 마태오 복음서를 펴냈을 것이다. 그는 마르코 복음서와 예수 어록을 베끼면서 가감·수정을 하곤 했다. 말하자면 자기 교회의 실정에 맞게 예수님의 언행을 재해석했던 것이다. 아울러 마태오는 자기 교회에 구전되던 예수 전승들을 부지런히 채록했다. 이를 일컬어 마태오의 고유사료(略 SM)라 한다. 같은 시기에 어느 이방계 그리스도인이 루가 복음서와 사도행전을 썼다. 그가 루가 복음서를 쓸 때 역시 마르코 복음서와 예수 어록을 부지런히 베끼면서 자신의 관점에 맞추어 가감·수정하곤 했다. 또한 그는 교우들 입에서 입으로 전해지던 예수 전승들을 열심히 채록했다. 이를 일컬어 루가의 고유사료(略 SL)라 한다. 이처럼 사료와 내용에 있어 서로 관계가 밀접한 마르코, 마태오, 루가 복음서를 합쳐 공관복음서라 한다. 앞으로 공관복음서를 중심으로 "역사의 예수"를 엮을 것이다.

* 요한 복음서

예수님을 가까이서 따른 제자들 가운데는 열두 제자말고 예수님의 사랑을 듬뿍 받은 "애제자"라는 분이 있었다. 그의 이름은 알 길이 없고 애제자라는 별명만 전해온다. 후대 기독자들은 애제자를 열두 제자 가운데 하나인 요한과 동일시했다. 1세기 말엽에 애제자의 영향력은 매우 커서, 그의 제자들이 이른바 요한계 문헌이란 작품집을 남겼다. 애제자의 첫 제자가 요한 복음서 1-20장을 쓴 데 이어, 둘째 제자가 요한 복음서 21장을 가필했다. 또한 셋째 제자(들)이 요한 1-3서를 썼고, 넷째 제자가 요한 묵시록을 썼다.

요한 복음작가는 예수 사건을 두고 골똘히 그 뜻을 새긴 명상가이다. 요한 복음은 예수 명상록이다. 그래서 역사적 정보는 비교적 빈약한 편이다. 그의 사상 가운데 가장 돋보이는 것은 예수님을 하느님으로 받들었다는 점이다. 요한 복음을 좋아하는 이들이 적지 않지만 나는 요한의 명상을 따라가기 무척 어렵다. 우리나라 중견 시인 한 분은 요한 복음서를 정독하고 나서 복음작가에 대해 딱 한 마디 평을 내렸다. "당돌해요." 네 복음서의 형성 과정을 자세히 익히려면 헤르만 헨드릭스 지음 『예수에게서 복음서까지 - 복음서의 형성 과정』(분도출판사 1985)을 보라.

II. 역사의 예수

1. 개 관

네 복음작가들은 객관적으로 예수님의 역사를 쓴 것이 아니라, 어디까지나 그리스도인의 입장에서 주관적으로 예수님에 대한 믿음을 적었다. 예수님의 말씀과 사화는 그리스도 신앙으로 심히 윤색되어 있다는 말이다. 역사의 예수와 신앙의 그리스도를 구분하는 것은 불가능하지도 않지만 결코 쉬운 일도 아니다. 1950년대까지만 해도 역사의 예수를 규명하는 일은 불가능할 뿐더러 중요치도 않다는 견해가 널리 퍼졌다. 역사적 예수의 구체적 실상을 소홀히 여기고 오직 초월적 그리스도에 대한 막연한 신앙만 강조하는 신학 사조가 한 세대 이상 계속되었다. 그러나 1950년대부터 역사의 예수 연구는 활발히 진행되고 있고 그 중요성도 인정되고 있는 형편이다. 여기서는 먼저 역사의 예수를 논한 다음에 신앙의 그리스도를 추적코자 한다.

1-1. 탄생 연월일

디오니시우스 엑시구우스라는 수사가 525년 로마에서 예수 성탄을 기점으로 서력을 만들었다. 그는 예수께서 로마 건국 754년에 탄생하신 것으로 여겼는데, 계산이 조금 틀렸다. 예수는 헤로데 대왕 생존시에 탄생하셨다 (마태 2.1.19; 루가 1.5). 그런데 헤로데는 로마 건국 750년에, 곧 기원전 4년에 예리고 길트 하천변 별궁에서 병사했으니, 예수는 기원전 4년보다 앞서 탄생하셨다. 정확히 몇 년이나 앞서 탄생하셨는지는 밝힐 길이 없다. 흔히 기원전 6~7년경에 탄생하셨으리라고 짐작할 뿐이다. 12월 25일 크리스마스도 예수의 진짜 탄일이 아니다. 로마의 기독교인들이 313년 신앙의 자유를 얻고 난 다음부터 예수 탄일을 지내기 시작했는데, 언제 태어나셨는지 모르니까 로마 시민들이 "불멸의 태양 탄일"을 경축하던 동짓날을 예수 성탄일로 정했을 뿐이다.

3세기 이집트에서는 예수께서 5월 20일에 태어나셨다고 여겼다(알렉산드리아의 클레멘스, *Stromateis* 1권 145장 6절). 동방 정교회 대부분은 1월 6일에 예수 성탄을 경축한다. 아르메니아 정교도들은 1월 17일에 예수 성탄을 지낸다.

1-2. 탄생지

마태오 복음서와 루가 복음서의 예수 탄생기에 따르면, 예수께서는 예루살렘 남방 10킬로미터 지점에 자리잡은 메마른 촌락 베들레헴에서 태어나셨다고 한다(마태 2,1; 루가 2,4). 베들레헴은 성군으로 추앙받은 이스라엘 제2대 임금 다윗의 고향이다. 그의 후예 가운데서 미래의 성군 메시아가 탄생하리라고 이스라엘 백성은 예나 이제나 굳게 믿는다. 이와 관련하여 조상 다윗처럼 그 후예 메시아도 베들레헴에서 탄생하리라는 믿음이 수백년 전부터 내려왔다(미가 5,1).

역사비평학계에선 예수께서 갈릴래아 지방의 한촌 나자렛에서 태어났다고 보는 견해가 지배적이다. 말하자면 베들레헴은 그리스도인들의 믿음을 반영하는 신앙적 탄생지요, 나자렛은 사실을 반영하는 역사적 탄생지라는 것이다(졸저 『이스라엘 성지 어제와 오늘』[생활성서사 1988] 103-6쪽). 동방에서 점성가들이 베들레헴을 찾아와서 예수 아기를 경배했다는 전설의 뜻인즉, 예수는 이스라엘 선민뿐 아니라 세계 만민 모두의 메시아라는 것이다.

1-3. 가족 사항

예수의 어머니는 마리아, 아버지는 요셉이었다. 예수께서 27~30년 팔레스타인에서 활약하시는 동안 어머니는 가끔 찾아오는 데 비해 아버지는 전혀 나타나지 않는 사실로 미루어 요셉은 일찍 사망한 것 같다. 예수께는 야고보, 요세, 유다, 시몬이라는 네 남동생이 있었고 누이동생들도 있었다(마르 6,3). 가톨릭에선 성모 마리아는 평생 동정이셨다는 교리를 신봉하는 까닭에 흔히 이들을 예수의 친동기로 보지 않고 가까운 친척들로 간주한다. 반면 개신교계에서는 이들을 친동기로 본다. 마리아가 예수를 낳을 때까지는 동정이셨지만 그후에는 요셉과 정상적인 부부관계를 맺어 많은 아들딸들을 낳았다고 본다. 신학적으로 이 문제는 그리 중요치 않다. 가족사항에서 유의할 점은, 당시 이스라엘에는 조혼이 관행이었음에도 불구하고 예수는 내내 독신으로 지내셨다는 사실이다(마태 19.12 참조). 그리스 소설가 니코스 카잔차키스는 「예수의 마지막 유혹」에서, 포르투갈 출신으로 1998년 노벨문학상을 수상한 주제 사라마구는 「예수의 제2복음」에서 막달라 출신 마리아를 예수님의 정부로 묘사했는데, 이는 매우 무책임한 짓거리이다.

1-4. 직업

예수께서는 손재주 하나로 대가족을 부양한 기술자셨다(마르 6.3: 그리스어로 텍톤). 더 자세히 말해 나무를 다루는 목수, 돌을 다루는 석수, 나무와 돌을 모두 다루는 건축 기능공이셨다. 고향 나자렛 빈촌에서는 일거리가 별로 없었겠으나, 나자렛에서 북쪽으로 불과 5킬로미터 떨어진 세포리스(기원전 4~서기 20년 갈릴래아 수도)에는 일감이 제법 있었으리라. 그런가 하면 18~20년 헤로데 안티파스가 갈릴래아 호수 서변에 새 수도 티베리아를 건설할 때는 일감이 넘쳤으리라고 여겨진다. 마태오는 예수님의 직업에 대해선 말이 없고 그 대신 아버지 요셉의 직업을 명시하여 요셉은 기술자였다고 한다(마태 13.55). 당시엔 직업도 부전자전이라 요셉과 예수 둘다 기술자였다고 보면 무방하겠다. 요셉의 목공소를 그린 그림으로는 조르주 드 라 투르(1645년경 루브르), 존 E. 밀레이(1849~1850 런던 테이트)의 작품이 돋보인다.

1-5. 교육 수준

석가, 공자, 소크라테스는 모두 당대로서는 남달리 많이 배운 지식인들이었다. 대조적으로 막둥이 성인 예수께서는 회당에서 성경을 읽고(루가 4.16-30) 땅바닥에 글을 쓸 정도의(요한 8.1-11) 초보적 교육을 받았을 뿐이다(요한 7.5). 우리네 식으로 말하자면 언문 해독을 했다 하겠다. 예수께서 율사들과 논쟁하는 사실을 근거로 하여 그분을 상당한 지식인으로 보는 견해가 있지만 설득력이 약하다.

1-6. 출가

루가 복음작가는 요한 세례자가 침례운동을 벌인 때를 명기하여 티베리오 황제 치세 제15년이라고 한다(루가 3,1). 시리아 지방의 역산법에 따르면 제15년은 27년 10월 1일부터 28년 9월 30일까지이다(샤를르 뻬로 [박상래 옮김] 『예수와 역사』, [가톨릭출판사 1985] 84쪽). 요한은 유대 지방 요르단 강(마르 1,9)과 그 동쪽에 있는 베다니아에서(요한 1,28), 하느님이 세상을 심판하실 날이 임박했으니 서둘러 회개하라고 설교하면서 회개의 표시로 침례를 받으라고 촉구했다. 이때 많은 유대인들이 요한에게 몰려갔는데, 예수께서도 그 틈에 끼여 요한에게 침례를 받으셨다. 다른 이들은 침례를 받은 다음 모두 고향으로 돌아갔건만, 예수께서는 고향을 등지고 목수·석수 일을 팽개치고 어머니 공양과 동생들 부양을 저버리고 잠시 동안 세례자의 침례운동에 가담했다가(요한 3,22), 곧 독자적으로 활동하셨다.

예수께서는 세례를 받으실 때 엄청난 체험을 했기 때문에 그런 결단을 내리셨다. 무슨 체험을 했을까? 세례사화에선 이렇게 적었다. "예수께서 즉시 물에서 올라오시면서 보시니 하늘이 갈라지고 영이 비둘기처럼 당신에게 내려왔다. 그리고 하늘에서 소리가 났다. '너는 내 사랑하는 아들이니, 나는 너를 어여삐 여겼노라'"(마르 1,10-11). 예수께서는 침례 때 천지가 상통하고 하느님 아빠의 거룩한 기운이 당신에게 내리는 시각 체험, 당신 자신은 하느님 아빠의 사랑을 듬뿍 받는 귀한 아들이라는 청각 체험을 하셨다는 것이다. 세례사화는 예수님의 신체험을 집약한 뜻깊은 이야기라고 생각된다.

가족들은 예수님의 출가를 도무지 이해할 수 없었다. 어머니와 아우들은 출가한 예수를 정신병자로 여기고 강제로 귀가시키려고 출동한 적도 있다(마르 3,20-21.31-35). 이 단화短話(Apophthegma) 끝에 나오는 예수님의 반응은 매우 의미심장하다. "누가 내 어머니며 동기들입니까?" 하시고 나서, 당신 주변의 청중들을 가리키시면서 "보시오, 내 어머니와 내 형제들을! 하느님의 뜻을 행하는 그런 사람이 내 형제요 자매요 어머니입니다"고 하셨다는 것이다. 핏줄을 나눈 혈연 가족을 버리고 당신이 천명하시는 하느님의 뜻을 행하는 신앙 가족을 택하신다는 말씀이다. 같은 내용의 단화가 루가 11,27-28에 실려 있다. 어느 부인이 예수님의 설교에 감복해서, 저런 아들을 낳은 어머니는 복도 많지 하는 소리를 듣고 예수께서는 "오히려 복되도다. 하느님의 말씀을 듣고 지키는 사람들!"이라고 대꾸하셨다.

1-7. 활동 지역

예수께서는 요한 세례자에게 침례를 받으신 다음 주로 갈릴래아 지방에서, 정확히 갈릴래아 호수변에서, 더 정확히 호수 북반부 주변에서 활약하셨다. 호수 북반부 예수님의 활동 지역들을 티베리아에서부터 시계 방향으로 돌면서 꼽으면 다음과 같다. 18~20년 갈릴래아 영지의 수도로 건설된 신도시 티베리아, 마리아 막달레나의 고향 막달라, 예수께서 배를 타고 오시어 뭍에 내리신 적이 있는 겐네사렛 평야, 빵 다섯 개와 물고기 두 마리로 5천 명을 먹이셨다는 전설이 전해오는 타브가, 예수님의 활동 근거지 가파르나움, 가파르나움 북쪽에 있는 코라진, 시몬 베드로와 안드레아와 필립보의 고향 베싸이다 율리아스, 무덤에 사는 이방인 미치광이를 고쳐주신 게르게사(지금의 Kursi) 등이 예수님의 활동 주무대였다. 또한 예수께서는 열두 제자를 양성하고 둘씩 짝지어 이스라엘 각지로 파견하셨다.

1-8. 활동 기간

루가에 따르면 예수께서는 티베리오 황제 치세 제15년(27년 10월 1일 ~ 28년 9월 30일)에 요한 세례자에게 침례를 받고 출가하셨다(루가 3,1). 그리고 예수께서는 거의 확실히 30년 4월 7일 금요일에 처형되셨다(졸고 「예수 수난사」 『종교신학연구』 제9집 〔분도출판사 1996〕 321-5쪽). 그렇다면 예수께서는 두 해 반쯤 공적으로 활약하신 것으로 생각된다.

요한 복음작가는 예수님의 공생활 벽두에 성전 정화 사건을 배치한다(요한 2,13-22). 그때 유대인들과 예수 사이에 언쟁이 벌어지는데, 유대인들이 이르기를 "이 성전을 짓는 데 46년이 걸렸다"고 한다(요한 2,20). 그 뜻인즉, 헤로데 대왕이 기원전 20~19년 예루살렘 성전 개축 공사를 시작한 때부터 (요세푸스 「유대고사」 15권 380항) 언쟁 때까지 46년째 공사가 계속된다는 것이다. 그렇다면 언쟁의 시기는 27~28년경이 된다. 이는 루가 3,1의 기록과 신통할 만큼 일치한다(베로 「예수와 역사」 84-5쪽).

그러니까 예수께서 공적으로 활약하시는 동안 과월절을 한 차례 맞으셨다는 공관복음서의 기록보다는, 세 차례(요한 2,13; 6,4; 11,55) 과월절을 맞이하셨다는 요한 복음서의 기록이 더 신빙성이 있다. 눈먼 장닭도 어쩌다 모이를 쪼아먹는 수가 있다더니, 역사적 신빙성이 빈약한 요한 복음서의 증언이 더 믿음직스러운 경우도 있다.

예수께서는 헤로데 대왕이 기원전 4년 예리고에서 병사하기 전에 탄생하셨다고 한다(마태 2,1.19; 루가 1,5). 예수님의 출생 연도를 기원전 7~6년쯤으로 잡곤 한다. 이게 사실이라면 예수께서는 대략 36~37세를 일기로 종생하셨다고 하겠다.

1-9. 활동 배경
1-9-1. 정치적 배경

기원전 63년 로마군 사령관 폼페이우스가 예루살렘을 점령한 다음, 이스라엘 남부 반사막 지역 이두매 출신 이방인 안티파테르가 로마의 환심을 사서 팔레스타인에서 실권을 행사했다. 43년 안티파테르가 암살당하고, 40년 그의 아들 헤로데가 로마 원로원으로부터 "유다와 사마리아의 왕"이란 칭호를 받았다. 그는 37년 로마군의 지원으로 예루살렘을 점령하고 무려 33년간(기원전 37~4) 팔레스타인 전역을 다스렸다. 기원전 4년 과월절을 앞두고 헤로데는 예리고 별장에서 병사했다. 죽기 닷새 전에, 그는 친아들 왕세자 안티파테르가 자신을 배신할세라 의심해서 처형했다(요세푸스 「유대전쟁」 1권 661-664항). 헤로데의 아들 셋이 아버지의 영지를 나눠가졌다. 헤로데 아르켈라오(기원전 4년 ~ 서기 6년 재위)는 유다와 사마리아를, 헤로데 안티파스(기원전 4년 ~ 서기 39년 재위)는 갈릴래아와 베레아를, 헤로데 필립보(기원전 4년 ~ 서기 34년 재위)는 골란 고원 북부 지역을 각각 다스렸다. 6년 아우구스투스 로마 시황제는 유다와 사마리아의 임금 아르켈라오를 프랑스 비엔느로 귀양보내고, 총독을 파견하여 두 지역을 다스리게 했다. 본시오 빌라도(26~36년 재직)가 제5대 총독으로 재직할 때 예수께서는 공적으로 활약하시다가 이스라엘 주권을 복원하려 했다는 죄목으로 처형되셨다. 상론을 바란다면 박상래 지음 「성서와 그 주변 이야기」〔바오로딸 1977〕 156-88쪽을 보라.

1-9-2. 종교적 배경
* 성전 중심의 사두가이파

　이스라엘 백성의 신심 중심지는 예루살렘 성전이다. 기원전 20~19년부터 대대적으로 개축하기 시작한 성전에선 오전·오후에 정기적으로 제사를 드렸고, 그밖에도 신도들이 제수를 가져오면 수시로 속죄의 제사, 친교제, 번제를 드리곤 했다. 매일 오전·오후 정기 제사 때에는 "기름에 반죽한 고운 밀가루와 함께 어린양을 잡아 번제로 살라 바쳤다(민수 28.1-8 참조). 한 살짜리 어린양을 잡아 그 피는 제단에 뿌리고 몸통은 네 쪽으로 잘라 남김 없이 불에 살라 바쳤다(레위 1.3-13 참조). … 안식일에는 어린양을 두 마리 더 바쳤고 고운 밀가루 반죽도 그렇게 했다. 매월 초하룻날(일종의 新月祭)에는 속죄를 위해서 황소 두 마리, 숫양 한 마리, 어린 양 일곱 마리, 숫염소 한 마리를 바쳤고 아울러 고운 밀가루와 포도주도 바쳤다"(박상래 「성서와 그 주변 이야기」 204-5쪽). 예수 시대에 성전에서 봉직하던 제관들과 그 보조원 레위들의 숫자를 요아킴 예레미아스 교수는 1만 8천 명으로 추산했다. 그들은 십일조와 성전세와 헌금으로 생계를 유지했다. 제관들은 24개조로 나뉘어 한 주간씩 돌아가면서 제사를 바쳤다.

　제관들의 우두머리인 대제관과 그 측근 고급 제관들이 귀족들과 야합하여 사두가이 당파를 형성했다. 이들은 기득권에 집착한 나머지 평신도 당파인 바리사이당과 대립관계에 있었다. 이들은 노상 정권과 헬레니즘에 동조하는 입장을 취했기 때문에 여론의 지지를 받지 못했다. 이들의 사상적 특징으로는 구전 부정(『유대고사』 13권 297항), 천사의 존재 부정(사도 23,8), 영혼 불멸 부정(『유대고사』 18권 16-17항)을 꼽겠다. 부활을 부정했다는 설(마르 12,18-27), 모세 5경만 경전으로 인정했다는 설도 있다.

예수께서는 사두가이들과 자주 부딪치지 않으셨다. 30년 4월 초순 예수 님이 성전에서 상인들을 쫓아내신 성전 정화 사건으로 이들의 비위를 거슬 린 게 그분을 죽음으로 몰고간 것 같다.

* 율법 중심의 바리사이파

마카베오 독립전쟁 때 "경건자들"(하시딤)이 독립운동에 가담했다. 독립전 쟁이 성공하여 하스몬 왕조가 세워졌을 때 현실 정치에 동조한 경건자들이 바리사이파로 발전했고, 하스몬 왕조가 대제관까지 겸직하는 것에 분개해 서 사해 서북쪽 쿰란으로 물러가서 묵시문학적 영성을 추구한 이들이 에쎄 네파가 되었다. 바리사이들은 요한 히르카누스(기원전 134~104) 치세 때 사두 가이들의 적수로 나타난다(『유대고사』 13권 288-290항). 알렉산델 얀네우스(기원전 103~76) 치세 때는 정권에 저항했고, 그 후계자 살로메 알렉산드라(기원전 76~67) 치세 때는 정권과 화해하면서 영향력이 급상승했다. 예수 시대에 바 리사이들은 6천여 명이었으리라고 요아킴 예레미아스는 추정했다.

바리사이들은 성경과 더불어 구전도 중시했다(『유대고사』 13권 297항). 이들은 신도들의 신앙생활에 도움을 주고자 즐겨 결의론을 전개했다. 이들은 천사 들의 존재와 죽은 이들의 부활을 믿었다(사도 23,6-8). 네 복음서에 보면 예수 께서는 주로 바리사이들과 논쟁을 벌이신다. 이는 예수께서 그만큼 그들과 어울리셨다는 반증이기도 하고, 유대교와 기독교간의 논쟁을 소급해서 예 수님 입에 담았기 때문이기도 하다(졸저 『마태오 복음 이야기』 중 「유대교 심판설교」).

* 종말에 집착한 에쎄네파

에쎄네파의 출현 동기는 이렇다. 시리아 정권을 상대로 이스라엘 독립운 동을 일으킨 마타티아 제관의 넷째아들 요나단(기원전 160~142)이 독립군 지도자로 군림한 것까지는 무방했는데 그만 과욕을 부려 152년 대제관 직분까지 겸직했다(1마카 10,21; 1Q 하바꾹 주석 8,1-13). 일이 이렇게 되자 그때까지 독립운동에 가담했던 경건자들 가운데 제관들이 몹시 저항했다. 사독계 제관 "의로운 스승"이 저항운동을 이끌었다. 대제관은 사독 가문에서 배출되는 전통을 요나탄이 거슬렀다는 것이다. 에쎄네 중앙 수도원 쿰란을 발굴한 드 보Roland de Vaux에 따르면, 요나탄의 조카 요한 히르카누스 치세 때 의로운 스승 또는 그 후계자가 추종자들을 거느리고 사해 서북부 쿰란으로 이주하여 큰 수도원을 세웠다. 기원전 31년 대지진으로 쿰란 수도원이 파괴되자 수도자들은 어디론가 이주했다가, 헤로데 대왕의 아들 아르켈라오 치세 때 다시 쿰란으로 돌아와서 수도원을 재건했다. 66년에 제1차 유대 독립전쟁이 일어나고, 로마 진압군 사령관 베스파시아누스 장군이 68년 6월 21일 예리고를 탈환했다(요세푸스 「유대전쟁」 4권 450항). 예리고에서 남쪽으로 불과 13킬로미터 떨어진 쿰란의 수도자들은 서둘러 도서관 장서를 뒷산 열한 개 동굴에 숨기고 도망치다가 모두 몰살된 것 같다. 그들의 장서가 1947년부터 발굴되기 시작했으니, 이른바 쿰란 문헌이다.

에쎄네는 묵시문학에 빠져서 종말 전쟁, 종말 잔치를 꿈꾸었다. 이들은 종말에 구원되고자 엄격한 계율을 만들어 정성껏 지켰다. 이들은 몸과 마음을 정결케 하는 데 신경을 곤두세웠다. 수시로 목욕(洗淨浴)을 했을 뿐 아니라, 정액으로 더럽혀지지 않으려고 독신으로 살았다. 적어도 쿰란 수도자들은 사유재산을 포기하고 독신으로 살았다. 그렇지만 이들에게 동조하는 재가 신도들은 재산도 소유하고 결혼도 했다.

예수는 에쎄네 수도원의 회원이었다는 허무맹랑한 설이 유포되고 있다(Barbara Thiering). 그런가 하면 쿰란 제7 동굴에서 나온 그리스 파피루스(7Q5)는 마르코 복음 6,52-53과 일치한다는 맹랑한 설이 25년 전에 처음으로 제기되더니(José O'Callaghan), 최근에 다시 나타나고 있다(C. P. Thiede / M. d'Ancona, Der Jesus-Papyrus, München 1996). 그러나 쿰란 문헌 판독 전문가 푸에슈Emile Puech는 이들 사이비 학자들의 설을 일축했다(Welt und Umwelt der Bibel, Heft 10 [4. Quartal

1998] p. 44). 에쎄네와 쿰란에 관한 논문 세 편만 적는다: 졸저 『이스라엘 성지 어제와 오늘』 [생활성서사 1988] 72-8쪽; 박상래 『성서와 그 주변 이야기』 [바오로딸 1997] 222-49쪽; 안성림/조철수 역주 『사해문헌』 I [한국문화사 1996].

* 독립투사들의 열혈당

유대인 역사가 요세푸스는 「유대전쟁」에서 때때로 열혈당의 유래와 활동을 언급하는데, 그 기록들을 모으면 이렇다. 6년 로마 황제 아우구스투스가 유다와 사마리아 지방의 임금 아리스토불로스를 프랑스 비엔느로 귀양보내고 총독을 임명하여, 세금을 거둘 목적으로 호구조사를 실시했다. 그러자 갈릴래아 호수 북쪽에 자리잡은 천연 요새 가믈라(지금의 Khirbet es-Salam) 출신 유다가 호구조사와 납세 거부 운동을 벌였다. 그가 내세운 기치인즉 이스라엘 성지의 주인은 하느님 한 분뿐이시라는 것이었다. 이것이 열혈당의 효시이다(2권 118-433항; 7권 253-257항). 유다의 두 아들 야고보와 시몬도 반로마 운동을 벌이다가 티베리우스 알렉산델 총독(46~48년 재직)에게 처형당했다. 그의 후손과 자객들이 알비누스 총독 때(62~64년) 대제관 요나탄을 죽였다(2권 254-257항). 유다의 손자 메나헴은 66년 예루살렘에서 독립운동을 하다가 다른 독립군 단체에 의해 살해당했다(7권 253항). 유다의 후손인 엘레아자르 벤 야이르는 마사다 천연 요새에서 독립군을 지휘하다가 74년 해방절에 장렬히 순국했다(7권 391-401항, 졸저 『이스라엘 성지 어제와 오늘』 83-5쪽). 이상이 요세푸스가 기술한 열혈당, 일명 자객당의 유래와 활약상이다. 열혈당(그리스어로 젤로테스, 아람어로 칸느안)은 하느님과 민족에 대한 열정이 넘쳐 로마인들과 로마에 동조하는 동족을 배척한 데서 유래한 명칭이다. 열혈당원들 가운데는 단도로 로마인들과 로마에 동조하는 자들을 처치하는 극렬분자들이 있었다. 예수님의 열두 제자 가운데서도 지난날 열혈당원으로 활약한 시몬이라는 이가 있었다(마르 3,18). 열혈당의 유래와 활약상은 여기서 약술한 것보다 훨씬 복잡하다(박상래 『성서와 그 주변 이야기』 249-64쪽).

예수님은 민족독립운동을 비롯해서 정치 문제에 관심을 드러내지 않으셨다. 로마의 군국정치나 그리스의 민주정치에 대해 잘 알지도 못하셨거니와 관심조차 표명하지 않으셨다. 경제 문제에 대해서도 그렇다. 예수께서는 유산 분배 문제에 개입하는 것을 단호히 거절하셨다. 만일 그분이 이승에 환생하신다면 자본주의, 사회주의 또는 제3의 길에 관심을 드러내실까? 단지 온 겨레에게 혜택이 가는 경제를 추구하라는 정도의 말씀을 하셨을 것이다. 요즘 우리의 시각이긴 하지만 당시 최대의 사회 문제라면 노예제도를 들겠다. 예수님이나 바울로는 노예제도 철폐를 거론하신 적이 없다. 단지, 노예를 학대하지 말고 사람으로 아껴야 한다는 말씀을 하셨을 따름이다. 또한 예수께서 문학, 음악, 조형 예술에 대해 말씀하신 일이 없다. 문화에 대한 그분의 뜻을 감히 헤아린다면, 나날을 살아가는 데 보람을 심어주는 문화를 가꾸라는 정도였을 것이다. 위의 관점이 옳다면, 예수님 또는 신약성서에 근거해서 정치신학, 경제신학, 사회신학, 문화신학을 전개하는 것은 번지수가 빗나갔다는 생각을 떨쳐버리기 어렵다. 우리나라의 경제 위기를 맞아 개신교계 신약학자들이 힘을 합쳐 『신약성서의 경제윤리』(한들 1998)라는 논문집을 펴냈는데, 과연 경제위기 해소에 얼마나 도움이 될까 묻고 싶다.

* 묵시문학 사조

묵시문학은 기원전 2세기부터 서기 2세기까지 이스라엘 선민들 사이에 크게 유행한 종교문학이다. 이때로 말하면 선민이 시리아와 로마의 압제에 시달리던 시대로서, 이집트에서의 종살이와 바빌론 유배에 이어 참으로 처참한 난세였다. 묵시문학도들은 의기소침한 선민에게 종교적 위안이나마 주고자 애썼다. 이들은 현실에 절망하고 오직 초현실에 희망을 걸었다. 이들은 세상을 양분하여 "이 세상"과 "오는 세상"으로 나누었다. 이 세상은 아담이 작죄한 이래 사탄(= 벨리아르 = 벨리알)의 지배를 받는 까닭에 죄와 악의 소굴이다. 역사는 발전하는 게 아니고 중단없이 퇴보한다. 종말이 가까워질수록 죄와 악이 늘어난다. 작게는 가정이 파괴되고 나라는 가뭄, 홍

수, 기근, 지진, 전염병으로 쑥밭이 되며 국제간에 전쟁이 자주 일어난다. 마침내 해, 달, 별이 빛을 잃고 뚝뚝 떨어지는 등 우주적 파국 현상이 일어나서 사람이 도저히 살 수 없게 된다. 그리하여 사람들이 절치통곡할 때 뜻밖에도 하느님 또는 그 대리자인 인자가 하강하여(deus ex machina!) 선민을 구원하고 만민을 단죄한다. 선민은 새 하늘, 새 땅, 새 예루살렘에서 지복을 누린다. 이것이 묵시문학의 큰 줄거리다.

그럼 묵시문학도들은 무슨 재주를 타고났기에 천지창조부터 종말까지의 역사 전부와 종말 사건과 종말 이후 신세계를 훵하니 꿰뚫을까? 그들은 사적 계시를 받았다고 떠벌린다. 그러나 실은 계시도 정보도 있을 리 만무했다. 그들은 단지 상상, 공상, 환상, 망상의 날개를 펴서 부지런히 책들을 썼다. 이들은 자기네 이름을 숨기고 과거 이스라엘 위인들의 이름을 도용했다. 묵시문학은 모조리 가탁 작품이다.

예수 전후해서 씌어진 유대교 묵시문학 가운데서 중요한 작품 몇 가지만 꼽으면 다음과 같다. 다니엘서, 에티오피아어 헤녹서, 라틴어로 전해오는 모세의 승천기와 제4 에즈라서, 시리아어 바룩서 따위다. 신약성서 가운데서 유대교 묵시문학 유형을 가장 닮은 작품은 요한 묵시록이다. 앞에서 소개한 에쎄네파도 묵시문학에 심취했다.

예수께서도 묵시문학적 표현을 더러 쓰셨다. 예로, 신국이 다가왔다는 선포도 묵시문학에서 따온 것이다. 그리고 종말설교(마르 13장, 마태 24-25장, 루가 17,20-37; 21,5-36)를 보면 공관복음서 작가들도 묵시문학적 표현들을 상당히 쓴다. 그렇지만 예수님이나 공관복음서 작가들은 결코 묵시문학에 심취해서 역사와 종말과 내세를 상론하지 않는다. 예수님과 공관복음서 작가들이 묵시문학과 거리를 둔 사례를 세 가지만 들겠다. 이들이 종말 임박 신념을 지녔던 것은 사실이지만 종말 도래 날짜와 시간을 정확히 계산하지 않는다. 오히려 그 날과 그 시간은 천사들도 모르고 예수님 자신도 모른다고 한다(마르 13,32). 인자가 내림하는 장소도 거론하지 않는다. "마치 번개가 동쪽에서 치면 서쪽까지 빛나는 것처럼" 온 세계 어디서든 인자의 내림을 볼 수 있다고 한다(마태 24,27 = 루가 17,24). 종말에 "구원받을 사람이 적겠습니까?"라는 질문을 받고서 예수께서는 많다거나 적다고 답변하지 않고 회개를 촉구하는 뜻으로 "여러분은 좁은 문으로 들어가려고 애쓰시오"라고 하셨을 따름이다(루가 13,23-24).

2. 활동 내용

예수께서는 하느님의 나라를 선포하고 하느님의 뜻을 밝히는 데 심혈을 기울이셨다. 그런가 하면 하느님의 나라와 하느님의 뜻에 따라 상것들을 거두고 귀신들을 추방하고 병자들을 고쳐주셨다. 이제 예수님의 가르침과 행적을 차례로 일별코자 한다.

2-1. 예수님의 가르침

2-1-1. 하느님의 나라

예수님의 설교 주제는 "하느님의 나라가 다가왔으니 회개하라"(마르 1,15)는 선포이다. "하느님의 나라" 또는 "하늘나라"(마태오 복음에만 32번 나온다)는 당시 별로 유행하지 않던 표현인데 오직 예수께서는 자주 말씀하셨다.

마르코 13번(1,15; 4,11,26,30; 9,1,47; 10,14,15,23,24,25; 12,34; 14,25), 마태오와 루가 공동 9번(마태 5,3 = 루가 6,20; 마태 6,10 = 루가 11,2; 마태 6,33 = 루가 12,31; 마태 8,11 = 루가 13,29; 마태 10,7 = 루가 10,9; 마태 11,11 = 루가 7,28; 마태 11,12 = 루가 16,16; 마태 12,28 = 루가 11,20; 마태 13,33 = 루가 13,20), 마태오의 고유자료 27번(5,10,19ab,20; 7,21; 8,12; 13,19,24,38,43,44,45,47,52; 16,19; 18,1,3,4,23; 19,12; 20,1; 21,31,43; 22,2; 23,13; 24,14; 25,1), 루가의 고유자료 12번(4,43; 9,60,62; 10,11; 12,32; 13,28; 7,20ab,21; 18,29; 21,31; 22,16,18), 요한 2번(3,3,5).

그럼 오늘날 우리에게는 생경하기 이를 데 없는 "하느님의 나라"를 예수께서는 어떤 뜻으로 말씀하셨을까?

① 예수께서는 묵시문학의 영향을 받아 사탄이 역사를 지배한다고 보셨다. 그러나 역사가 종국에 이르면 사탄과 그 졸개 귀신들은 거세되고 온

누리의 임금님이신 하느님께서 세상을 다스리신다고 보셨다. "하느님의 나라"(그리스어로 basileia tou theou)는 하느님의 종말 왕정終末王政이다. 당대 사람들은 하느님께서 종말 왕정을 펴실 때 심판과 구원 두 가지 일을 하신다고 보았다. 요한 세례자와 대다수 유대인들은 무시무시한 종말 심판을 연상한 데 비해서, 예수께서는 종말 심판보다는 종말 구원을 강조하셨다.

② 하느님의 나라는 미래에 도래할 것이로되 당신의 행적으로 이미 실현되고 있다고 예수께서는 확신하셨다. "내가 하느님의 손가락으로 귀신들을 쫓아내고 있으니 그렇다면 하느님의 나라는 여러분에게 왔습니다"(루가 11.20 = 마태 12.28). "나는 사탄이 번갯불처럼 하늘에서 떨어지는 것을 보았습니다"(루가 10.18). 하느님 나라의 미래적 성격(Weiss, Schweizer)과 현재적 성격(Dodd)을 변증법적으로 함께 고려해야겠다.

③ 예수께서 종말 도래 시기를 정확히 계산하시지는 않았다(마르 13.32). 그러나 한 세대 안에 종말이 도래할 줄로 여기셨을 가능성은 있다(마르 9.1; 13.30; 마태 10.23). 어쨌거나 예수께서는 종말이 임박하다고 하셨는데 2천 년이 지나도 종말이 도래하지 않으니 기독자로서는 고민이 없을 수 없다. "예수께서는 신국을 선포했는데 교회가 태어났다"(Alfred Loisy).

③항에 관해 해석학적 반성을 시도하겠다.

• 기다리던 하느님의 나라는 오지 않고 기다리지도 않던 교회가 태어났지만, 그렇다고 해서 예수 그리스도를 믿는 신앙에 위기가 발생하지는 않았다. 이는 무엇을 뜻하는가? 묵시문학적 종말 사상이 예수님과 교회의 근본 신념이 아니라는 증거이겠다.

• 하느님의 나라가 우주적 차원에선 도래하지 않았지만, 예수님 개인의 차원에선 하느님께서 그분을 부활시키심으로써 온전히 도래했다. 부활은 종말사건이니까.

• 예수께서 예고하신 종말이 도래하지 않았대서 고민할 필요가 없다. 예수님 역시 유한성을 타고나셨다고 하겠다. 미래를 예견하는 데 차질을 빚음으로써 예수께서도 지능의 유한성을 드러내셨다. 그분은 죄를 짓는 것말고

는 인간의 연약함을 고스란히 타고나셨다는 히브리서의 말씀을 명심하자. "우리의 대제관은 우리의 연약함을 동정하지 못하는 분이 아닙니다. 그분은 죄말고는 모든 일에 우리와 마찬가지로 시험을 받으셨습니다"(히브 4,15).

• 오늘날 우리는 묵시문학적 종말임박사상을 빼고 하느님의 나라를 이해해야겠다. 하느님의 나라는 사랑이신 하느님(1요한 4,8.16)의 보살피심, 대자대비하신 하느님의 섭리라고 하면 어떨까? 하느님께서 우리의 행복과 불행, 우리의 삶과 죽음 전부를 보살피신다고 보는 것이다. 이를 사도 바울로는 멋지게 언표했다.

³¹하느님이 우리 편이시라면 누가 우리를 거스르겠습니까? ³²그분은 당신의 친아드님마저 아끼지 않고 오히려 우리 모두를 위해 그분을 넘겨주셨는데 어찌 그 아드님과 더불어 또한 모든 것을 우리에게 은혜로 베풀어주시지 않겠습니까? ³³누가 감히 이 하느님께 선택받은 이들을 고발하겠습니까? 의롭게 하는 분이 바로 하느님이신데 말입니다. ³⁴단죄할 자가 누구입니까? 죽고 더구나 부활하여 하느님의 오른편에 계시며 우리를 위해 대신 기도하는 분이 바로 그리스도 예수이신데 말입니다. ³⁵누가 우리를 그리스도의 사랑에서 갈라놓겠습니까? 환난입니까? 궁핍입니까? 핍박입니까? 굶주림입니까? 헐벗음입니까? 위험입니까? 아니면 칼입니까? ³⁶(그것은 성경에) 기록되어 있는 바와 같습니다. "당신 때문에 우리는 온종일 죽임을 당하며 도살되는 양들같이 다루어졌나이다." ³⁷그러나 우리는 이 모든 일에서, 우리를 사랑하시는 분에 힘입어 이기고도 남습니다. ³⁸사실 나는 이렇게 확신하고 있습니다. 죽음이나 생명도, 천사들이나 주천사들도, 현재 일이나 장래 일도, 능천사들이나 ³⁹높이나 깊이도, 다른 어떠한 피조물도 우리 주 예수 그리스도 안에 있는 하느님의 이 사랑에서 우리를 갈라놓을 수 없을 것입니다(로마 8,31b-39).

끝으로, 하느님의 나라에 관한 우리말 논문 한 편을 소개한다: 박태식「예수의 신국관 이해」(『종교신학연구』 제10집 〔분도출판사 1997〕 45-72쪽).

2-1-2. 하느님의 뜻

예수께서 게쎄마니에서 바치신 간구는 너무나 유명하다. "아빠 아버지, 아버지께서는 어떤 일이든 하실 수 있사오니, 이 잔을 저에게서 거두어 주소서. 그러나 제가 원하는 대로 하지 마시고 아버지께서 원하시는 대로 하소서"(마르 14,36). 예레미아스Joachim Jeremias와 피츠마이어Joseph A. Fitzmyer의 연구로 널리 알려진 바와 같이, 유대인들은 예나 이제나 하느님을 아빠라고 부르는 법이 없다. 지존이신 하느님을 그렇게 부르는 것은 불경스럽다는 것이다. 아빠는 아가가 말을 배우면서 아버지를 부르는 아가말(小兒語)이다. 아가가 다 자란 다음에도 그렇게 말하는 수가 있었는데, 이는 정감이 듬뿍 담긴 호칭이었겠다. 간구의 내용을 살펴보면 예수님조차 당신 자신의 뜻과 하느님 아빠의 뜻이 상충하는 경우가 있었던 모양이다. 게쎄마니에서 간구하실 때 당신은 좀더 살고 싶은데 아빠의 뜻은 다르다는 느낌을 받으셨던 것이다. 이때 예수께서는 당신 자신의 뜻은 접어두고 아빠의 거룩한 뜻을 앞세우셨다. 요한 복음작가는 예수님의 이런 태도를 곰곰이 묵상하여 금쪽같은 명언을 빚었다. "내 음식은, 나를 보내신 분의 뜻을 행하며 그분의 일을 다 이루는 것입니다"(요한 4,34).

예수께서는 하느님의 나라를 선포하면서 청중에게 회개를 요구하셨다(마르 1,15). 회개란 하느님의 뜻을 받드는 삶이다. 예수께서는 전권의식全權意識을 지니고 하느님의 거룩한 뜻을 밝히셨다. 율사들은 성경과 전통의 권위에 기대어 계율을 확정했다. "성경에 이렇게 씌어 있다", "선대 율사 …에게서 이렇게 들었다"는 식으로 말했다. 이와는 달리 예수님은 성경과 전통에 기대지 않고 전권의식을 지니고 말씀하셨다(마르 1,22.27). "그러나 나는 여러분에게 말합니다." 또는 "아멘, 여러분에게 말합니다". 아멘(아무지게 = 진실히)으로 말을 시작한 분은 유대교 역사상 오직 예수님뿐이시다. 그야말로 예수님의 독창적인 말투이다. 얼마나 확신이 강하셨으면 그러셨을까!

예수께서 하느님의 뜻을 밝히신 단락 세 가지만 예시하겠다. 잘 알려진 대로 율사들은 모세의 이혼법(신명 24,1)에 따라 이혼을 쉽게 허락했다. 예수께서는 인류 창조 때로 소급하여 하느님께서 한 남자와 한 여자를 창조하셨다는 것을 근거로 이혼을 반대하셨다(마르 10.1-9). 예수께서 형식상으로는 태초로 소급하여 말씀하시는데 그 깊은 뜻인즉, 남녀는 똑같은 인격체로서 온전히 평등하다는 것이다.

둘째 사례로 안식일 논쟁 단화論爭短話를 들겠다(마르 2.23-28). 안식일에 제자들이 밀이삭을 비벼먹는 것을 바리사이들이 보고선, 손바닥으로 타작을 했으니 안식일법을 어겼다고 나무라자 예수께서는 이렇게 답변하셨다. "안식일이 사람을 위해서 생겼지, 사람이 안식일을 위해서 생기지는 않았습니다"(27절). 안식일법은 인류 창조 때는 없었고(창세 1.26 - 2.4), 먼 훗날에 제정되었다고 말씀하신다. 예수께서 다시 한번 태초로 소급하여 말씀하시는데 그 깊은 뜻인즉, 안식일은 휴식의 필요성 때문에 제정되었다는 사실을 깨달으라는 것이다. 현대식으로 번안한다면 사람이 법을 지키려고 태어난 것이 아니라 법이 인간의 복지를 위해서 제정된다는 것이다. 인간 창조로 소급하는 시원적 말씀은 실인즉 인본주의적 법률관을 밝히는 근원적 말씀이다.

셋째 사례로 산상수훈에 나오는 여섯 가지 대립명제(마태 5.21-48)를 들겠다. 예수께서는 여섯 차례에 걸쳐 구약성서나 조상들이 전한 전승을 인용하시고(命題) "그러나 나는 여러분에게 말합니다"(反命題)라고 하신다. 구약성서와 조상들의 전승을 상대화하거나 아예 폐기하시는 말씀인데, 여기에는 예수님의 전권의식이 번뜩인다. 하느님에게서 새로운 영감을 받지 않고선 언감생심 엄두도 못 낼 말씀이다. 요한 복음작가는 예수님의 이런 말씀들을 곱씹은 다음에 다음과 같은 명구를 빚었다. "내 가르침은 내 것이 아니라 나를 보내신 분의 것입니다"(요한 7.16). 예수께서 613가지 잡다한 율법 전부를 하느님 사랑과 이웃 사랑으로 환원시키신 것은 잘 알려진 사실이다(마르 12.28-34). 예수님보다 먼저 활약한 힐렐 율사도 애주애인愛主愛人을 중시했지만, 그렇더라도 율법 일체를 애주애인으로 환원시키지는 못했다.

2-2. 예수님의 행적

예수님의 행적 가운데서 소외자들에 대한 관심, 네 복음서의 이적사화, 성전정화 사화를 차례로 살펴보고자 한다.

2-2-1. 소외자들에 대한 관심

예수께서는 이스라엘 열두 지파를 모으려고 하셨지만, 그 가운데서도 가난한 이들과 굶주린 이들과 한맺힌 이들(마태 5,3-12 = 루가 6,20-21), 무식한 이들(마태 11,25-26 = 루가 10,21), 그리고 직업상의 죄인들과 윤리상의 죄인들(마르 2,14-17; 루가 15; 마태 11,18-19 = 루가 7,33-34; 마태 21,31-32 = 루가 7,29-30; 마태 22,1-10 = 루가 14,15-24)을 편애하셨다. 또한 당시 사람 대접을 받지 못하던 어린이들(마르 10,13-16)과 여자들(마르 5,25-34; 7,24-30; 12,41-44; 14,3-9; 루가 7,36-50; 8,1-3; 13,10-17; 18,1-18; 요한 4,1-42; 7,53 - 8,11)을 가까이하셨다. 예수께서 여자들을 존중했는데 당시엔 무척 파격적 처신이었다(졸고 「신약성서의 여성관」『한국 가톨릭 교회 - 이대로 좋은가? 』〔분도출판사 1998〕 55-104쪽). 예수님은 이들 밑바닥 인생을 애련히 여기는 측은지심이 넘치는 자애로운 분이셨다.

왜 그러셨을까? 악한 사람들에게나 선한 사람들에게나 골고루 햇빛과 비를 주시는 하느님(마태 5,45), 잃은 양을 되찾고 기뻐하는 목동 같은 하느님, 잃은 은전을 되찾고 기뻐하는 부인 같은 하느님, 잃은 아들을 되찾고 기뻐하는 아버지 같은 하느님(루가 15장), 만 달란트나 되는 천문학적인 빚을 기꺼이 탕감해 주는 임금님 같은 하느님(마태 18,23-35), 해 떨어지기 직전에 단 한 시간 일한 품팔이에게도 그 가족의 생계를 생각해서 하루치 일당을 주는 선한 포도원 주인 같은 하느님(마태 20,1-16)을 의식했기 때문에 예수께서는 소외자들에게 저 자비행, 보살행을 실천하셨다. 예수님은 대자대비하신 하느님 아빠를 깊이깊이 체험하고 맑디맑게 체현하셨다.

2-2-2. 네 복음서의 이적사화
1) 개관

이 글에서는 예수께서 공생애 동안 행하셨다는 구체적인 이적사화만 살피겠다. 이적사화 집성문 그리고 수난·부활 사화에 나오는 이적사화는 다루지 않겠다. 네 복음서의 기적은 마냥 신기한 사건이 아니라, 그 무엇인가 심오한 진리를 가리키는 징표, 표징이다. 요즘 말로 기적은 비사를 가리키는 상징행위이다. 공관복음서의 경우 기적은 하느님의 구원능력을 가리키는 상징 행위이다(神論的 表徵). 이와는 달리 요한 복음서의 경우 기적은 예수님이야말로 하느님을 알리는 독보적 계시자시라는 것을 보여주는 상징행위이다(基督論的 表 徵). 예수 어록과 네 복음서에 실린 이적사화를 개관하면 다음과 같다.

어록 편집자는 50~60년대에 주로 예수의 말씀 전승들을 모아 예수 어록을 엮었다. 그는 치유 이적사화 한 편(마태 8,5-13 = 루가 7,1-10), 구마 이적사화 한 편(마태 12,22-23; 9,32-34 = 루가 11,14)을 채록했다. 이는 어록에 잘 어울리지 않는 예외현상이다.

마르코 복음서에는 치유 이적사화 8편, 구마 이적사화 4편, 소생 이적사화 1편, 자연 이적사화 5편, 합계 이적사화 18편이 실려 있다. 이 가운데서 구마 이적사화가 돋보인다. 구마사화에서 마르코는 하느님 나라의 선포자인 예수께서 사탄과 그 졸개들인 마귀들을 제압했다고 한다. 마르코가 예수의 이적사화를 18편이나 채록한 것은 그리스 이적사화집(aretalogy)의 영향을 받았을 가능성이 있다(김득중『복음서의 이적 해석』[컨콜디아사 1996] 62-4쪽).

마태오는 예수님의 말씀 전승을 중히 여겨 다섯 곳에 모아 실었다(5-7; 10; 13; 18; 23-25장). 마태오는 예수님의 이적사화를 그분 말씀의 보조수단으로 여겼다(김득중, 같은 책, 177-81쪽). 마태오는 8-9장에다 이적사화 10편을 모아 실었는데, 그것들을 마태오의 출전인 어록 및 마르코의 이적사화들과 비교해 보면, 마태오가 확장한 경우도 있고(마태 8,5-13; 비교: 루가 7,1-10), 중복한 경우도 있다(마태 9,27-31; 20,29-34; 비교: 마르 10,46-52/마태 9,32-34; 12,22-23; 비교: 루가 11,14). 그렇지만 마태오가 마르코 복음의 이적사화 이야기 부분을 축소한 경우가 훨씬 더 잦다 (마태 8,1-4; 비교: 마르 1,40-45; 마태 8,14-15; 비교: 마르 1,29-31; 마태 8,28-34; 비교: 마르 5,1-20; 마태 9,1-8; 비교: 마르 2,1-12; 마태 9,18-26; 비교: 마르 5,21-43). 마태오가 이적사화를 옮겨쓸 때 이야기 부분은 축소하거나 삭제한 반면 예수님의 말씀 부분은 비교적 잘 보존한 사실로 미루어, 마태오는 이적사화 자체보다는 그 의미에 관심을 쏟았다고 하겠다. 마태오가 고유 전승에서 오직 자연 이적사화 한 편만 채록한 사실도(17,24-27) 그가 이적사화 자체에는 별로 이끌리지 않았다는 증거이다.

루가는 마르코의 이적사화 18편 가운데서 6편은 삭제했으나(아래 이적사화 목록 중 11-15.18) 12편은 옮겨썼다(이적사화 목록 중 1-10.16-17). 그리고 예수 어록에 실린 이적사화 2편도 다 옮겨썼다(이적사화 목록 19-20). 또한 루가는 고유 전승에서 이적사화 5편을 채록했다(이적사화 목록 22-26). 루가는 사도행전에서 베드로의 이적 4편(사도 3,1-10; 5,1-11; 9,32-35.36-43), 바울로의 이적 5편(사도 13,8-11; 14,8-12; 16,16-18; 20,9-12; 28,7-8)을 소개한다. 그러니 루가는 마르코만큼이나 이적사화에 관심이 많은 사람이다. 마태오가 예수님의 행적보다는 말씀을 중히 여긴 데 비해서 루가는 그 둘을 다 소중히 여겼다(루가 24,19). 아니, 루가는 말씀보다 예수님의 행적을 더 강조했다 하겠다(사도 10,38).

요한 복음서에는 이적사화 7편이 실려 있다(이적사화 목록 10-11.19.27-30). 요한 복음서 필자가 표징 출전이란 책에서 이적사화 7편을 옮겨썼다는 것이 루돌프 불트만 이래 신약학계의 통설이다. 이미 서두에서 말했거니와, 공관복음서의 기적이 하느님의 구원 능력을 가리키는 상징행위라면(神論的 表徵), 요한 복음서의 기적은 예수님을 하느님의 계시자로 드러내는 상징행위이다(基督論的 表徵).

이제 네 복음서의 이적사화를 일별한 다음 유형별로 분류하고 나서 촌평을 내리고자 한다. 안식일에 치유이적과 구마이적을 행하신 것을 눈여겨보라. 예수께서는 안식일 규정에 얽매이지 않고 병자를 돌보셨다(1-2.5.24-25.28-29).

2) 네 복음서의 이적사화 목록

	마르코	마태오	루가	요한
1. 안식일에 가파르나움 부마자를 고치시다	1,21-28		4,31-37	
2. 안식일에 시몬의 장모를 고치시다	1,29-31	8,14-15	4,38-39	
3. 나병자를 고치시다	1,40-45	8,1-4	5,12-16	
4. 중풍병자를 고치시다	2,1-12	9,1-8	5,17-26	
5. 손이 오그라든 사람을 안식일에 고치시다	3,1-6	12,9-14	6,6-11	
6. 풍랑을 가라앉히시다	4,35-41	8,23-27	8,22-25	

7. 게라사의 부마자를 고치시다	5,1-20	8,28-34	8,26-39	
8. 야이로의 딸을 살리시다	5,21-24. 35-43	9,18-19. 23-26	8,40-42. 49-56	
9. 하혈하는 부인을 고치시다	5,25-34	9,20-22	8,43-48	
10. 오천 명을 먹이시다	6,30-44	14,13-21	9,10-17	6,1-15
11. 물 위를 걸으시다	6,45-52	14,22-33		6,16-21
12. 시로페니키아 부인의 귀신들린 딸을 고치시다	7,24-30	15,21-28		
13. 귀먹은 반벙어리를 고치시다	7,31-37			
14. 사천 명을 먹이시다	8,1-10	15,32-39		
15. 베싸이다의 소경을 고치시다	8,22-26			
16. 귀신들린 간질병자 아이를 고치시다	9,14-29	17,14-21	9,37-43a	
17. 예리고의 바르티매오 소경을 고치시다	10,46-52	9,27-31; 20,29-34	18,35-43	
18. 무화과나무를 저주하시다	11,12-14.20-21	21,18-19		
19. 백부장의 중풍병자 종을 고치시다		8,5-13	7,1-10	4,46-54
20. 귀신들린 벙어리를 고치시다		9,32-34; 12,22-23	11,14	
21. 물고기 입에서 한 세겔을 꺼내다		17,24-27		
22. 물고기를 많이 잡다			5,1-11	
23. 나인 과부의 외아들을 살리시다			7,11-17	
24. 안식일에 곱사등이 부인을 고치시다			13,10-17	
25. 안식일에 수종병자를 고치시다			14,1-6	
26. 나병자 열 사람을 고치시다			17,11-19	
27. 가나 혼인잔치에서 물로 포도주를 만드시다				2,1-12
28. 안식일에 베짜타 못에서 중풍병자를 고치시다				5,1-18
29. 안식일에 예루살렘의 태생 소경을 고치시다				9,1-41
30. 라자로를 살리시다				11,1-53

3) 이적사화 분류

네 복음서에 실린 이적사화 30편은 흔히 네 가지로 대별된다. 곧, 몸의 병을 고치신 치유 이적사화, 마귀를 쫓아내신 구마 이적사화, 죽은 사람을 되살리신 소생 이적사화 그리고 자연에 이변을 일으키신 자연 이적사화로 대별된다. 각 이적사화 앞에 매긴 숫자는 "네 복음서의 이적사화 목록"의 일련번호를 가리킨다.

(1) 치유 이적사화 14편

치유 이적사화는 마르코 복음에 8편, 예수 어록에 1편, 루가의 고유사료에 3편, 요한 복음에 2편이 실려 있다. 요한 4,46-54는 마태 8,5-13 = 루가 7,1-10과 닮았기 때문에 따로 세지 않았다.

	마르코	마태오	루가	요한
2. 안식일에 시몬의 장모를 고치시다	1,29-31	8,14-15	4,38-39	
3. 나병자를 고치시다	1,40-45	8,1-4	5,12-16	
4. 중풍병자를 고치시다	2,1-12	9,1-8	5,17-26	
5. 손이 오그라든 사람을 안식일에 고치시다	3,1-6	12,9-14	6,6-11	
9. 하혈하는 부인을 고치시다	5,25-34	9,20-22	8,43-48	
13. 귀먹은 반벙어리를 고치시다	7,31-37			
15. 베싸이다의 소경을 고치시다	8,22-26			
17. 예리고의 바르티매오 소경을 고치시다	10,46-52	9,27-31; 20,29-34	18,35-43	
19. 백부장의 중풍병자 종을 고치시다		8,5-13	7,1-10	4,46-54
24. 안식일에 곱사등이 부인을 고치시다			13,10-17	
25. 안식일에 수종병자를 고치시다			14,1-6	
26. 나병자 열 사람을 고치시다			17,11-19	
28. 안식일에 베짜타 못에서 중풍병자를 고치시다				5,1-18
29. 안식일에 예루살렘의 태생 소경을 고치시다				9,1-41

(2) 구마 이적사화 5편

구마 이적사화는 마르코 복음에 4편, 어록에 1편이 실려 있다. 요한 복음엔 구마 이적사화가 없다.

	마르코	마태오	루가	요한
1. 안식일에 가파르나움 부마자를 고치시다	1,21-28		4,31-37	
7. 게라사의 부마자를 고치시다	5,1-20	8,28-34	8,26-39	
12. 시로페니키아 부인의 귀신들린 딸을 고치시다	7,24-30	15,21-28		
16. 귀신들린 간질병자 아이를 고치시다	9,14-29	17,14-21	9,37-43a	
20. 귀신들린 벙어리를 고치시다		9,32-34; 12,22-23	11,14	

(3) 소생 이적사화 3편

소생 이적사화는 마르코 복음, 루가의 고유사료, 요한 복음에 각 1편씩 실려 있다.

	마르코	마태오	루가	요한
8. 야이로의 딸을 살리시다	5,21-24.35-43	9,18-19.23-26	8,40-42.49-56	
23. 나인 과부의 외아들을 살리시다			7,11-17	
30. 라자로를 살리시다				11,1-53

(4) 자연 이적사화 8편

자연 이적사화는 마르코에 5편, 마태오의 고유사료와 루가의 고유사료와 요한 복음에 각 1편씩 실려 있다.

	마르코	마태오	루가	요한
6. 풍랑을 가라앉히시다	4,35-41	8,23-27	8,22-25	
10. 오천 명을 먹이시다	6,30-44	14,13-21	9,10-17	6,1-15
11. 물 위를 걸으시다	6,45-52	14,22-33		6,16-21
14. 사천 명을 먹이시다	8,1-10	15,32-39		
18. 무화과나무를 저주하시다	11,12-14.20-21	21,18-19		

21. 물고기 입에서 한 세겔을 꺼내다 17,24-27
22. 물고기를 많이 잡다 5,1-11
27. 가나 혼인잔치에서 물로 포도주를 만드시다 2,1-12

4) 유형별 평가
(1) 치유 이적사화
① 병명: 치유 이적사화에 명시된 질병을 살펴보면 다음과 같다. 구마 이적사화 두 편(16.20)도 함께 살펴본다.

병명	이적사화	출처
고열	2. 안식일에 시몬의 장모를 고치시다	마르 1,29-31 병행
나병	3. 나병자를 고치시다	마르 1,40-45 병행
	26. 나병자 열 사람을 고치시다	루가 17,11-19
중풍	4. 중풍병자를 고치시다	마르 2,1-12 병행
	19. 백부장의 중풍병자 종을 고치시다	마태 8,5-13 = 루가 7,1-10
	28. 안식일에 베짜타 못에서 중풍병자를 고치시다	요한 5,1-18
마비	5. 손이 오그라든 사람을 안식일에 고치시다	마르 3,1-6 병행
하혈	9. 하혈하는 부인을 고치시다	마르 5,25-34 병행
청각언어장애	13. 귀먹은 반벙어리를 고치시다	마르 7,31-37
언어장애	20. 귀신들린 벙어리를 고치시다	마태 9,32-34; 12,22-23 = 루가 11,14
시각장애	15. 베싸이다의 소경을 고치시다	마르 8,22-26
	17. 예리고의 바르티매오 소경을 고치시다	마르 10,46-52 병행
	29. 안식일에 예루살렘의 태생 소경을 고치시다	요한 9,1-41
간질	16. 귀신들린 간질병자 아이를 고치시다	마르 9,14-29 병행
척추병	24. 안식일에 곱사등이 부인을 고치시다	루가 13,10-17
수종	25. 안식일에 수종병자를 고치시다	루가 14,1-6

② 유형: 복음서 치유 이적사화의 양식을 보면 상황묘사, 기적적 치유, 치유 실증, 목격자들의 반응 순으로 짜여 있다. 이는 그리스 치유 이적사화의 양식과 닮았다(알폰스 봐이저 『성경은 무엇을 기적이라 부르는가?』〔분도출판사 1987〕 48-57쪽).

그렇지만 복음서 치유 이적사화의 양식은 극히 자연스럽기도 하다. 그런 식으로 이야기하지 않고 어떻게 달리 이야기하겠는가?

③ 신앙: 그리스 치유 이적사화와 아주 다른 점이 복음서 이적사화에 있는데, 그것은 치유자와 환자의 신앙을 강조한다는 사실이다. 예수께서는 당신 제자들에게, 기적을 행하려면 믿음이 필요하다고 강조하셨다(마태 17.20 = 루가 17.6; 마르 11.23 = 마태 21.21). 예수께서는 환자가 나으려면 하느님의 능력으로 치유하시는 당신께 대한 믿음이 필요하다는 것을 여러 형태로 말씀하셨다(마르 1.40; 2.5; 5.34; 7.29; 9.19; 10.47.52). 나자렛 고향 사람들이 예수를 불신한 까닭에 그분은 고향에서 기적을 행하실 수 없었다고 한다(마르 6.5). 치유자와 환자 사이에 교감이 있어야만 치유가 가능하다는 것이다. 그런가 하면 치유자의 신앙과 환자의 신앙을 다 강조하는 문단도 있다(마르 9.22-24).

④ 치유 이적사화 이해: 동양인의 처지에서 예수님의 치유이적을 풀이한다면 예수님은 기의 작용으로 병자를 고치셨다고 하겠다(졸문 「생명의 힘, 氣」『공동선』 1997년 5·6월호 41-8쪽). 예수님은 축기와 운기의 도사였다고 생각된다. 어디 그뿐이랴, 예수님은 하느님 아빠의 영능을 충만히 받으셨다(마르 1.9-11). 예수께서는 기가 충만한 데다가 하느님의 영능을 듬뿍 받으셨으니 그분이 여러 가지 질병을 고치셨다는 것은 충분히 납득이 간다. 예수께서는 치유이적으로써 하느님 나라의 능력을, 곧 하느님의 구원 능력을 생생히 보여주셨다. 이어서 다룰 구마 이적사화도 치유 이적사화처럼 이해하면 무난하다.

(2) 구마 이적사화

복음서에 나오는 구마 이적사화는 5편인데 그 가운데 무려 4편이 마르코 복음서에 실려 있다(이적사화 목록 1. 7. 12. 16). 요한 복음서에는 구마 이적사화가 한 편도 없다. 마르코는 마치 예수님과 사탄이 격전을 벌이는 양 구마사화를 서술한다. 그 단적인 예로, 안식일에 가파르나움 회당에서 부마자를 고쳐주신 이야기(마르 1.21-28)를 들겠다(요아킴 예레미아스 「사탄의 권세를 분쇄하신 예수」 『신학전망』 20(1973년 3월) 124-39쪽). 예수께서 귀신들을 쫓아내신 것은 다음 논거로 분명한 사실이다.
— 사료별로 보아 예수 어록, 마르코, 마태오의 특수사료, 루가의 특수사료에 구마에 대한 언급이 두루 나온다.
— 전승별로 보면, 그리스 구마 이적사화 양식의 영향을 받은 구마 이적사화가 있는가 하면, 그보다 더 오래되고 신빙성도 더한 단구들이 있다. 어록(마태 12.28 = 루가 11.20)에 실린 단구를 루가에 따라 인용하면 다음과 같다. "내가 하느님의 손가락으로 귀신들을 쫓아내고 있으니 그렇다면 하느님의 나라는 여러분에게 왔습니다."
— 유대교 율법집인 바빌론 탈무드 산헤드린 43a항에서도 예수님의 구마행적을 시인했다. "과월절 전날 저녁 때 예수를 매달았다. 그러기 사십 일 전에 전령이 이렇게 외쳤다. '예수는 성밖으로 끌려가서 돌을 맞아 죽을 것이다. 왜냐하면 그는 마술을 부리고 이스라엘을 현혹하고 빗나가게 했기 때문이다. 그를 변호할 말이 있는 사람은 나와서 발설하라.' 그러나 변호하는 말이 없었으므로 과월절 전날 저녁 때 그를 매달았다."
끝으로, 해석학적 성찰을 하지 않을 수 없다. 예수 시대 사람들은 귀신들이 우글거리는 세상에서 살았다. 우리나라의 경우에도 전깃불이 전국적으로 보급되기 전인 1950년대에만 해도 귀신 이야기가 무성했다. 그러나 오늘날 우리는 귀신의 존재를 불신하는 시대에 살고 있다. 어느 종합병원에도 구마과란 없고 그 대신 신경정신과가 있다. 구마사화에 나오는 귀신들린 사람들은 정신병자들이라 하겠다. 따라서 예수님의 구마행적은 예수께서 당신 영능으로 정신병자를 고쳐주신, 정신요법이라 하겠다.

(3) 소생 이적사화

야이로의 딸을 되살리신 이야기(마르 5.21-24.35-43), 나인 과부의 외아들을 되살리신 이야기(루가 7.11-17), 라자로를 되살리신 이야기(요한 11.1-53)는 죄다 예수 부활을 전제하는 사화들이다. 소생사화의 뜻인즉, 예수께서는 부활하시어 삶과 죽음을 다스리는 주님이 되셨다는 것이요, 주님을 믿으면 죽음을 넘어 새로운 삶, 영원한 삶을 누릴 수 있다는 것이다. 이 점은 라자로 소생사화에 극명하게 언표되었다. "나는 부활이요 생명입니다. 나를 믿는 사람은 죽더라도 살 것입니다"(요한 11,25).

(4) 자연 이적사화

예수께서는 사람의 병든 몸이나 병든 마음을 바로잡으셨다. 그런데 네 복음서에는 예수께서 사람 밖의 자연에 이변을 일으키셨다는 일화가 8편 실려 있다. 자연 이적사화를 대할 때 실제로 그런 일이 있을 수 있는가 따위 사실 여부를 따지지 말고 그런 이야기가 전하는 근본 취지를 물을 일이다. 자연 이적사화는 부활하신 그리스도의 구원능력을 언표하기도 하고, 구약성서에 대한 성찰을 드러내기도 한다. 풍랑을 가라앉히신 이야기(마르 4,35-41), 물 위를 걸으신 이야기(마르 6,45-52)는 부활하신 그리스도의 구원능력을 드러내는 현현이적Epiphaniewunder이다. 이 현현이적은 부활하신 그리스도의 발현 이야기와 몹시 닮았다. 오천 명을 먹이신 이야기(마르 6,30-44)와 사천 명을 먹이신 이야기(마르 8,1-10)의 전례가 구약성서에 있다. 곧, 엘리사 예언자가 보리떡 스무 개로 백 명을 먹였다는 이적사화가 그것이다(2열왕 4,42-44). 마르코 이적사화의 뜻인즉, 빵 스무 개로 백 명을 먹인 엘리사 예언자도 위대하지만 그보다 예수님이 훨씬 위대하시다는 것이다(졸저 『마르코 복음서』 〔분도출판사 1981〕 78-79쪽). 자연 이적사화 전반에 관해선 졸저 『마르코 복음서』 63-4쪽과 알폰스 봐이저가 지은 『성경은 무엇을 기적이라 부르는가?』 127-43쪽을 보라.

2-2-3. 성전정화 사화

예수께서는 30년 4월 초순에 예루살렘 성전을 정화하셨다. 넓은 이방인 구역(450 × 300m²) 어느 한 곳에서 소, 양, 염소, 비둘기 등 제수를 사고파는 사람들을 쫓아내시고, 그리스·로마 화폐를 이스라엘 전통 셰겔로 바꾸어 주는 환전상들의 상을 둘러엎으셨으며, 성전을 가로질러 지름길로 물건을 나르는 것을 금하셨다고 한다(마르 11,15-25). 예수께서는 성전 제사를 폐기하시는 뜻으로 전대미문의 상징행위를 하셨다는 풀이가 있는데(뻬로 『예수와 역사』 152-3쪽), 아무래도 과잉 해설이라고 생각된다. 아마도 예수께서는 기도하는 분위기는 사라지고 장사로 소란한 성전 분위기에 의분을 금치 못하신 것 같다. 아울러 이방인 구역에서 장사를 허락해서 돈벌이를 하는 대제관과 제관장들에게 분개하셨으리라. 예수님은 성전정화 사건으로 대제관과 제관장들의 분노를 사서 결국 죽음을 맞게 되셨다고 보면 틀림없다(마르 11,18).

예수께서 가야파에게 심문을 받으실 때 희한한 고발이 있었다. "우리가 (직접) 들었는데, 그가 말하기를 '나는 손으로 지은 이 성전을 헐어버리고 손으로 짓지 않은 다른 성전을 사흘 만에 세우겠다'고 했습니다"는 고발이 있었지만 증인들의 증언이 일치하지 않아서 유효한 증언으로 채택되지 않았다고 한다(마르 14,58-59). 사실 예수께서 친히 성전을 허물겠다고 하신 적은 없다. 다만, 구약 예언자들이 성전 파괴를 예고한 것처럼(미가 3,12; 예레 26,6.18) 예수께서도 성전과 예루살렘의 파괴를 예고하셨을 따름이다(마르 13,2; 루가 19,44). 이 문제에 관심이 있는 이는 졸문 「예수 수난사 연구」(『종교신학연구』 제9집 [분도출판사 1996] 349-50쪽)를 보라.

3. 예수 수난사

이제까지 보았듯이 예수께서는 오로지 하느님의 나라와 하느님의 뜻을 설파하고 체현하는 데 혼신의 노력을 기울이셨다. 이처럼 철저한 삶은 처절히 막을 내리게 마련이다. 일찍이 예루살렘의 그리스도인들은 예수님의 최후를 이야기로 엮었다. 70년경 마르코는 그 이야기를 채록하였다(14-15장). 그 줄거리는 다음과 같다.

예수께서는 30년 4월 6일 목요일 저녁 예루살렘 시내 어느 집 이층방에서 제자들과 함께 마지막 저녁진지를 드신 다음 올리브 산 기슭에 있는 게쎄마니 숲으로 가셨다(14,22-26). 게쎄마니에서는 시시각각 다가오는 죽음을 예감하면서 외로이 기도하시다가 제자 유다의 배신으로 체포되어 밤중 내내 가야

파 대제관의 저택에서 종교재판을 받으셨다. 이튿날 아침 총독 관저 헤로데 궁전으로 압송되어 빌라도 총독에게 심문을 받고 정오쯤에 국사범이라는 죄목으로 사형언도를 받으셨다(요한 19,14). 곧이어서 예루살렘 북쪽 성곽 밖에 있는 골고타 형장에서 십자가에 못박히시고 오후 세시경에 숨을 거두셨다. 그분의 춘추는 대략 36세. 그날 해가 지면 해방절 겸 안식일이 시작되겠기에 (요한 18,28; 19,14,31) 아리마태아 사람 요셉이라는 사람이 본시오 빌라도 총독의 허락을 받고 서둘러 장례를 치렀다. 이것이 마르코 14-15장에 실린 수난사의 줄거리이다. 이제부터 예수님의 최후 사건들을 하나씩 살펴보자.

3-1. 게쎄마니에서 기도하시다(14,32-42)

예루살렘 성전 동쪽, 올리브 산 기슭에 있는 게쎄마니에는 올리브나무가 무성했고, 올리브 기름을 짜는 집이 있었던 것 같다. 그래서 사람들은 그곳을 게쎄마니(기름틀)라 불렀다. 예수께서는 시시각각 다가오는 죽음을 예감하신 나머지 "몹시 놀라고 번민하시며 … 죽도록 근심에 싸여" 하느님 아빠께 간절한 기도를 바치셨다. "아빠 아버지, 아버지께서는 어떤 일이든 하실 수 있사오니, 이 잔을 제게서 거두어 주소서. 그러나 제가 원하는 대로 하지 마시고 아버지께서 원하시는 대로 하소서."

기도는 독백이 아니고 대화이다. 그러므로 하느님을 느끼고 부르게 마련이다. 예수님께서는 하느님을 아빠라고 부르셨다. 아빠는 본디 어린 아가가 말을 배우기 시작하면서 자기 아버지를 부르고 가리키는 아가말이다. 부자간의 관계가 무척 친밀한 경우에는 어린이가 어른이 되어서도 아빠라는 호칭을 사용하는 경우가 더러 있었다. 어쨌거나 아빠는 정겨운 호칭임에 틀림없다. 예수께서 머나먼 하느님, 두려운 하느님을 얼마나 가까운 하느님, 정겨운 하느님으로 느끼셨으면 아빠라고 부르셨을까.

예수님도 죽음을 두려워하셨다. 그러기에 죽음의 잔을 거두어 주십사고 전능하신 아빠께 매달리셨던 것이다. 예수님의 인간적인, 너무나도 인간적인 모습이 환히 드러난다. 죽음의 독배를 생수인 양 쭉 들이킨 소크라테스와는 얼마나 대조적인가? 이 철학자는 영혼불멸을 확신한 나머지 기꺼이 죽음을 맞아들였다(자크 루이 다비드 「소크라테스의 죽음」 1787년작, 뉴욕 메트로폴리탄 박물관). 그러나 너무나도 인간적인 예수께서는 죽음을 두려워하셨다. 피하고자 하셨다. 그렇지만 하느님의 뜻이라면 받아들이기로 작심하셨다.

3-2. 체포되시다(14,43-52)

예수께서는 30년 4월 6일 목요일 밤 게쎄마니에서 기도하시다가 최고의회에서 보낸 하인들에게 체포되셨다. 피하려면야 캄캄한 밤이니 얼마든지 달아나실 수도 있었으리라. 해방절을 맞아 예루살렘에 순례온 수십만 군중 사이로 쉽게 잠적하실 수 있었으리라. 그러나 당신의 삶을 죽음으로 날인하는 것이 하느님 아빠의 뜻이라고 확신하셨기에 묵묵히 대제관 저택으로 붙들려 가셨다. 그때 제자들은 모두 갈릴래아로 달아나고 베드로만은 대제관 저택까지 따라가서 최고의회의 심문을 지켜보다가 결국 스승을 부인하고 역시 갈릴래아로 도망쳤다.

3-3. 가야파의 심문(14,53-65)

예수께서는 30년 4월 6일 목요일 밤부터 7일 금요일 새벽까지 대제관 가야파의 저택에서 심문을 받으셨다. 대제관의 저택 위치는 밝혀지지 않고 있으나, 시온 성문 앞에 있는 아르메니아 정교회 묘지로 추정된다. 대제관 측근들은 밤새 예수님을 심문한 결과, 하느님을 모독한 중죄인으로 단정하고, 율법(레위 24,16; 민수 15,30)에 따라 사형에 처해 마땅하다는 결론을 내렸다. 그러나 총독 홀로 사형 언도와 사형 집행을 할 수 있었기 때문에, 저들은 7일 금요일 아침에 빌라도 총독 관저로 예수를 압송하였다(15,1).

3-4. 빌라도 재판(15,1-15)

본시오 빌라도는 26~36년 유다와 사마리아 지방의 총독으로서 지중해변 가이사리아에 상주했다. 그런데 30년 4월 초순 해방절을 맞아 예루살렘에 상경하여, 예루살렘 서부 언덕에 자리잡은 헤로데 궁전에서 정무를 보았다. 마침 예수 사건이 터져 30년 4월 7일 금요일 오전 중에 예수 사건을 심리하고 정오쯤에 사형 언도를 내렸다(요한 19,14).

대제관이 빌라도에게 예수님을 넘기면서 고발한 죄목은 신성모독 죄목이 아니고 정치적인 죄목이었으니, 곧 예수께서는 로마 황제의 윤허도 없이 "유대인의 임금"으로 자처했다는 것이었다. 빌라도는 예수께서 정치와는 거리가 먼 분이심을 간파했지만, 최고의회의 사주로 조작된 민의에 밀려 그만 사형 언도를 내리고 당일 사형 집행을 명했다. 총독의 눈에는 갈릴래아 출신 시골청년의 운명쯤은 대수롭지 않았던 것이다.

3-5. 십자가에 달리시다(15,21-32)

4월 7일 정오가 지나 예수께서는 총독 관저인 헤로데 궁전에서 예루살렘 북쪽 성곽 밖에 있는 골고타(갈바리아) 형장으로 십자가를 지고 가셨다. 기운이 핍진해서 잘 걷지 못하셨던가, 로마군 형리들이 리비아 키레네 출신 시몬을 징발하여 예수님의 십자가를 대신 지고 가도록 하였다.

형장에 이르러 예수님을 십자가에 못박기 전에, 로마 군인들은 그분을 마취시키려고 포도주에다 몰약(아라비아산 향유)을 타서 마시도록 했으나 예수께서는 끝내 사양하셨다. 맑은 정신으로 최후를 마치고자 하셨던 것이다.

3-6. 돌아가시고 묻히시다(15,33-47)

마르코 복음서에 의하면, 십자가에 달리신 예수께서는 숨을 거두시기 직전에 모국어인 아람어로 딱 한 말씀만 하셨다(15,34). "엘로이 엘로이 레마 사박타니"(나의 하느님, 나의 하느님, 어찌하여 나를 버리셨습니까)라는 말씀인데, 이 말씀만 떼어놓고 보면 절망적인 절규처럼 들릴 수도 있다. 프랑스 문호 앙드레 지드가 그런 해석을 내렸다. 그러나 저 임종게는 시편 22,2라는 사실에 유념하라. 시편 22편은 곤경에 처한 의인이 바치는 간구이다. 그러니 예수께서는 하늘과 땅 사이에 외롭게 매달려, 있는 힘을 다해서 시편 간구를 바치고 숨을 거두셨다는 것이다.

4월 7일 금요일 서산에 해가 지면서 안식일(토요일) 겸 과월절(니산 15일)이 시작되겠기에(요한 19.31) 아리마태아 출신 요셉이라는 최고의회 의원이 서둘러 예수님의 장례를 치렀다. 이렇게 역사의 예수는 끝났다. 아니, 끝장났다. 그렇지만 불가사의하게도 예수 사건은 계속되었고 앞으로도 계속될 것이다. 예수 부활 신앙으로! 예수 수난사를 깊이 연구하고 싶으면 졸고 「예수 수난사 연구」(『종교신학연구』 제9집 〔분도출판사 1996〕 321-92쪽)를 보라.

III. 신앙의 그리스도

1. 예수 부활 신앙

30년 오순절에 예루살렘에서 그리스도교가 창교한 이래 그리스도인들은 십자가에 처형된 예수께서 부활하셨다고 믿는다. 상식으로는 감당키 어려운, 실로 엄청난 믿음이다. 사도 바울로는 다음과 같이 술회했다.

> 눈으로 본 적도 없고 귀로 들은 적도 없으며
> 사람의 마음속에 떠오른 적도 없는 것을
> 하느님께서는 당신을 사랑하는 이들을 위해
> 마련해 두셨도다(1고린 2,9 = 이사 64,3; 65,16).

부활 신앙이 비그리스도인에게 얼마나 황당무계하게 들리는가는, 춘성선사 春城禪師(1891~1977)의 일화를 보면 알 수 있다. 만해 한용운 스님의 애제자 춘성 스님이 기차여행을 하다 겪은 일이다.

기차를 타고 가던 차 안에서 기독교 전도사 한 사람이 이 사람 저 사람들 앞을 지나면서 주 예수님을 믿으라고 소리쳤다. 그리고 춘성 스님 앞에 와서도, "주님은 부활하셨습니다. 우리 주 예수님을 믿으시오" 하고 치근거렸다. 잠자코 있던 춘성 스님이 전도사에게 말했다. "뭐? 죽었다 살아났다고? 나는 여태 죽었다 살아난 건 내 ××밖에 못 봤어" 하였다. 그러자 주위 승객들이 박장대소를 하였고, 전도사는 빨리 자취를 감추었다(불교 전기문화 연구소 편『현대 고승 인물평전』〔불교영상 1994〕 152쪽).

예수 부활 신앙은 실로 납득하기 어렵지만 이 신앙을 빼면 그리스도교는 쓰러진다. 사실 그리스도교는 역사의 예수께서 창교하지 않았다. 더군다나 그분이 30년 4월 7일 금요일 오후에 예루살렘 북서부 성 밖 골고타 형장에서 처형되셨을 때 그리스도교는 태어날 수 없었다. 예수의 제자들이 처형된 스승의 발현을 체험하면서 그분의 부활을 확신하고, 드디어 30년 5월 말경 오순절을 맞아 예루살렘에 모여 그리스도교를 창시했다. 그러므로 그리스도교는 예수 부활 신앙의 종교이다. 이제 신약성서를 근거로 예수 부활 신앙의 유래와 의미를 밝히고자 한다. 그에 앞서 우선 부활 신앙을 담고 있는 구두 전승과 기록 사료를 유형별로 일별한다.

1-1. 예수 부활에 관한 신약성서의 증언

1-1-1. 사도들의 설교

예수의 제자들은 30년 5월 말경 오순절에 성령강림을 체험한 다음 곧장 예루살렘에서 동족들을 상대로 설교했다. 사도행전에는 수제자 베드로의 설교 네 편이 수록되어 있다(2.14-39; 3.12-26; 4.18-20; 5.29-32). 그러나 이는 베드로의 설교를 채록한 것이 아니고 사도행전의 필자인 루가가 만들어 베드로의 입에 담은 글귀에 지나지 않는다는 게, 1949년 마르틴 디벨리우스 교수의 연구로 밝혀졌다. 그렇기는 하지만 베드로의 네 설교에 드러나는 기본 구조와 내용은 베드로가 실제로 행한 설교와 크게 다르지 않으리라고 본다. 설교 네 편은 ① 예수의 삶과 죽음과 부활 증언, ② 구약 논증, ③ 회개 촉구 순으로 짜여 있는데, 이는 지극히 자연스런 구조요 내용이라, 베드로도 이런 식으로 설교했으리라고 본다. 그러니까 루가가 베드로의 설교 네 편을 창작한 것은 분명하지만 기본 구조와 내용만은 사실과 맞게 집필했다는 것이다.

1-1-2. 그리스도인들의 신조

그리스도인들은 사도들이 예수의 삶과 죽음과 부활을 증언하는 설교를 듣고 그리스도론적 신조를 만들곤 했다. 가장 원초적인 신조는 예수의 죽음과 부활(egeiro 동사)을 내용으로 한다. "하느님께서는 죽은 이들 가운데서 예수를 일으키셨다" 또는 "예수께서는 죽은 이들 가운데서 일으켜지셨다"이다(마르 16,6; 사도 3,15; 4,10; 5,30; 13,30.37; 1데살 1,10; 갈라 1,1; 1고린 6,14; 15,15; 2고린 4,14; 로마 4,25; 7,4; 8,11; 10,9; 골로 2,12; 2디모 2,8).

세월이 흐르면서 원초적인 신조가 조금씩 확장된다. 그 단적인 예로 고린토 전서 15,3-5를 들겠다. "그리스도께서는 성경(말씀)대로 우리 죄를 위해서 죽으시고 묻히셨으며, 또 성경(말씀)대로 사흘 만에 일으켜지시고, 게파에게, 다음에는 열두 (제자)에게 나타나셨습니다." 이 신조에선 예수의 죽음과 매장, 그리고 부활과 발현을 꼽는다. 언뜻 보면 네 조항 신조인 것 같다. 그러나 자세히 살펴보면 예수의 죽음과 부활만 꼽은 원초적 신조로 환원된다. 왜냐하면 예수의 매장은 죽음의 확인에 지나지 않고, 예수의 발현은 부활의 확증에 지나지 않기 때문이다. 확장된 신조의 내용을 좀더 살펴보자. 우선 "그리스도께서는 성경말씀대로 우리 죄를 위해 죽으셨다"고 한다. 이는 예수의 죽음에 대한 두 가지 풀이로서, 그리스도께서는 하느님의 구원 경륜에 따라 죽으셨으며 우리 죄를 대신 속죄코자 죽으셨다는 것이다. "또한 성경말씀대로 사흘 만에 일으켜지시고 게파에게, 다음에는 열두 제자에게 나타나셨습니다"고 한다. 예수 부활 역시 하느님의 구세경륜에 따라 일어난 일이라는 것이다. "사흘 만에" 부활하셨다는 것은 갈릴래아 출신 여자들이 예수의 무덤이 빈 것을 확인한 날짜(마르 16,1-8; 요한 20,1-13), 그들이 부활하신 예수의 발현을 처음으로 체험한 날짜를 가리키겠다(마태 28,9-10; 요한 20,14-18). 게파와 열두 제자에게 나타나신 발현은 갈릴래아에서 있었던 일로서(마르 14,28; 16,7), 부활 신앙의 근거가 되는 가장 중요한 발현이었다(1고린 15,3-5).

이제까지 논한 사도들의 설교 및 그리스도인들의 신조에서는 예수 부활을 가리킬 때 *egeiro*(일으키다) 동사의 능동형 또는 수동형을 쓴다. 죽음을 누워 있는 것 또는 잠자는 것으로 여기고, 부활을 일으키는 것 또는 깨우는 것으로 언표했던 것이다. 그밖에도 부활을 가리키는 동사로는 타동사 *anistemi*(일으키다: 사도 2,24.32; 3,26; 13,33.34; 17,31), 자동사 *anistemi*(일어서다: 1데살 4,14; 루가 24,7.46), 자동사 *zao*(살아나다: 2고린 13,4; 로마 6,10; 14,9; 묵시 1,18; 2,8)가 나온다.

1-1-3. 빈무덤사화

갈릴래아에서부터 예수님을 따르던 여자들이 30년 4월 9일 일요일 새벽에 골고타 근처에 있는 예수의 무덤을 찾아갔더니 놀랍게도 예수의 무덤이 비어 있었다는 이야기는 마르코 복음서 16,1-8과 요한 복음서 20,1-13에 수록되어 있다. 예수의 무덤이 비어 있었다는 기담은 두 가지 이유로 신빙성이 있다.

— 유대인들은 부활을 시신이 소생하는 것으로 간주했다(에제 37,1-14 참조). 그러므로 예수의 무덤에 그분의 시신이 그대로 있었다면 사도들이 예루살렘에서 예수 부활을 도저히 주장할 수 없었을 것이다.

— 예수의 무덤이 빈 사실은 유대교인들조차 인정했다. 단지, 그리스도인들이 예수 부활을 주장하려고 예수의 시신을 남몰래 이장한 까닭에 예수의 무덤이 비게 되었다는 소문을 1세기 유대인들은 줄기차게 퍼뜨렸다(마태 28,15; 유스티누스「트리폰과의 대화」108,2).

1-1-4. 여자들에게 나타나신 발현사화

갈릴래아 출신 여자들이 30년 4월 9일 일요일 새벽에 예수의 무덤에 갔다가 뜻밖에도 그 무덤이 빈 것을 목격했고 이어서 맨 처음으로 예수 발현을 체험했다고 한다(마태 28,9-10; 요한 20,14-18). 이는 예수께서 당신의 부활을 여자들에게 알려주신 사적 인지 발현사화私的認知發現史話이다. 1세기 교회는 이 발현사화를 대수롭게 여기지 않았기 때문에 신조 발현 목록(1고린 15,3-5)에 포함시키지 않았다. 법정에서 여자들의 증언을 청취하지 않던 시절의 이야기라, 그만큼 역사적 신빙성이 있는 일화라 하겠다. 조작했다면 예수께서 남자들에게 맨 처음 발현하셨다고 꾸몄으리라.

1-1-5. 제자들에게 나타나신 발현사화

제자들에게 나타나신 발현사화는 루가 복음서 말미와 사도행전 서두에 나오는 예수 승천기까지 포함해서 도합 여덟 편이 마태오·루가·요한 복음서에 수록되어 있다(마태 28,16-20; 루가 24,13-35.36-49.50-53; 사도 1,6-11; 요한 20,19-23.24-29; 21,1-25). 마르코 복음서 16,9-20에도 발현사화 여러 편이 수록되어 있으나, 이것들은 마르코가 기록한 것이 아니고, 후대 어느 필사가가 마태오·루가·요한 복음서와 사도행전의 발현사화들을 적당히 베낀 것에 지나지 않으므로 고려하지 않겠다. 사도 바울로는 예수 발현을 간결하게 언급하곤 했다(갈라 1,16; 1고린 9,1; 15,3-8).

제자들에게 나타나신 발현사화의 성격을 보면 사적 인지 발현사화도 있지만(루가 24,13-35; 요한 20,24-29), 그 나머지는 제자들에게 전도 사명을 부여하는 공적 사명 발현사화公的使命發現史話이다.

발현사화와 신조에서 제자들의 예수 발현 체험을 기술할 때 사용한 동사는 "보다"horao 동사의 능동형(마르 16,7; 마태 28,17; 요한 20,18.20.25.29; 사도 9,27; 22,14; 1고린 9,1) 또는 수동형(사도 9,17; 26,16; 1고린 15,3-8)이 가장 흔하다. 이밖에 "보다"theoreo 동사의 능동형(루가 24,37.39), "드러내다"phanero 동사의 능동형(요한 21,1.14), "계시-계시하다"apokalypsis-apokalypto 명사·동사가 두루 나온다(갈라 1,12.16).

그러니까 예수의 제자들은 분명히 스승의 현시를 보았다. 그렇다고 해서 예수께서 실제로 부활하여 실제로 나타났다고 단정할 수는 없다. 왜냐하면 슈트라우스David Friedrich Strauss(1808~1874) 같은 이는 제자들의 목격담을 인정하면서도 그것은 어디까지나 환각작용에 지나지 않았다고 풀이하기 때문이다. 최근에는 괴팅겐 대학교 뤼데만이 같은 설을 내세웠다(G. Lüdemann, *Die Auferstehung Jesu*, Göttingen 1994, Stuttgart 1994, pp.126-8, 136-8). 그러니까 예수 부활과 발현 자체는 역사적으로 긍정도 부정도 할 수 없는 성질의 일이다.

1-2. 예수 부활 신앙의 유래

신약성서에서 드러나는 사도들의 설교, 그리스도인들의 신조, 그리고 예수 부활에 관한 다양한 사화들을 종합해 보면 예수 부활 신앙의 유래를 어느 정도 짐작할 수 있다.

1) 도피: 예수께서 체포되시자 제자들은 달아났다(마르 14,50), 게파는 대제관 저택에까지 따라가기는 했으나 그 역시 스승을 배반하고 달아났다(14,72). 어디로? 갈릴래아로 도망쳤다(마르 14,28; 16,7; 참조: 요한 16,32).

2) 부인들에게 발현: 30년 4월 9일 일요일 새벽에 부인들이 예루살렘에서 예수의 빈 무덤을 확인했고(마르 16,1-8) 또한 부인(들)이 예수 발현을 체험했다(요한 20,14-18; 마태 28,9-10).

3) 베드로에게 발현: 예수께서는 부활하신 다음 갈릴래아에서 우선 게파에게 나타나셨다(1고린 15,5a). 요한 21,1-23은 이를 전제하는 발현사화일 것이다.

4) 열두 제자들에게 발현: 이어 갈릴래아에서 열두 제자들에게 나타나셨다(1고린 15,5b). 마태오 28,16-20은 이를 전제하는 발현사화일 것이다.

5) 오순절: 오순절을 맞아 예루살렘에 집결한 제자들은 극적인 체험을 했다. 사도행전 2,1-13을 눈여겨보면, 그들은 무아지경에 이르러(2,13) 사람들이 알아들을 수 없는 영언靈言을 지껄였다(2,4; 10,46; 19,6; 1고린 12,30; 13,1). 이어서 제자들은 동족을 상대로 힘차게 예수 부활을 선포하기 시작하였다.

6) 오순절 이후 발현: 바울로가 55년경에 집필한 고린토 전서 15,6-8을 보면 오순절 다음에도 33년경 바울로가 개심할 때까지 예수 발현은 계속되었다. "이어서 그분은 한번에 오백 명이 넘는 형제들 앞에 나타나셨습니다. 그 가운데 대부분은 아직도 살아남아 있지만 몇몇은 잠들었습니다. 이

어서 그분은 야고보(= 예수님의 아우)에게, 그 다음에는 모든 사도들에게 나타나셨으며, 맨 마지막으로는 배냇병신 같은 나에게도 나타나셨습니다."

1-3. 예수 부활 신앙의 의미

역사적으로 볼 때 예수 부활은 긍정도 부정도 할 수 없다. 그러나 예수 부활을 신앙의 신비로 받드는 그리스도인이라면 예수를 달리 보고 인생도 달리 보게 마련이다. 그리스도인이 볼 때, 부활한 예수는 시간을 넘어 영원한 존재로, 공간을 넘어 편재하는 존재로, 생성소멸 법칙을 넘어 불사불멸하는 존재로 탈바꿈하셨다. 역사적 인물이 초월자가 되셨다. 부활한 예수는 현상적으로는 안 계시지만 신앙상으로는 언제 어디서고 현존하신다. 그분은 "없이 계시는 분"이시다. 요한 복음작가는 부활하신 예수를 신령한 분으로 묘사하곤 했다(20.14-18.19-23.24-29). 사도 바울로는 부활하신 예수를 영靈(Pneuma)이라고 했다(1고린 15.45; 2고린 3.17).

예수를 하느님의 종국적 계시자로 받드는 그리스도인이라면 예수의 삶과 죽음과 부활에 비추어 자기 자신을 이해하고 이룩하게 마련이다. 우선, 하느님 사랑과 이웃 사랑을 오롯이 체현한 예수의 삶을 본받고자 하리라. 북아프리카 히포의 주교 아우구스티누스(354~430)는 예수께서 강조하신 이웃 사랑을 두고 이런 명언을 남겼다.

> 그대는 단 한 가지 짤막한 계명을 받았다.
> 사랑하라, 그리고 마음대로 하라(Dilige, et quod vis fac).
> 입을 다물어도 사랑으로 하고
> 말을 해도 사랑으로 하라.
> 나무라도 사랑으로 나무라고
> 용서해도 사랑으로 용서하라.
> 마음속 깊이 사랑의 뿌리를 내려라.
> 그 뿌리에선 오직 선만이 싹트리라(「요한 1서 강론」 7.8).

사랑에 젖지 않고 어찌 사랑이신 하느님(1요한 4.8.16)을 만나랴. 사랑에 젖지 않고 어찌 사랑의 화신인 예수 그리스도와 인연을 맺으랴. 예수님의 발자취를 따라 진실과 사랑의 가치를 체현한다면 보람도 크겠지만 손해보는 일도 적지 않을 것이다. 박해라는 극한상황에선 예수님마냥 목숨을 잃을 수도 있다. 그렇지만 밑지는 삶, 비참한 죽음이 부활로 이어진다고 믿는다. 그 옛날 하느님께서 예수의 삶을 거두셨듯이 예수 닮은 그리스도인의 삶 또한 거두실 것을 믿는 것이다. 사도 바울로는 예수 그리스도의 죽음과 부활에 비추어 그리스도인의 죽음과 부활을 비교 서술하곤 했다(갈라 2.19-20; 필립 3.10-11; 2고린 4.10-11; 5.15; 6.9-10; 13.4; 로마 6.4-5; 8.11.15-17). 바울로의 확신인 즉, 그리스도와 그리스도인은 운명공동체라는 것이다. 그 둘은 팔자소관이 같다는 것이다. 예수 부활에 관한 참고서 하나만 소개한다: 헤르만 헨드릭스 저 [황종렬 역] 『예수 부활 이야기』 가톨릭출판사 1985.

2. 그리스도론적 존칭

예나 이제나 그리스도인들은 역사의 예수와 부활하신 예수를 가장 위대한 인물로 받든다. 네 복음사가는 예수의 언행을 채록하는가 하면, 신약성서 필자들은 각자 나름대로 부활하신 예수를 주제로 그리스도론을 편다. 아울러 신약성서 필자들은 교회로부터 그리스도론적 존칭들을 물려받아 사용했는데, 여기선 가장 두드러진 존칭 열 개만 골라보겠다. 신약성서 시대 그리스도인들은 여러 가지 유대계 존칭과 로마-헬라계 존칭을 예수께 드리고도 직성이 풀리지 않아 마침내 그분을 하느님으로 받들게 된다. 그만큼 예수님에 대한 존경과 사랑이 지극했던 것이다.

2-1. 메시아, 다윗의 후예

히브리어 "메시아"(기름부음받은 자)의 그리스어 의역 "그리스도"는 신약성서에 무려 529차례나 나온다. 예수 시대 유대인들 절대다수는 다윗의 후손 가운데서 다윗보다 더 위대한 성군 메시아가 태어나기를 학수고대했다. 메시아는 이스라엘 독립을 쟁취하는 것은 물론, 이스라엘을 태평성대 종주국으로 만들리라고 기대했다. 그러면 세계 만민이 이스라엘 선민을 부러워하여 이스라엘로 몰려와서 조공을 바치리라는 꿈을 꾸었다. 수제자 시몬 베드로가 예수님의 정체를 밝혀 메시아시라고 고백한 적이 있다(마르 8.29-31). 이 고백에 대한 예수님의 반응은 전해오지 않는다. 그렇지만 예수께서 메시아 감투를 선선히 받아들일 수는 없었을 것이다. 왜냐하면 메시아는 정치적 인물인데, 예수께서는 정치에 도무지 관심이 없었기 때문이다. 예수께서 수난·부활하신 다음 사도들을 비롯해서 예루살렘 교우들은 그분을, 기다리고 기다리던 메시아로 선포했다. 정치적 차원에서 메시아시라는 뜻이 아니라 신앙의 차원에서 메시아시라는 뜻이다.

2-2. 아들, 하느님의 아들

예수께서는 하느님을 아빠라고 부르면서 게쎄마니에서 간구의 기도를 드리셨다. 그러니까 예수님은 하느님의 아가, 하느님의 아들이라는 자아의식을 지니셨다. 또한 예수께서는 "나의 아버지"와 "여러분의 아버지"를 구분하셨다. 이로써 예수님 당신과 하느님 아빠와의 관계는 독보적이라는 사실을 암시하셨다. 유대계 그리스도인들은 예수님을 일컬어 아들, 하느님의 아들이라고 했다. 예수님은 하느님과 가까운 분이라는 뜻이다. 이스라엘에선 천사, 이스라엘 백성, 백성의 대표자인 임금, 의인 등 하느님과 가까운 존재를 하느님의 아들이라고 했다. 그런데 예수님은 하느님과 지극히 친밀한 분이시라는 생각에서 공관복음서 필자들은 예수님을 일컬어 "하느님의 사랑하는 아들"(마르 1.11; 9.7)이라고 하고, 요한 복음서 필자는 "하느님의 외아들"(요한 1.14.18; 3.16.18)이라고 한다.

2-3. 인자

기원전 200년경부터 서기 200년경 사이에 이스라엘에 성행한 묵시문학에는 "인자"라는 초월자가 나온다(에티오피아어 헤녹 34-69; 라틴어 에스라 4서 13장; 참조: 다니

7,13-14). 묵시문학의 인자는 하늘에 있다가 역사의 종말에 세상에 내려와서 하느님을 대리하여 세상을 심판하고 이스라엘 선민을 구원하는 초월자이다.

네 복음서에선 오직 예수께서만 "인자"를 거론하신다. 인자는 장차 세상을 심판하고 선민을 구원하러 오리라고 말씀하시는가 하면, 인자는 이미 왔다고 말씀하시는 때도 있다. 예수께서 말씀하신 "인자"의 유래를 두고 신약학계의 의견이 분분하다.

① "인자"는 모조리 교회에서 예수께 드린 존칭이라는 설이 강하다(Conzelmann, Lohse, Vögtle).

② 예수께서 세상을 심판하고 선민을 구원할 종말미래의 인자를 거론할 때 전혀 당신 자신을 생각지 않고 제3자를 염두에 두셨다는 설이 있다(Bultmann).

③ 예수께서 실제로 현재와 미래의 인자로 자처하셨다는 설도 있다(Schweizer, 김세윤).

나는 첫째 설에 동조한다. 예수께서는 부활하시어 성부 오른편에 계시다가 미구에 세상을 심판하고 구원하러 하강하시리라고 그리스도인들은 고대했다. 그리스도인들의 이런 그리스도상과 묵시문학의 인자상이 매우 비슷했기 때문에, 그리스도인들은 인자와 예수 그리스도를 동일시했을 것이다.

2-4. 주님

1세기 그리스도인들은 신바람이 나면 환성(*homologia*)을 질렀다. 부활하신 그리스도의 현존에 감읍할 때면 "예수는 주님이시다"*Kyrios Iesous*(1고린 12,3; 2고린 4,5; 특히 필립 2,10-11; 로마 10,9)라고 외쳤다. 황제가 나타나면 "황제가 주님이시다"*Kyrios Kaisar*라고 로마인들이 외친 것과 닮은 점이 있다. 팔레스타인 그리스도인들도 성만찬 때 모이면 다 함께 입을 모아 "예수는 주님이시다"(아람어로 *mareh Yesu*)고 외쳤을 가능성이 있다. 왜냐하면 이들이 부활하신 그리스도의 내림을 재촉하는 환성 "마라나타"(우리 주님, 오소서: 1고린 16,22)를 외친 게 분명하기 때문이다. "주님"은 부활하신 그리스도를 매우 높이는 극존칭 가운데 하나이다. 구약성서와 유대교 문헌에서 하느님을 "주님"(히브리어 *adonai*)이라고 했으니까. 그렇다고 해서 예수님을 주님이라고 했을 때 그분을 하느님으로 추대한 것은 아니지만 하느님 다음가는 지존으로 받든 것은 사실이다. 신약성서 필자들 가운데서 사도 바울로 그리고 루가 복음서와 사도행전 필자가 이 존칭을 애용했다.

2-5. 구원자

로마인들은 황제를 구원자로 받들었는데, 아마도 그 영향으로 헬라계 교회에서 이 존칭을 예수께 드린 것 같다. 사용 빈도는 비교적 적어 신약성서에 열 번만 나온다(루가 2,11; 사도 5,31; 13,23; 요한 4,42; 1디모 4,10; 2디모 1,10; 디도 1,3; 2,13; 3,6; 1요한 4,14).

2-6. 하느님의 종

신약성서 가운데서 오로지 사도행전에서만 네 차례에 걸쳐(사도 3,13.26; 4,27.30) 예수님을 "하느님의 종"pais theou이라고 한다. 예수님을 이렇게 명명한 까닭은 예수님의 일생이 이사야 52,13 - 53,12에 나오는 신비스런 인물 "야훼의 종"(히브리어로 ebed Yahweh)과 너무나도 닮았기 때문이다. 그럼 어떤 면이 서로 닮았던가? 사도행전 필자는 고난(사도 8,32-33 = 70인역 이사 53,7-8)과 부활(사도 3,13b = 70인역 이사 52,3)에 공통점이 있다고 보았다.

사도교부들도 예수님을 간혹 "하느님의 종"이라고 했다(열두 사도들의 가르침 9,2-3; 10,2-3; 클레멘스의 고린토 서간 59,2-4; 폴리카르포의 순교록 14,1; 20,2; 바르나바의 편지 6,1; 9,2). 사도교부 이후에는 이 존칭이 사라지다시피 했다. 차츰차츰 예수님을 하느님으로 추대하는 추세에 그분을 "하느님의 종"이라고 하는 게 마음에 거슬렸던 모양이다.

2-7. 마지막 아담

사도 바울로는 두 차례에 걸쳐 첫 사람 아담과 마지막 아담(예수 그리스도)을 대비 서술했다(로마 5,12-21; 1고린 15,20-22.45-49). 창조신화의 아담은 창생의 조상이고 예수 그리스도는 구원된 인류의 조상이라. 각각 보편적 영향력을 행사한다는 것이다. 조상을 집단인격으로 보았기 때문에 조상이 지은 죄악 또는 조상이 지은 음덕이 후손 모두에게 미친다고 옛 사람들은 생각했다.

아버지가 신 포도를 먹었는데 아들의 이가 시리더라는 말이 옛날에는 잘 통했다. 오늘날에는 개성을 존중하기 때문에 집단인격 사상이 잘 먹혀들어가지 않는다. 사도 바울로는 두 아담을 다음과 같이 대비 서술한다.

첫 사람은 땅에서 나서 흙으로 빚어졌지만 둘째 사람은 하늘에서 났습니다. 흙으로 빚어진 그 사람이 이렇다면 흙으로 빚어진 (다른) 사람들도 그럴 것이고 천상에 속한 그분이 이렇다면 천상에 속한 (다른) 사람들도 그럴 것입니다. 우리가 흙으로 빚어진 그 사람의 형상을 지녔듯이, 장차는 천상에 속한 그분의 형상을 지니게 될 것입니다(1고린 15,47-49).

2-8. 대제관

히브리서 필자는 열한 차례에 걸쳐 예수님을 대제관이라고 한다(2,17; 3,1; 4,14.15; 5,5.10; 6,20; 7,26.28; 8,1; 9,11). 예수 대제관은 죄짓는 일말고는 인간의 연약함을 다 체험하신 분이므로 연약한 인간을 동정할 줄 아시는 분이다(4,15). 그분은 단 한 번 당신 자신을 속죄의 제물로 바치심으로써 하느님으로 하여금 온 인류에게 사죄의 은혜를 베풀게 하셨다(7,27; 9,26-28; 10,12). 그런 다음 예수께서는 하느님으로부터 하늘나라의 영원한 대제관으로 임명되셨다(5,6.10; 7,21.24). "그분은 당신을 통하여 하느님께 다가가는 사람들을 완전하게 구원하실 수 있습니다. 사실 그분은 그들을 위하여 간청하시려고 항상 살아 계십니다"(7,25).

2-9. 하느님의 어린양

요한 복음서에서 요한 세례자는 두 번에 걸쳐 예수님을 "하느님의 어린양" *ho amnos tou Theou*이라고 한다(1,29.36). 무슨 뜻으로 그렇게 불렀을까. "세상의 죄를 없애시는 하느님의 어린양"(1,29)이라고 했으니, 예수님은 인류의 죄를 대신 속죄한 대속자라는 뜻이다. 대속자를 일러 어린양이라니 비칭이면 몰라도 존칭으로선 도무지 적절치 않은 것만 같다. 이제 하느님의 어린양이란 은유의 사상적 배경을 추리해 보겠다.

① 하느님의 어린양은 "하느님의 종"에서 비롯했다는 설이 있다. 1세기 교회 일각에선 예수님을 "하느님의 종"으로 받들었다(사도 3,13.26; 4,27.30). 1세기 교회는 이사야 52,13 - 53,12에 나오는 신비스런 인물 "야훼의 종"이 많은 이들의 죄를 대신 속죄코자 고난과 죽임을 당한 것처럼, 예수께서도 인류의 죄를 대신 속죄코자 고난과 죽임을 당하셨다고 보았던 것이다. 그런데 아람어 "탈러야"는 종을 뜻하는가 하면 어린양을 뜻하기도 한다. "하느님의 종"이나 "하느님의 어린양"이나 아람어로는 같다는 것이다.

② 하느님의 어린양은 과월절 어린양을 뜻한다는 설이 있다. 요한 복음에 따르면 예수께서는 과월절 전날 사람들이 성전에서 과월절 어린양을 잡는 시각에 운명하셨다(18,28; 19,14.31; 참조: 19,36). 그래서 과월절 어린양 이미지를 예수께 적용했다는 것이다. 그러나 유대교의 과월절 어린양은 출애굽 사건을 가리킬 뿐, 전혀 대속죄 사상을 담고 있지 않은 게 문제이다. 그렇지만 그리스도인들이 과월절을 지낼 때면 과월절 어린양이신 예수께 대속죄 능력을 쉽게 부여할 수 있었겠다. 왜냐하면 그리스도인들은 교회 창립 초기부터 예수의 죽음을 대속죄적 구원사건으로 풀이했기 때문이다(1고린 15,3-5).

2-10. 예수는 하느님이시다

신약성서 가운데 오직 요한계 문헌에서만 네 차례에 걸쳐 예수님을 하느님이시라고 한다. 유대교에선 상상도 할 수 없는 신앙고백이다. 예수님을 얼마나 존경했으면 이렇게 고백할까. 예수 사랑이 얼마나 지극했으면 이렇게까지 고백할까!

① 요한 1,1: 맨 처음에 말씀이 계셨다. / 말씀이 하느님과 함께 계셨으니 / 그 말씀은 하느님이셨다.

② 요한 1,18: 일찍이 아무도 하느님을 보지 못했다. / 아버지의 품안에 계시는 외아들 / 하느님이신 그분이 알려 주셨다.

③ 요한 20,28: 토마는 대답하여 "나의 주님, 나의 하느님" 하고 여쭈었다.

④ 1요한 5,20: 우리는 그 참되신 분(하느님) 안에 있고 그분의 아들 예수 그리스도 안에 있습니다. 이분은 참되신 하느님이시며 영원한 생명이십니다.

요한계 문헌의 이 신앙고백이 325년 니체아 공의회에선, 예수는 그 실체(ousia)가 하느님 아버지와 일체이시므로(homoousios) 하느님 아버지와 같은 하느님이시라는 교리를 만들었다. 381년 제1차 콘스탄티노플 공의회에선 성령도 하느님이시라는 교리를 선포했다. 그런가 하면 451년 보스포러스 해협 동안에 자리한 칼케돈 공의회에선, 예수께서는 한 위격(位格)에다 인성과 신성 두 가지 품성을 지니신 까닭에 참 사람이요 참 하느님이시라는 양성교리(兩性敎理)를 만들었다. 위의 세 공의회에서 만든 삼위일체 교리와 기독론 교리를 흔히 그리스도교의 핵심 교리로 여긴다.

그러나 이 핵심 교리가 점점 문제시되고 있다. 성서주석사상 가장 학술적인 마태오 복음 주석서를 펴낸 울리히 룻즈는 이렇게 술회했다. "자구적으로 이해한 삼위일체 교리는 오늘날 정말 사라지게 된 것 같다. 기껏해야 전문 백치들이나 알아들을까, 민중은 알아들을 수가 없다"(Ulrich Luz, Das Evangelium nach Matthäus II, Zürich/Neukirchen-Vluyn 1990, p.215). 안병무 선생(1922.6.23 ~ 1996.10.19)은 1993년 5월 30일 강남 향린교회 창립기념 예배에서 한 축사에서 핵폭탄선언을 했다. "그리스-로마엔 신인사상(神人思想)이란 게 있어요. 신이며 더불어 사람이란 사상이 있는데, 그걸 예수에게 꽉 맞추었어요. 세상에 해괴한 존재 중의 하나가 완전한 신이며 완전한 인간이란 거예요. 그런 괴물이 어디 있어요. 사람이면 사람이고, 신이면 신이지. 신이 완전한 인간이란 것은 그리스 문화에 의해서 된 겁니다"("살림』 1998년 11월, 66쪽). 이러고도 출교당하지 않고 기독교인으로 종생했으니, 안병무 선생은 억세게 재수좋은 사나이다.

2-11. "너희는 나를 누구라고 생각하느냐?"
예수께서는 사람들이 당신을 예언자로 여긴다는 풍문을 전해 듣고 제자들에게 물으셨다. "너희는 나를 누구라고 생각하느냐?"(마르 8.29). 이제까지 1세기 그리스도인들의 답변 열 가지를 소개했다. 이밖에도 여러 답변이 있었다. 예수는 하느님의 지혜(마태 11,19 = 루가 7,35; 1고린 1,24.30; 2,7; 골로 2,3), 하느님의 모습(필립 2,6), 하느님의 모상(골로 1,15), 하느님 영광의 광채, 하느님 실체의 표상(히브 1,13)이라고 한다. 스위스 태생 원로 신약학자 에두아르드 슈바이처는 최근에 예수님을 일컬어 "하느님의 비유"라고 했다(Eduard Schweizer, *Jesus. Das Gleichnis Gottes*, Göttingen 1995). 그럼 오늘날 한국 기독자는 어떻게 답할까? 불가에서 비롯한 표현을 빌려 하느님의 화신이라고 할까, 아니면 그냥 하느님의 거울이라고 할까. 하느님을 깊이 깨닫고 맑게 보여주셨다는 뜻으로.

참고 문헌

김득중 『복음서의 비유들』 컨콜디아사 1992.
────『복음서의 이적 해석』 컨콜디아사 1996.
김진호 편 『예수 르네상스 – 역사의 예수 연구의 새로운 지평』 한국신학연구소 1996.
김창락 『새로운 성서 해석과 해방의 실천』 한국신학연구소 1990.
────『귀로 보는 비유의 세계』 한국신학연구소 1997.
박상래 『성서와 그 주변 이야기』 바오로딸 1997.
박태식 『예수와 교회』 우리신학연구소 1999.
안병무 『갈릴래아의 예수 – 예수의 민중운동』 한국신학연구소 1990.
유충희 『예수의 최후만찬과 초대교회의 성만찬』 우리신학연구소 1999.
정양모 「예수 수난사 연구」 『종교신학연구』 제9집 〔분도출판사 1996〕 321-92쪽.
────『마태오 복음 이야기』 성서와함께 1999.
────『공관복음서의 비유』 성서와함께 1999.
정태현 『놀라운 발견』 바오로딸 1996.
조태연 『예수운동 – 그리스도교 기원의 탐구』 대한기독교서회 1996.
최혜영 『하느님, 내 입시울을 열어 주소서 – 신약성서의 기도문 연구』 우리신학연구소 1999.
황성규 『예수운동과 갈리리』 한국신학연구소 1995.
앨벗 놀런 〔정한교 역〕『그리스도교 이전의 예수』 분도출판사 1982.
보 라이케 〔번역실 역〕『신약성서 시대사』 한국신학연구소 1986.

에두아르드 로제〔박창건 역〕『신약성서 배경사』대한기독교출판사 1995.
게르하르트 로핑크〔정한교 역〕『예수는 어떤 공동체를 원했나?』분도출판사 1985.
──『산상설교는 누구에게? ─ 그리스도교 윤리를 위하여』분도출판사 1990.
휴버트 리처즈〔정승현 역〕『예수의 기적』분도출판사 1993.
게자 버미스〔노진준 역〕『유대인 예수의 종교』은성 1995.
제라르 베시에르〔변지현 역〕『예수 ─ 사랑의 율법』시공사 1997.
마커스 보그〔구자명 역〕『미팅 지저스 ─ 역사적 예수와 현대인의 신앙』홍성사 1995.
귄터 보른캄〔강한표 역〕『나사렛 예수』대한기독교서회 1973.
레오나르도 보프〔황종렬 역〕『해방자 예수 그리스도 ─ 우리 시대의 비판적 그리스도론』분도출판사 1993.
알폰스 봐이저〔김윤주 역〕『성경은 무엇을 기적이라 부르는가?』분도출판사 1987.
빌리발트 뵈젠〔황현숙 역〕『예수 시대의 갈릴래아』한국신학연구소 1998.
루돌프 불트만〔허혁·김경희 역〕『예수 ─ 멀고도 가까운 하나님』새글사 1972.
──〔허혁 역〕『공관복음서 전승사』대한기독교서회 1972.
샤를로 뻬로〔박상래 역〕『예수와 역사』가톨릭출판사 1985.
E. P. 샌더스〔이정희 역〕『예수운동과 하나님 나라 ─ 유대교와의 갈등과 예수의 죽음』한국신학연구소 1997.
요아킴 예레미아스〔허혁 역〕『예수의 비유』분도출판사 1974.
──〔한국신학연구소 번역실 역〕『예수 시대의 예루살렘 ─ 신약성서 시대의 사회경제사 연구』한국신학연구소 1988.
──〔정광욱 역〕『신약신학』엠마오 1992.
──〔정양모 역〕「사탄의 권세를 분쇄하신 예수」『신학전망』20〔1973년 3월〕124-39쪽.
발터 카스퍼〔박상래 역〕『예수 그리스도』분도출판사 1977.
베르너 푀르스터〔문희석 역〕『신구약 중간사』컨콜디아사 1975.
안톤 펙틀레〔박상래 역〕『역사의 예수와 믿음의 그리스도』분도출판사 1985.
조셉 A. 피츠마이어〔이봉우 역〕『그리스도란 어떤 분이신가?』분도출판사 1997.
헤르만 헨드릭스〔홍인수 역〕『예수 유년기 이야기』가톨릭출판사 1984.
──〔황종렬 역〕『예수 부활 이야기』가톨릭출판사 1985.
──〔이미림 역〕『예수에게서 복음서까지 ─ 복음서의 형성 과정』분도출판사 1985.
리차드 홀슬리〔이준모 역〕『예수운동 ─ 사회학적 접근』한국신학연구소 1993.
J. Becker, *Jesus von Nazaret*, Berlin 1996.
K. Berger, *Wer war Jesus wirklich?*, Stuttgart 1995.
M. J. Borg, *Jesus in contemporary scholarship*, Valley Forge, PA 1994.

J. Dupont (ed.), *Jésus aux origines de la christologie, Nouvelle édition augmentée,* Leuven 1989.

D. Flusser, *Jesus,* Hamburg 1968.

R. W. Funk, *Honest to Jesus,* San Francisco 1996.

J. Gnilka, *Jesus von Nazaret,* Freiburg 1993.

J. Hick, *The Metaphor of God Incarnate,* Louisville 1993.

L. T. Johnson, *The real Jesus,* San Francisco 1996.

H. Leroy, *Jesus* (EdF 95), Darmstadt, 2.Aufl. 1989.

J. P. Meier, *A marginal Jew,* I-II, New York 1991. 1994.

E. Schillebeeckx, *Jesus. Die Geschichte von einem Lebenden,* Freiburg 1975.

R. Schnackenburg, *Die sittliche Botschaft des Neuen Testaments,* Völlige Neubearbeitung, I-II, Freiburg 1986. 1988.

H. Schürmann, *Jesus. Gestalt und Geheimnis,* Paderborn 1994.

E. Schweizer, „Jesus Christus" I, in: *TRE* 16, pp.671-762.

——, *Jesus, das Gleichnis Gottes,* Göttingen 1995.

G. Theissen et al., *Der historische Jesus,* Göttingen 1996.

A. Vögtle, *Die Gerechtenfrage des Menschensohnproblems,* Freiburg 1997.

B. Witherington III, *The Jesus Quest,* Downers Grove, IL 1995.

그들이 입을 다물면 돌들이 소리지를 것이다
— 「성서의 그리스도론 – 예수 그리스도 어제와 오늘」을 읽고 —

박태식(그리스도 신학대학 교수)

정양모 신부님의 발표문인 「성서의 그리스도론 – 예수 그리스도 어제와 오늘」을 읽어보고 처음으로 받은 인상은 내용이 아주 깔끔하게 다듬어져 있다는 것이다. "역사의 예수"라는 주제로 나아가는 과정에는 역사적으로, 또한 신학적으로 까다롭고 번거로운 문제들이 산재해 있다. 그런데 정 신부님의 글에서는 그 걸림돌들이 전후좌우로 정리되고 굽은 소로들이 펴져 있어 마치 평탄한 대로를 걷는 느낌이었다. 우선 발표문의 내용을 요약하고, 이 발표문이 갖는 가치를 점검해 본 후, 비판을 시도해 보겠다.

발표문에서는 먼저 예수의 생애와 사상을 정리하기 위한 기초작업으로 비그리스도교계의 사료들과 그리스도교계의 사료들을 제시하고 있다(I. 사료). 여기에는 타키투스, 수에토니우스, 요세푸스를 비롯한 당대의 역사가들이 그리스도교에 관해 기록한 비그리스도교계 자료들이 모두 제시되어 있고, 네 복음서를 기초로 한 그리스도교 계통의 자료들이 뒤따라 나온다. 특히, 후자에서는 예수로부터 복음서에 이르기까지의 전승과정을 재구성하는 데 양식비평과 편집비평이라는 방법론이 도구로 사용되었다.

예수에 관한 모든 사료들을 점검한 후에 이제 본격적으로 역사의 예수에 관한 탐구가 시작된다(II. 역사의 예수). 독자들은 예수가 걸었던 길을 항목별로 따라갈 수 있는데(II. 1. 개관), 곧 탄생 일자, 탄생지, 가족사항, 직업, 교육수준, 출가, 활동 지역, 활동 기간 그리고 예수가 활동하던 시대의 상황을 정리한 활동 배경 등등이다. 특히, 활동 배경으로는 당시의 이스라엘이 로마 제국의 속국이었다는 정치적인 상황과, 바리사이, 사두가이, 에쎄네,

열혈당, 묵시문학 등의 종교적인 맥락이 소개되어 있다. 앞절(II. 1. 개관)에서 예수의 일생이 일목요연하게 다루어진 셈이라면, 다음 절(II. 2. 활동 내용)은 예수의 사상을 정리한 것이다. 예수의 사상은 보통 그분의 가르침과 행적 Wort und Tat으로 나뉘어 연구되는데, 가르침(II. 2-1)은 예수가 선포한 복음의 주제인 "하느님의 나라"와 예수의 율법관을 주제로 하는 "하느님의 뜻"으로 집약된다. 이어서 예수의 행적이 그려진다(II. 2-2). 이 절에서는 예수가 3년간의 공생활 기간에 했던 가시적인 활동들이 소외자들에 대한 관심, 기적 사화, 성전 정화 사건으로 대별되어 씌어 있다. 역사의 예수를 연구하는 데 있어서 삶 못지않게 죽음도 중요하다. 그런 의미에서 복음서 작가들은 한결같이 예수의 마지막 모습에 큰 비중을 두어 보도하는데, 복음서의 1/4 정도의 분량을 예수의 수난사에 투자한다. 공생활 3년에 비하자면 불과 며칠 동안 일어난 일인데도 말이다. "예수의 수난사"(II. 3)는 바로 예수의 고난과 죽음을 다룬 항목이며, 여기서는 수난사의 범위를 "게쎄마니의 기도"에서 "죽음과 매장"까지로 정해놓았다.

이 글의 마지막 장에서 드디어 "신앙의 그리스도"가 등장한다. 앞 장들에서 예수의 역사를 객관적으로 묘사하기 위해 힘을 기울였다면, 이 장에서는 초세기 그리스도인들이 품었던 그분에 대한 신앙을 묘사하고 있다. 그들에게는 무엇보다도 예수가 죽음의 권세를 이기고 부활한 분이었다(III. 1. 예수 부활 신앙). 그 부활 신앙은 사도들의 설교, 신앙고백 양식(신조), 빈무덤사화, 발현사화에서 분명하게 드러난다. 그리고 초세기 그리스도인들의 신앙을 가늠하는 또 한 가지의 중요한 잣대는 예수를 부르는 호칭들이다(III. 2. 그리스도론적 호칭). 여기에 선별된 호칭은 모두 열 가지인데 하나하나마다 그리스도인들이 가졌던 믿음의 본질을 보여주고 있다.

정양모 신부님의 글은 그 구성만큼이나 우리에게 시사하는 바도 분명하다.

1) 먼저 역사의 예수에 관한 정보들을 다양하고 입체적으로 제공한다는 점을 꼽을 수 있겠다. 정 신부님은 일단 예수에 관한 모든 사료를 분석하고 나서 "역사의 예수"에 관해 항목별로 나누어 논리를 진행시켜 나갔다(I. II).

사실 이는 성서학계에서 예수에 관한 글을 쓰려면 으레 행해지는 고전적인 방법으로, 외형적으로는 그리 특별할 게 없다. 그러나 정작 중요한 것은 얼마만큼이나 예수의 생애와 사상을 객관적으로 재구성하는가 하는 점이다. 이는 "얼마나 많은 미발굴 자료를 확보하고 있는가"의 문제가 아니라 "분석자의 신학이 얼마나 원숙한 경지에 이르렀는가"의 문제로 귀착된다. 정 신부님의 글에서는 그같은 원숙미가 물씬 풍긴다. 군더더기 없는 문장 구성과 분명한 논지는 각 항목마다 아무리 길어도 불과 한 면을 넘지 않는 압축성을 지니고 있다. 그처럼 역사의 예수에 관한 정보들을 알아듣기 쉽게 정리했다는 사실에서 이 글의 우선적인 가치를 찾을 수 있을 것이다.

2) 다음으로 유의하여 읽어야 할 점은 "신앙의 그리스도"에 대한 접근 방법이다(III). "신앙의 그리스도" 하면 흔히 현시대의 신앙을 잣대로 삼아 과거를 재구성하는 작업이 상투적인데, 이 글의 시점은 이천 년 전 지중해 세계에 그대로 머물러 있다. 이는 초세기 그리스도인들의 신앙을 회복해 보자는 필자의 의지로 해석할 수 있다. 따라서 예수의 부활 신앙도 초세기 그리스도인들이 부활에 대해 이해한 만큼만 제시했고, 있는 그대로의 과거를 선입견없이 투명하게 드러내준다. 같은 맥락에서 신부님은 현대적인 고민들의 해결책을 예수에게서 찾으려는 갖가지 시도들을 비난한다. 이를테면, 오늘날 대한민국 최대의 관심사인 IMF 문제의 해결책을 신약성서에서 찾아보려는 시도 등인데(29쪽), 성서가 구체적인 문제들 하나하나마다 해결책을 제시하는 처방전 노릇을 할 수는 없기 때문이다. 예수의 의도를 해석학적인 반성을 거치지 않은 채 현대로 수평이동시키려는 시도에 일침을 가한 셈이다.

3) 마지막으로 눈여겨볼 점은 당시에 예수에게 붙여졌던 호칭들을 통해 초세기 그리스도 교회의 예수 정체 신앙을 재구성하고 있다는 사실이다. 이는 지난 이천 년의 그리스도교 전통에서 예수의 정체에 관해 일반적으로 견지되어 온 교의신학적인 접근을 가능한 한 차단시키는 결과를 낳았고, 급기야 "삼위일체"三位一體니 "신인양성"神人兩性이니 하는 전통적인 정체 설정

의 약점이 지적되기에 이른다(63쪽). 그리스도론이란 언제나 새로운 시대에 맞는 새로운 전망을 제시해야 한다는 대전제를 염두에 두었기 때문일 것이다. 미루어 짐작하건대, 오늘날 자칫 죽은 신앙이 될지도 모르는 위기의 상황에서, 그리스도인들은 언제나 초세기 그리스도 교회의 위대한 신앙을 되새겨야만 한다는 충고로 받아들일 수 있겠다. 이쯤에서 혹시라도 신부님의 신앙 간증을 속시원히 듣고자 했던 독자라면 아마 그 기대감을 충족시킬 수 없었을 것이다. 그러나 이 글의 원래 목표가 예수 그리스도의 생애와 사상을 일목요연하게 정리하는 데 있다는 사실을 감안하면, 아마 큰 실망은 거둘 수 있을 것이다.

이제 글을 읽으면서 아쉬웠던 점을 한두 가지 지적해 보도록 하겠다.

1) 이 글에서는 예수를 두고 주변에서 부르던 호칭을 심도있게 다루고 있지만 정작 예수의 자의식에 관한 언급은 확연히 드러나지 않는다. 예수 스스로도 자신을 인자로 간주했을까? 그분 자신도 스스로를 배타적인 의미에서 "하느님의 아들"로 생각했을까? 주변 사람들이 자신을 메시아로 칭송할 때 예수는 도대체 어떤 생각을 했을까? 등등 …. 이는 대단히 번거롭고 까다로운 질문들임에 틀림없는데, 이천 년 그리스도교 역사의 핵심 교리인 그리스도론을 담보로 하여 주어지는 것들이기 때문이다. 과연 역사의 예수가 보여주었던 그 놀라운 자신감은 어디에 근거를 둔 것일까?

여기서 우리가 알 수 있는 분명한 사실 하나는 예수에게 모든 세상 가치를 상대화시킬 수 있는 절대가치가 존재했다는 점이다. 생계수단인 직업도, 단란한 가정도, 피를 나눈 가족도, 노후를 안락하게 보장해 주는 재물도, 정권을 잡아 보란듯이 행세를 하는 일도, 학식을 쌓아 당대의 명성을 날리는 율사가 되는 일도, 서슬 퍼런 제도권 종교의 위협도, 십자가 죽음의 공포도 상대화시킬 수 있는 "그 무엇"이 있었다는 뜻이다. 그 무엇을 예수는 "하느님"으로 불렀다.

예수의 진정한 권위는 바로 하느님으로부터 나오는 것이었다. 온전히 하느님께 순종했기에 예수에게는 자신을 주장할 이유가 없었다. 따라서 그를 따르는 공동체를 조직화시킬 필요도 없었고, 그저 전체 이스라엘을 어우르 겠다는 의미에서 열두 제자면 충분했다. 게다가 하느님의 임박한 종말 섭리를 읽어냈기에 체계화된 새로운 종교전통을 세워 장래를 기약하겠다는 의지도 예수는 갖고 있지 않았다. 그런 까닭으로 예수의 가르침 속에 직접적으로 교회를 지칭하는 개념이 등장하지 않는 것이다. 엄격히 말하자면, 예수는 유대교 내에서 순수한 야훼신앙을 다시 회복하려는 정풍운동을 일으킨 분이었고, 그 뒤에는 하느님과 나누던 일체감이 있었다. 하느님에 근거한 예수의 확신. 아마 역사의 예수는 온갖 시련을 얼마든지 극복해 낼 수 있었을 것이다.

2) 정 신부님의 글이 철저하게 역사의 예수와 초세기 그리스도교 신앙에 치중해 있어 시종일관 객관성을 잃지 않았다는 장점을 물론 인정하지 않을 수 없다. 그러나 지나간 역사에 좀더 활력을 불어넣기 위해서는 예수와 그 주변 사람들이 이루어냈던 공동체적인 감각에 관한 설명도 필요하다. 이른바 사회학적인 성서해석 방법을 통한 접근이 정 신부님의 글에서는 비중 있게 다루어지지 않았다는 뜻이다. 따라서 이 글은 예수 개인에게만 온통 시선을 집중시키느라, 혹시라도 그분이 이루어냈던 공동체의 성격을 소홀히 하지나 않을까 하는 우려를 낳게 만든다. 예수가 선포한 하느님 나라의 복음은 분명 당시에 사회적으로 대단한 영향을 끼쳤고 사람들의 마음을 송두리째 움직였으며, 그 힘이 얼마나 강력했던지 예수를 죽이지 않고는 제도권 종교인들이 도저히 견디어낼 수 없을 정도였다.

예수는 제도권 종교인들의 눈에 가시 같은 존재였다. 그분의 말씀 하나, 행동 하나라도 그들의 비위를 건드리지 않은 적이 없었고 예수의 율법해석은 종교지도자들의 입장을 종종 난처하게 만들었다. 그리고 그분이 선포한 "하느님의 나라"는 회당과 예루살렘 성전에서 거부되었다. 바리사이와 율사를 겨냥한 예수의 단골 욕설은 "회칠한 무덤"과 "독사의 새끼"였으며, 그들이 예수의 눈에 밉게 보였을 때는 "저주받아라", 설사 곱게 보였더라도 "회개하라"는 충고가 고작이었다.

하지만 "죄인"들을 대하는 예수의 태도는 전혀 달랐다. 예수는 그들에게 해방을 선포했다. 율법을 지키지 못했으니 장차 지옥에 떨어지게 되리라는 그들의 앞지른 패배감을 말끔히 씻어주었고, 죄인도 종교 지도자나 다를 바 없이 다같은 하느님의 자녀라는 자부심을 심어주었다. 예수는 구태여 평신도들에게 부담감만 가중시켜 주는 회당예배를 고집하지 않았다. 비록 공생활 초기에 예수는 회당예배에 참석했으나, 회당에서 쫓겨난 후(루가 4,16-30)로는 주로 광야에서 지내게 된다. 그리고 어부, 창녀, 세리 등 많은 죄인들이 예수와 행동을 함께했다. 과장된 숫자이기는 하지만 예수가 음식 기적을 베풀 때는 여자와 어린이를 뺀 성인 남자만도 5천 명이나 되었다고 한다(마르 6,43).

그 엄청난 군중은 예수의 공생활 기간 내내 그분의 주변을 지켰고 예루살렘으로 향하는 (십자가의) 죽음의 행진에도 동참했다. 인간적인 나약함으로 인해 예수와 함께 죽지는 못했지만 그들이 예수로부터 받았던 큰 감동만은 마음속 깊이 간직되었으며, 그들은 예수의 부활 이후 진정한 그리스도인으로 거듭나게 된다. 마치 한 편의 드라마처럼, 평신도들의 운명이 하느님의 뜻에 따라 새로운 국면을 맞이하게 된 것이다. "제도권 유대교와 예수의 대결"이라는 종교적인 맥락으로 보았을 때, 죄인으로 대변되는 "평신도"가 하느님 나라의 실현 주체였다.

예수는 결코 제도권 유대교에 반대하여 또 하나의 고착된 체제를 만든 분이 아니다. 예수는 순수했던 야훼신앙이 제도권 유대교의 그림자에 가려 참 빛을 잃고 있다는 사실을 목격하고 스스로 평신도의 대열에 합류한 분이다. 더 이상 희망이 없는 제도권을 등지고 평신도들에게 시선을 돌렸다는 뜻이다. 그리고 "하느님 나라가 다가왔다"는 선포(마르 1,14-15)를 앞세워 예수가 일으켰던 바람은 광야에서 몰려와 예루살렘을 휩쓸었고, 곧이어 소아시아와 유럽 그리고 세계 곳곳으로 불어갔다. 예수의 복음에는 지치지 않는 활력이 들어 있어 언제나 하느님에게 향하려는 기운이 용솟음치게 만든다. 예수가 선포한 "하느님 나라"의 복음은 그 사회적인 성격에 비추어

볼 때 "운동"으로 규정하는 것이 가장 바람직하다. 하느님에게 다가서기만 한다면 어떤 장애물도 뚫을 수 있는 추진력을 가진 세찬 움직임이라는 뜻이다. (이미 밝혔듯이) 그 운동을 예수가 평신도들과 함께 수행해 나가 온전히 평신도들의 몫이 되었으니, 하느님 나라 운동은 아마 "평신도 운동"이라는 말로 바꾸어 불러도 무방할 것이다.

3년간의 공생활 끝에 예수는 마침내 예루살렘에 입성했다. 예수를 반기는 군중들의 환호성에 질려버린 바리사이들이 예수에게 따졌다. "선생님, 제자들이 저러는데 왜 꾸짖지 않습니까?" 예수는 대답한다. "그들이 입을 다물면 돌들이 소리지를 것이다"(루가 19.40).

신약성서학을 공부하는 학자에게는 흔히 두 가지 책을 펴내고 싶은 소원이 있다고 한다. 그 하나는 신약성서 전체의 맥을 한눈에 알아볼 수 있게 만드는 "신약성서신학"이고, 다른 하나는 예수의 생애와 사상을 포괄하는 "예수전"이다. 이 두 가지 책은 물론 평생의 학업을 바탕으로 나올 수밖에 없는 글이기에 단련된 신학과 성숙한 지혜를 필요로 하며, 그 결과로 당연히 학계의 주목을 받게 된다. 정양모 신부님이 발표한 「예수 그리스도 어제와 오늘」이라는 글은, 말하자면 후자의 책인 "예수전"의 전초 작업에 해당한다. 실제로 정양모 신부님의 발표문에는 대단히 광범위한 내용이 다루어지고 있으며, 이는 예수에 대한 신부님의 연구를 집약하고 있다는 인상을 풍긴다. 특히, 평생을 역사비평적인 성서해석 방법론이라는 테두리 안에서 공부를 해오신 분이기에, 갖가지 자료를 다루는 종합적인 시각은 후학들에게 좋은 본보기가 될 것이다.

정양모 신부님의 좋은 글에 다시 한번 감사를 드립니다. 곧 완성될 "예수전"을 기대합니다.

오늘의 그리스도론

서공석(신부, 교의신학)

들어가면서
1. 형이상학적 그리스도론
2. 성서, 전통, 신앙진리
3. 오늘의 그리스도론
나오면서

들어가면서

그리스도 신앙이 발생한 곳은 로마 제국의 식민지였던 팔레스티나였다. 바울로가 대표하는 초기 교회의 선교활동과 더불어 팔레스티나를 벗어난 그리스도 신앙은 로마 제국의 영토인 지중해 연안으로 급속히 전파되었다. 2세기 후반부터는 그리스 철학에 깊이 물든 지식인들이 신앙인이 되면서 신학적 언어를 발생시킨다. 그리스도 신앙교사였던 로마의 유스티누스(†160), 알렉산드리아의 클레멘스(†215), 오리게네스(†254) 등의 이름을 들 수 있다. 3,4세기 모든 교부들은 그리스 철학자들이거나 적어도 그 시대 지식인으로서, 그리스 철학적 사고를 하던 분들이다. 따라서 교회 초기부터 신학언어는 플라톤적 형이상학에 깊이 물든 것이었다.

이때부터 시작하여 유럽의 사고는 형이상학을 토대로 한 것이었다. 13세기 토마스 아퀴나스에 의한 「신학대전」의 완성과 그후 발생하는 스콜라 신학은 플라톤 대신 아리스토텔레스의 형이상학을 기반으로 한 것이었다. 이렇게 그리스의 형이상학은 제2차 바티칸 공의회 때까지 신학언어의 기초였다. 언어는 인간의 것이며 신학은 하느님과 인간에 대한 신앙인의 시대적 사고의 표현이다. 유럽의 형이상학적 사고방식은 하이데거(1889~1976)의 출현까지 계속되었다.

형이상학은 우열優劣이 있는 이원론二元論이다. 초자연과 자연, 보이지 않는 것과 보이는 것, 불변적인 것과 가변적인 것, 정신과 물질, 영혼과 육신, 필연과 우연 등으로 구분하여 생각하면서, 둘 사이에 우열을 전제로 하고 있다. 형이상학은 둘 가운데 우월한 것으로 사람의 시선이 가게 한다. 예를 들어 인간의 삶은 자연적이고 가변적이면서 우연에 속하는 것이지만, 그 성취는 초자연, 불변, 필연 안에서 이루어진다고 생각한다.

형이상학은 존재론적 사고방식이다. 사물의 기능과 역할이 중요하지 않고 존재 자체를 중시한다. 인간에 대해서도 역할을 생각하기 전에 그 인간의 가문과 신분서열을 먼저 고려한다. 고딕 건축양식과 동일한 사회조직의 정상에 자리한 머릿돌에 가까울수록 실효성이 보장된다. 형이상학에서는 인과율이 절대적으로 존중된다. 신분이라는 원인이 있으면 효율성이라는 결과는 보장되고, 보이는 결과 뒤에는 보이지 않는 원인이 있다는 사실은 자명한 것으로 받아들인다.

형이상학에서 진리는 사물과 지성의 합일이다. 따라서 언어는 진리를 전한다. 시간과 공간은 우연의 범주에 속하는 것이다. 진리는 초시간적인 것이기에 형이상학적 사고는 역사비평적 노력에 저항한다.[1] 진리는 또한 초공간적이기에, 토착화는 진리 발생을 위한 것이라기보다는 문화적 차이를 극복하는 전략적 수단 이상의 것이 되지 못한다.

1. 형이상학적 그리스도론

하느님은 최고유最高有이며 제1원인이다. 니체아 공의회(325)는 하느님과 예수 사이에 우열을 긍정하는 아리우스Arius를 거슬러 그 우열을 부정하기 위해 "실체적 동일함"이라는, 형이상학적으로 무리가 있는 언어를 채용했다.[2] 그리스도교 신앙은 예수 안에서 하느님의 일을 본다는 사실을 긍정한 것이다. 이원론적 우열의 논리대로 하면, 아들인 예수 안에 아버지이신 하느님을 볼 수 없다는 결과를 초래하기 때문이다.

---

[1] 신앙언어에 대한 근본주의적 보수 경향은 19세기말 근대주의(Modernismus) 파동 이후 20세기, 가톨릭 교회에서는 비오 12세의 회칙 *Divino afflante Spiritu* (1943) 이후 신학이 역사비평을 도입하면서부터 발생하였다.
"과거 교부시대에나 중세에는 역사비평적 의식이 전혀 없었지만 오늘의 보수주의적 성서해석과 같은 주장은 없었다. 그들은 역사적 보도라고 믿던 성서 텍스트를 가지고 유비적 해석을 자유롭게 하였다. 그들의 자유는 오늘의 진보적 성서학자들도 누리지 못하는 것이었다. '보수주의적' 성서해석은 현대에 발생한 것이며, 이 해석은 역사비평적 의식이 새롭게 하는 도전에 무조건 부정적 반응을 보이는 입장이다. 이것은 성서해석사에 새로운 현상이다." E. Schillebeeckx, *Jesus, An Experiment in Christology* (New York 1981), 66.

[2] "실체(實體)적 동일함"을 의미하는 "*homoousios*"라는 단어는 264년 안티오키아 지역 공의회에 모인 80명의 주교들이 배척한 것이었다. I. Ortiz de Urbina, *Nicée et Constantinople* [Paris 1963] 83 참조.

에페소 공의회(431)는 마리아를 "하느님의 어머니"라고 정의하였다. 네스토리우스Nestorius는 마리아가 사람의 어머니이지 하느님의 어머니로 불릴 수 없다고 주장하였다. 사람이 하느님 출산의 원인이 될 수 없기 때문이다. 그에 의하면 예수가 하느님의 아들 혹은 그리스도가 된 것은 그의 생애 어느 시기에 하느님이 선택하여 아들과 그리스도로 삼아주었기 때문이라는 것이다. 공의회 교부들은 마리아를 "하느님의 어머니"라 정의한다. 예수 안에서 하느님의 일을 보기 위해서는 하느님과 예수의 연결이 필연적인 것이라야 했다. 따라서 예수는 그 존재의 시작부터 하느님의 아들이고, 마리아는 하느님의 어머니라야 했다. 여기서도 공의회 교부들은 형이상학적 논리의 한계를 넘어서 그리스도 신앙을 긍정하였다.

칼체돈 공의회(451)에서 문제가 된 것은 예수 그리스도의 단성單性론이다. 에우티케스Eutyches는 하느님과 사람이 하나가 되어 하나의 본성을 이루었다고 주장한다. 공의회 교부들은 하나이신 그리스도가 두 개의 본성 안에 "혼동됨도, 변질됨도, 나뉘어짐도, 분리됨도 없이" 존재한다고 정의하였다. 예수는 "온전한 하느님이고 온전한 인간"이라는 표현도 사용했다. 예수를 하느님도 인간도 아닌 제3의 본성을 지닌 존재로 만들지 않기 위해서이다. 예수가 제3의 본성이 되면 예수는 하느님과도 사람과도 무관하기 때문이다. 여기서도 공의회 교부들은 형이상학적 논리를 넘어서 하나의 인간 존재 안에 두 개의 본성을 인정하였다.

초기 교회의 그리스도론에서 확인되는 것은 이설異說을 주장한 사람들이 형이상학적으로 더 논리적이며, 공의회 교부들은 그 시대 형이상학적 한계를 넘어서 창의적 언어를 사용하고 있다는 점이다. 자연 안에 있는 인간인 예수를 초자연적 하느님과 동일한 실체로 말하는 것, 인간 마리아가 하느님을 낳은 원인인 어머니라는 것, 하나의 인간 존재가 각각 전혀 다른 존재 서열인 신성神性과 인간성人間性 안에, 그 둘 중 어느 것도 손상시키지 않고 존재한다는 것 등은 형이상학적으로 모순이다. 교부들은 이런 어려움을 극복하면서 창의적 노력으로 예수의 의미를 긍정하고 있다. 예수 안에서 우리를 위한 하느님의 일을 본다는 것(실체적 동일함), 예수 안에서 하느님의 일을 보는 것은 우연적 질서에서 발생한 일이 아니라 필연적 질서에서 발생한 일이라는 것(하느님의 어머니), 그리고 예수 안에 손상됨이 없는 하느님의 일하심과 또한 하느님 앞에 응답하는 인간의 일을 본다는 사실(온전한 하느님, 온전한 인간)을 긍정한 것이다. 공의회 교부들은, 형이상학적 언어가 그들 사고의 온상이었지만, 그 언어의 한계를 보면서 새로운 형이상학적 표현을 사용하고 있다. 그들에게 중요한 것은 형이상학적 논리가 아니라 교회 안에 보존된 예수에 대한 기억이 지배하는 공동체의 신앙체험이었다.

이런 논쟁을 거치면서 우발적으로 발생한 그리스도론의 언어는 중세 유럽에서 그 우발성을 잃고 그리스도에 대한 초자연적이고 필연적인 진리로 정착하여 오랜 세월 동안 불변하는 그리스도론의 기본이 되었다. 예수 그리스도가 하느님과 실체적으로 동일시되면서 그리스도론은 인간 예수가 하느님이라는 사실을 확인하는 것에 머문다. 말씀이 강생하여 사람이 되셨고, 인류의 구원을 위해 십자가에 죽으셨다. 그분이 하신 기적들과 부활은 그분이 하느님의 아들이라는 사실을 입증한다.[3] 예수는 사람들에게 하느님에 대해서 또 인간의 구원에 대해서 초자연적 지식을 전달한 것이다. 이렇게 예수를 하느님 편에 세우고 그분의 생애에서 초자연적인 것을 찾는 노력을 하면서, 신학은 인간 예수의 참다운 의미를 보지 못한다.[4] 신앙은 지극히 높으신 하느님이 그 아들을 통해서 전달하신 초자연적 지식 혹은 그분이 영원으로부터 "결정하신 것들"[5]을 배우고 익히는 길이 되었다. 동시에 계시는 초언어적 사건이 아니라 언어적인 것으로 이해되었다.

---

[3] 예수의 신성을 말하기 위해 과거 신학은 예수의 기적과 부활 사실을 열거하고 교회사에서 확인되는, 순교자들을 비롯한 그분의 놀라운 영향사를 말한다. 윤형중 『상해천주교요리』 上 [가톨릭출판사 1990] 154-7 참조.

[4] 예수가 인간이었음을 말하기 위해 잉태, 출생, 성장, 배고픔과 목마름, 먹고 마심, 피로, 죽음 등을 든다. 윤형중, 위의 책 157-8 참조.

[5] 제1차 바티칸 공의회의 「교의헌장」 제2장 "계시론"에 나타나는 표현이다(DS 3004). 계몽주의와 이신론(理神論) 앞에 하느님에 대한 이성의 자연적 인식 외에, 하느님이 알려주신 "당신의 영원한 결정들"로 말미암아 열리는 초자연적 인식이 있다는 것을 말했다. 이 공의회는 계시 사실과 계시 내용을 동일한 것으로 말한다.

2. 성서, 전통, 신앙진리

오늘날 우리는 하느님의 말씀이 성서의 자구字句와도, 교의적 명제들과도 일치하지 않는다는 것을 알고 있다. 성서와 교의는 초자연적 지식 전달이 아니다. 그것들은 복음체험에 대한 시대적 증언이며 표현이다. 신앙언어는 은유적 성격[6]을 지닐 수밖에 없다. 구약성서와 신약성서는 이스라엘과 초대교회가 역사 안에서 한 체험을 다양한 그 시대의 문학유형으로 표현한 것이다. 역사 안에서 하느님이 일하신 것과 그 일에 대한 사람들의 해석을 문자화하여 정착시킨 것이다. 체험은 표현되면서 해석되었고, 기록되면서 다시 해석되었다. 그 시대 신앙인의 응답도 계시 내용에 속한다. 성서는 객관화된 언어가 담긴 하나의 텍스트이다. 그것을 제작한 사람들의 손을 떠난 우리의 자유스런 해석에 맡겨진 텍스트이다. 우리가 역사비평을 통하여 그 언어가 출처에서 지닌 의미를 확인하고 오늘 우리를 위한 의미를 발생시켜야 하는 문서이다. 텍스트는 그것을 생성한 맥락과 전혀 다른 맥락에서 읽혀질 수 있다. 하나의 문서는 여러 가지 독서의 대상이 된다. 독서는 그 문서가 열어주는 세계로 들어가는 것이다. 성서를 하느님의 말씀이라고 하는 것은, 하느님은 현재 그것을 매개로 우리에게 말씀하시고 우리를 행동하게 하신다는 것을 고백하는 것이다.

언어는 "존재의 시현示顯"이다. 신학의 사명은 신앙언어가 지닌 중요한 단어들의 의미를 "하느님"이라는 단어가 지닌 상징성 안에서 찾는 데에 있다. 그리스도 신앙언어 안에 하느님이라는 단어는 "존재"보다 훨씬 더 큰 상징성을 지녔다. 특히 이 단어를 십자가가 열어주는 상징성과 연결해서 이해하면 존재보다 훨씬 더한 것을 의미한다.[7]

---

[6] 토마스 아퀴나스의 "존재의 유비(類比)", 폴 틸리히의 "상징"(象徵), 루돌프 불트만의 "신화"(神話)와 같은 의미이다.

[7] C. Geffré, *Le Christianisme au risque de l'interprétation* [Paris 1983] 49 참조.

그리스도 신앙 전통은 성서가 전하는 신앙체험으로 발생한 각 시대의 실천적 증언들이다. 전통은 성서를 읽고 그것을 실천하는 삶의 시대적 표현의 연속이다. "그리스도 신앙 자체의 역사가 문서의 지속적 해독解讀과 그 문서를 살아 있는 말씀으로 전환시키는 실존적 체득體得의 결과라고 생각할 때 해석의 역사라고 말할 수 있다."[8] 성서나 전통의 문서 안에 진리가 있는 것이 아니다. 음악이라는 진리가 악보라는 죽은 언어 안에 담겨 있고, 그 음악의 연주사演奏史라는 연주행위의 전승이 있듯이, 신앙인의 삶이라는 진리가 성서나 전통의 죽은 문자들 안에 들어 있고, 그것을 실천한 사람들 삶의 전통이 있다. 구약의 모세 사건이나 신약의 예수 그리스도 사건은 사람들에게 삶의 변화를 일으켰다. 따라서 진리는 신앙인의 삶 안에 있다.

신앙은 지식이 아니라 실천이다. 이 실천은 그리스도 신앙 메시지의 의미를 생성시키고 그것을 확인하는 장場이다. 신앙은 실천보다 먼저 있는 확신이나 이론이 아니다. 이 실천이 성서해석의 장이며 방법이다. 성서와 실천 사이에는 어떤 순환이 있다. 성서를 이해하면 실천이 발생하고, 실천하는 사람이 성서를 더 올바르게 이해한다. 실천이 신앙의 장으로 부각되면서 신앙이해는 큰 변화를 겪고 있다. 신앙생활은 교리를 믿고 계명을 지키고 은총을 얻는 방법을 강구하는 획일적인 것이 아니다. 이것도 유럽 중세적 사고의 결과다. 군주의 존재를 인정하고 군주의 법을 지켜서 군주의 성은을 입고 살아야 하는 사회였다. 신앙은 예수 그리스도로 말미암은, 인간 삶의 시대적·지역적·개인적 새로운 가능성들의 원동력이다. 신앙은 역사 안에 다양한 실천을 낳는다. "누구든지 나더러 '주님, 주님' 하는 사람마다 하늘나라에 들어가는 것이 아니고 하늘에 계신 내 아버지의 뜻을 행하는 사람이라야 들어갈 것입니다"(마태 7.21).

---

[8] P. Ricoeur 「해석학과 불트만」 『종교신학연구』 제5집 〔분도출판사 1992〕 256.

3. 오늘의 그리스도론

오늘 현대인은 형이상학적으로 사고하지 않는다. 이원론적 범주는 현대인에게 생소하다. 현대인은 존재론적 선입견으로 사물과 사람에 접근하지 않는다. 현대인이 주목하는 것은 사물이나 사람이 발생시킨 과정, 즉 역사이다. 사물과 사람의 상호관계가 중요한 것이다. 이것이 과학적 사고방식이다. 현대인은 병이나 재난을, 하느님을 개입시켜 이해하지 않는다. 정신장애 현상을 마귀와 연결시키지 않고 그 사람의 성장과정 및 이웃과의 관계 안에서 그것을 설명한다. 자연재해는 신의 분노가 아니다. 오늘의 과학은 그것의 발생과정을 우리에게 알려준다. 현대인은 과정이 확인되지 않는 것은 말하지 않는다.

그리스도론은 언어전승이다. 신약성서는 "예수 현상"으로 말미암아 열려진 하나의 세계를 전하는 언어전승이다. 그리스도론은 인간 예수를 그리스도, 주님, 하느님의 아들이라 말하게 된 그 과정을 보아야 한다. 예수가 유대교에 대해 취한 자세, 유대교 기득권층과 가진 관계, 병든 이들과 소외된 이들과 가진 관계, 제자들과의 관계, 하느님 아버지에 대한 예수의 태도 등을 관찰하여, 그분을 그리스도, 주님, 하느님의 아들이라 부르면서 초대교회 신앙인들이 고백한 의미를 찾아야 한다. 그리고 그분의 그런 자세와 관계들이 우리 자유에 어떤 호소를 하는지를 보아야 한다. 오늘날 인간 자유를 무시하거나 속박하면서 인간 구원을 말할 수는 없다. 권위있는 사람이 믿으라고 말한다고 믿을 사람 없다. 예수로 말미암은 진리는 우리를 참으로 자유롭게 한다(요한 8,32; 갈라 5,1.13 참조). 예수의 역사 안에서 하느님이 어떤 분이며 우리의 자유가 어떤 실천을 해야 하는지를 읽을 수 있어야 한다. 예수를 긍정하는 것은 그분으로 말미암아 변하는 우리의 삶, 곧 해방된 자유를 긍정하는 것이다.

예수는 하느님의 나라가 가까웠음을 선포한 분이다. 하느님에 대해 말한다는 것은 하느님의 나라에 대해 말하는 것이다. 하느님이라는 단어가 의미를 지니기 위해서는 인간 실존이 갱신되어야 한다. 하느님은 하느님 나라 상태로 우리와 함께 계시다. 하느님이 의미를 지니고 하느님이라는 이름이 추상적이 아닌 실효성있는 내용을 갖기 위해서는 우리 삶이 변해야 한다. 하느님이 우리의 삶 안에서 그 상징성을 회복해야 한다.

"나 너와 함께 있다"(출애 3.12)는 말씀으로 하느님의 백성이 되는 계약을 맺은 모세는 하느님에게 "당신의 존엄하신 모습을 보여주십시오"(출애 33.19)라고 청한다. 하느님의 대답은 "내 모든 선한 모습을 네 앞으로 지나가게 하며, 야훼라는 이름을 너에게 선포하리라. 나는 돌보고 싶은 자는 돌보아 주고, 가엾이 여기고 싶은 자는 가엾이 여긴다. … 내 얼굴은 보지 못하겠지만 내 뒷모습만은 볼 수 있으리라"(19-23)는 것이었다. 예수가 선포하는 하느님 나라는 "하느님의 선한 모습", "하느님의 뒷모습"이 되는 실존의 변화이다.

하느님이 의미를 지니기 위해서는 우리 실존을 점검해야 한다. "돌보아주고 가엾이 여기는" 변화가 있어야 한다. 이것이 예수가 보고 행동하신 방식이다. 예수가 삶에 대해 관심을 가지는 것은 그것이 절대적이기 때문이 아니다. 예수는 유대인들이 성전과 율법 안에 주거를 제한한 하느님을 사람들의 일상 삶의 장으로 다시 모셔낸다. 하느님이 함께 계시면, 우리를 위해 하느님을 변하게 하는 것이 아니라, 우리의 삶이 변하는 것이다. 하느님의 상징성을 회복하는 일이다. 하느님의 이름이 참다운 역사적 농도를 지닐 수 있도록 하는 것이다.

모든 예언자들과 마찬가지로 예수는 하느님의 주도권을 강조한다. 성서의 하느님은 인간이 정복하거나, 지키고 바쳐서 조작할 대상이 아니다. 하느님은 당신의 자유로 사람을 찾아오고 교섭하신다. 하느님이 베푸심임을 강조하는 예수의 말씀은 예언자들의 말과 같은 맥락 안에 있다. 하느님은 잃어버린 양을 찾아 헤매는 목자와 같고, 잃어버린 은전을 찾는 여인과 같고, 집 나간 아들을 기다리는 아버지와 같다. 하느님은 사람들을 식사에 초대하는 사람과 같고(루가 14.16-24), 보수를 많이 주는 선한 포도원 주인과 같으며(마태 20,1-16), 종들에게 자기 재산을 맡기는 사람과 같다(마태 25,14-30).

복음은 하느님이 인간에게 오셨음을 강조하는 그만큼, 또한 인간이 이 세상에 오신 하느님으로 말미암은 실천을 해야 한다고 말한다. "여러분은 무엇을 먹을까 혹은 무엇을 마실까 혹은 무엇을 입을까 하면서 걱정하지 마시오. 이런 것은 다 이방인들이 힘써 찾는 것입니다"(마태 6,31-32). 복음의 관심사는 하느님이 인간에게 하신 베푸심을 긍정하면서, 동시에 인간이 실현해야 하는 구체적 의미를 보여주는 데 있다. 하느님이 용서하시는 분이니까 인간도 용서해야 한다(마태 18,23-35). 하느님이 주신 달란트를 자기 자신만을 위해 사장死藏하지 말고 그것을 "내어주고 쏟아서" 유익하게 만들어야 한다(마태 25,14-30). 하느님이 하시는 일을 "이 지극히 작은 내 형제들"(마태 25,40)에게 실천해야 한다.

예수는 병자를 고치고, 건강을 되찾아주며, 그들이 생활 터전으로 다시 돌아갈 수 있는 미래와 가능성을 준다. 유대교의 법과 관례가 잘못된 사람들이라고 소외시킨 이들과 사귐으로써 하느님이 법과 관례에 구애받지 않는 분임을 말한다. 예수는 율법 위에 하느님의 베푸심이 지배해야 한다고 생각한다. 율법은 함께 계시는 하느님으로 말미암아 발생하는 실천을 그 시대 언어로 표현한 것이다. 율법이 제 기능을 상실한 것은 베푸시는 하느님의 상징성을 잃었기 때문이다. 따라서 하느님의 베푸심이 그 상징성을 회복해야 한다. 자기 이웃은 "자비를 베푸는" 대상이다(루가 10,29-37). 구원은 나누고 베푸는 사람에게 주어진 것이다(루가 19,1-10). 예수의 예언자적 행동들은 베푸시는 하느님에 준해서 우리의 실천이 있어야 함을 말하기 위함이다. "하느님 나라는 지켜보는 가운데 오는 것이 아닙니다"(루가 17,20). 하느님은 용서하고 살리시며(마르 2,1-12; 요한 8), 고치고 살리신다(마르 3,1-5; 요한 9).

예수는 기적을 행하였다. 예수는 소수의 사람들을 위해서 그 삶의 상황을 기적적으로 바꾸어놓았다. 성서는 이 기적의 혜택을 받은 사람들이 어떻게 되었는지를 말하지 않는다. 이 침묵은 의미심장하다. 상징적 행위는 우리 삶에 숨겨져 있는 힘을 잠깐 보여주는 것이다. 예언자의 역할은 그것으로 끝난다. 예언자는 정치가도, 행정가도 아니다. 예언자는 가능성이 솟아나게 하고 그 가능성 앞에 사람들을 각성시키는 것이다. 계시되고 각성된 힘을 실천하는 것은 각자의 자유가 할 일이다. 각자는 자기의 창의력을 발휘하여 예수가 보여준 "고치고 살리는" 가능성을 실천하는 것이다.

예수는 유대교 지도자들의 권위주의에 도전했다가 희생당한 분이다. 유대 종교 기득권층은 세리와 죄인들을 하느님이 버렸다고 가르쳤다. 예수는 "세리들과 죄인들의 친구"(마태 11.19)라는 평을 들은 분이다. 하느님의 함께 계심에서는 아무도 제외되지 않는다. 예수의 죽음은 하느님의 함께 계심에 충실한 나머지 자기 스스로 변하되 "끝까지"(요한 13.1) 변했음을 말한다. "누가 내 뒤를 따르려면 자기 자신을 버리고 제 십자가를 지고 나를 따라야 합니다"(마르 8.34). 예수의 죽음이 "우리를 위한"(1고린 15.3), 또 "많은 사람을 위한"(마르 14.24) 것이었다고 말하는 초대교회는 하느님이 베푸시는 분이기에 예수도 당신의 삶을 끝까지 베푸셨다는 것을 알아듣고 표현한 것이다.

예수의 부활은 살리시는 하느님이 과연 끝까지 그분과 함께 계셨다는 것을 의미한다. 부활은 우리의 생활 공간 안에 발생한 사건이 아니기에 예수의 신성神性을 증명하는 기적으로 이해하지 말아야 한다. 복음서들은 제자들이 예수의 부활 장면을 목격했다고 말하지 않는다. 복음서들은 예루살렘의 무덤이 비어 있고 갈릴래아에서 예수가 발현했다고 말한다. 그러나 빈 무덤 이야기도 발현의 이야기도 복음서들은 각각 달리 서술한다. 이야기의 세부에 가서는 각기 다른 이야기를 하고 있다는 말이다. 한 가지 확실한 사실은 도망간 제자들이 예수가 죽은 예루살렘으로 되돌아왔고, "죽은 예수는 살아 계시다"고 두려움없이 말하고 있다는 사실이다.

복음서들이 전하는 빈 무덤 이야기는 무덤이 비었다는 사실을 확인보도하기 위함이 아니다. 마르코 복음의 빈 무덤 보도에는 흰 예복을 입은 웬 젊은이가 "그분은 부활하셔서 여기 계시지 않습니다. … 여러분은 갈릴래아에서 그분을 뵙게 될 것입니다"(16.6-7)라고 말한다. 루가 복음서는 번쩍이는 옷을 입은 두 사람이 "왜 살아 계신 분을 죽은 자들 가운데서 찾고 있습니까?"(24,5)라고 말한다. 죽음의 이야기가 아니라 삶의 이야기 안에 예수가 살아 계시다는 말이다. 제자들을 흩어지게 한 그 죽음의 이야기 안에 머물 것이 아니라 예수의 삶의 이야기 안에서 예수가 어떤 분인지를 보아야 한다는 말이다.

복음서들이 전하는 발현의 이야기들도 사실보도라는 면에서는 전혀 일치하지 않지만, 제자들이 살아 계신 예수를 만나면서 변했다는 점에서 모두 일치한다. 예수가 부활하셔서 하느님 안에 살아 계시면, 예수가 살아 계실 때의 말씀과 실천이 하느님의 것이다. 사람들이 사람은 죽여도 그 안에 살아 있는 하느님의 생명은 말살할 수 없었다. 부활하신 예수가 발현하셨다는 말은 예수의 제자들이 하느님 안에 살아 계신 예수를 생각하면서, 그들이 예수가 살아 계실 때 하신 말씀과 실천으로 시선을 돌렸다는 것을 말한다.

예수의 부활과 제자들의 전향은 구분이 되지 않는다. 예수가 부활하셔서 하느님 안에 살아 계시다는 사실을 믿는 제자들은 과거에 그들과 함께 계셨던 예수를 회상한다. 그러면서 예수 안에 살아 있었던 하느님의 생명을 확인한다. "성령께서 모든 것을 여러분에게 가르쳐주실 것이고 내가 여러분에게 말한 모든 것을 생각나게 해주실 것입니다"(요한 14,26). 성령, 곧 하느님의 숨결이 제자들의 삶 안에 예수가 하신 일을 되새기게 하신다는 말이다. 제자들이 예수의 삶을 회상하면서 그것이 하느님 생명의 발로라는 사실을 깨닫고 그들의 실천 안에 그것을 재현한다는 말씀이다. "'성령의 힘'이라는 단어는 초기교회의 핵심적 단어이다. 이 단어는 그 세대 그리스도인들의 근본적 확신을 표현한다. 교회는 서로 다른, 많은 양의 그리스도 신앙 기록들을 경전화하면서, 어록들의 전통으로 이 성령-그리스도론을 역사적 예수에게 연결했다. 교회는 이것으로 성령론이 그리스도론적 기초를 상실하지 않게 하였고, 또한 신앙운동이 메시아적 혹은 그리스도론적 기초 없는 하나의 종교운동이 되지 않게 하였다."[9]

---

[9] E. Schillebeeckx, "Le magistère de tous", *Concilium* 200 [Paris 1985] 29.

이렇게 보면 부활신앙은, 오늘 확인도 할 수 없는 과거의 사실을 맹목적으로 믿는 일이 아니다. 예수의 삶 안에서 하느님의 일을 발견하고 자기의 삶 안에 그것을 되새기는 사람이 예수의 부활을 믿는 사람이다. 예수의 제자들은 예수의 죽음으로 흩어졌다가 예수의 삶 안에서 자기들이 삶 안에 되새겨야 하는 하느님의 일을 발견하고 그것을 실천한 사람들이다. 이 되새김의 실천이 예수가 가르친 하느님 나라였다. 예수는 살아 계실 때 하느님 나라를 설교했고 그분의 부활 후 제자들이 죽고 부활하신 예수 그리스도를 선포하면서 예수의 복음선포를 계속한다고 믿었던 이유가 여기에 있다.

나오면서

계시는 모든 시대를 위해 고정된 지식을 하느님이 위로부터 내려주시는 것이 아니다. 계시는 역사 안에서 하느님의 일하심과 동시에 그 일하심을 실천으로 해석하는 하느님 백성의 신앙체험이다. 그리스도 신앙의 역사적 기원은 나자렛 예수와 그분에 대한 제자들의 응답에 있고, 이 "예수 현상"이 그리스도인들의 신앙언어를 위한 기준이다. 그러나 그 기원은 순수한 상태로 계시를 우리에게 전달해 주는 것이 아니다. 과거의 문서를 비평하여 오늘의 실천이 발생하는 곳에 진리가 있다. 신앙언어에 대한 역사비평은 오늘의 진리발생을 위해 반드시 거쳐야 하는 단계이다.

오래된 것이든 새로운 것이든 하나의 신앙언어가 올바른 것이기 위해 성서 안에서 그 정당성을 직접적으로 찾을 수는 없다. 신약성서 안에서도 예수 그리스도에 대한 신앙언어는 다양하다. 정치·사회·문화적 여건이 달라지면 신앙언어도 당연히 새로워진다. 인간 존엄성을 더 깊이 인식하고 모든 사람이 자유롭게 만드는 세상을 찾아나선 오늘과 같은 우리의 구체적 사회여건 안에서, 신앙언어는 "예수 현상"이 열어놓은 상징 세계에 우리의 체온을 가미하여 따뜻하게 표현하는 것이라야 한다.

신앙언어가 예수를 그리스도, 사람의 아들, 주님, 하느님의 아들 등으로 말할 때, 예수가 한 일의 역사성과 우발성을 잊은 것이 아니다. 신약성서가 하느님 나라와 구원에 대해 사용하는 많은 표현들이 그 역사성을 말해준다. 다양한 신앙고백이 있다는 그 자체가 "예수 현상"이 여러 가지 해석의 대상이 되었다는 것을 말해준다. "예수 현상"은 풍요로운 의미를 지니고 있고, 인간 이성이 그것을 한번에 표현하지 못하는 것이다. 마르코 복음서는 "메시아적 비밀"이라는 이론으로, 예수라 불리는 지상적이고 역사적인 사건을 둘러싼 신비를 보존하려 한다. 신약성서 각권은 죽고 부활한, 유일한 예수에 대해 발생한 다양한 해석을 반영하고 있으며, 이 다양함은 후에 외경外經으로까지 발전하였다.

신앙언어도 인간의 언어이다. 신앙언어가 고립된 집단의 언어가 되어버리면, 그 존재 가치는 사라진다. 신앙언어를 포함해서 모든 언어는 인간이 살아가는 세상에서 인간이 하는 체험을 언급하는 것이 되지 못할 때 그 의미를 상실한다. 예수 그리스도와 그리스도인의 정체성은 우리 인간체험과 동일한 것은 아니다. 그러나 인간 예수 안에 실현되었고 그리스도 신앙인의 삶 안에 나타나는 해방의 역사를 보면서 사람들은 예수 그리스도에 대한 언어는 믿을 만한 것이라 생각할 것이다. 예수는 당신의 생애중에 구원의 메시지를 선포하면서 좋은 일을 하시는 분으로 사람들로부터 인식되었다(마르 3,4; 10,18 참조). 그리스도론은 인간체험 안에서 구체적으로 해방을 체험하게 하는 언어가 되지 못하면 하나의 이념이 되고 말 것이다. 예수 그리스도는 모든 시대의 주님이시다.

우리의 신앙언어는 아직도 유럽 중세 언어를 반복하고 있다. 교리는 높으신 하느님으로부터 그 외아들 그리스도와 그의 보상적 죽음 그리고 은총을 얻는 방법이라는 틀을 벗어나지 못하고 있다. 한 단체의 제도는 그 단체의 언어이기도 하다. 교회제도는 유럽 중세 사회를 그대로 반영하고 있다. 민주적이고, 평등하고, 다원적인 오늘의 사회 안에서 교회를 위한 신자들의 자발적 참여와 투신은 차단되어 있다. 교회의 권한행사는 더 민주화되어야 하고 남녀가 평등한 교회제도라야 한다. 구원을 표현하는 그리스도 신앙언어는 인간을 각종 소외에서 해방시키는 사회적 형태를 지녀야 한다. 사회적 역할은 군주와 교회지도자들에게 맡기고 그들에게 순종만 하면서 살아가는 백성은 오늘 존재하지 않는다. 교회의 기득권층을 비롯하여 많은 사람들이 그리스도 신앙언어가 그 시대의 사회적·문화적 여건과는 전혀 무관한 것으로 생각하고 있다. 아직도 형이상학적 언어에 머물면서 오늘을 위한 신앙의 실천성과 역동성을 은폐하고 있다.

"예수 그리스도는 역사의 주님"이라는 신앙고백을 진지하게 받아들이는 사람은 오늘의 역사적 상황이 예수와 교회에 대해서 표현하는 자기의 신앙언어에 영향을 준다는 사실을 의식할 것이다. 이 사실을 거부하고, 그것이 비록 신약성서의 언어라 할지라도, 어느 특정 시기의 신앙언어를 절대화하는 것은, 예수는 역사 전체, 곧 우리의 역사를 위해서도 주님이라는 신앙고백을 거부하는 것이다. 그리스도 신앙과 그 언어의 역사성을 무시하고 이 해석학적 작업의 필요성을 거부하면, 신앙언어는 위기를 겪고, 이 위기는 곧 신앙의 위기로 이해될 것이며, 교회가 위기를 겪게 된다.

참고 문헌

〈한국어 "그리스도론" 단행본〉

W. Kasper, *Jesus der Christus*: 박상래 역 『예수 그리스도』 분도출판사 1977.

L. Boff, *Jesus Cristo Liberador*: 황종렬 역 『해방자 예수 그리스도 – 우리 시대의 비판적 그리스도론』 분도출판사 1978.

A. Nolan, *Jesus before Christianity*: 정한교 역 『그리스도교 이전의 예수』 분도출판사 1980.

Ch. Duquoc, *Jésus homme libre*: 문세화·박영식 역 『예수는 자유의 몸이시다』 분도출판사 1976.

J. Moltmann, *Der gekreuzigte Gott*: 김균진 역 『십자가에 달리신 하나님』 한국신학연구소 1987.

〈한국어 "그리스도론" 관련 참고 문헌〉

G. Lohfink, *Wie hat Jesus Gemeinde gewollt?*: 정한교 역 『예수는 어떤 공동체를 원했나?』 분도출판사 1985.

Ch. Perrot, *Jésus et l'histoire*: 박상래 역 『예수와 역사』 가톨릭출판사 1984.

A. Vögtle, *Der Verkündende und verkündigte Jesus Christus*: 박상래 역 『역사의 예수와 믿음의 그리스도』 분도출판사 1985.

심광섭 「탈형이상학과 기독론의 재구성」 『한국종교와 한국신학』 〔한국신학연구소 1993〕 475-97.

B. Sesboüé 「현대 그리스도론 연구 현황」 I, 『신학전망』 77 [1987] 2-28. II, 『신학전망』 78 [1987] 63-90.

P. Ricoeur, "Préface à Bultmann", *Le conflit des interprétations*, Paris 1969, 373-92: 서공석 역 「해석학과 불트만」 『종교신학연구』 5집 〔분도출판사 1992〕 255-73.

H. Küng, *Die christliche Herausforderung*: 정한교 역 『왜 그리스도인인가?』 분도출판사 1982.

〈외국어 "그리스도론" 단행본〉

J. Moltmann, *Der Weg Jesu Christi – Christologie in Messianischen Dimensionen*: 김균진·김명용 역 『예수 그리스도의 길』 대한기독교서회 1990.

W. Pannenberg, *Grundzüge der Christologie*, Gütersloh 1964.

B. Sesboüé, *Jésus-Christ, l'Unique Médiateur*, Paris 1988.

J. Doré, *Jésus le Christ et les chrétiens*, Paris 1981.

Ch. Duquoc, *Christologie, essai dogmatique I-II*, 1972.

R. Michiels, *Jésus Christ, hier, aujourd'hui, demain*, Paris 1971.

S. Breton, *Le Verbe et la Croix*, Paris 1981.

E. Schillebeeckx, *Jesus, An Experiment in Christology*, New York 1979.

E. Schillebeeckx, *Christ, The Experience of Jesus as Lord*, New York 1981.

〈외국어 "그리스도론" 관련 참고 문헌〉

J. Schmitt, "La Genèse de la Christologie Apostolique", *Initiation à la pratique de la théologie*, Dogmatique I, Paris 1982, 131-83.

J. Doré, "Les Christologies patristiques et conciliaires", *Initiation à la pratique de la théologie*, Dogmatique I, Paris 1982, 185-262.

B. Lauret, "Christologie Dogmatique", *Initiation à la pratique de la théologie*, Dogmatique I, Paris 1982, 263-432.

O. Cullmann, *Christ et le temps*, Neuchâtel 1957.

H. Urs von Balthasar, *La Gloire et la Croix, Aspect esthétique de la Révélation*, Paris 1965.

P. Valadier, *Jésus Christ ou Dionysos*, Paris 1979.

B. Sesboüé, *Jésus Christ dans la tradition de l'Eglise*, Paris 1982.

E. Jünge, *Dieu, le mystère du monde,* Paris 1983.

C. Geffré, *Le Christianisme au risque de l'interprétation,* Paris 1983, 19-104.

G. Lafon, *Esquisses pour un christianisme,* Paris, Cogitatio fidei 96, 1979,

P. Gisel, "Vérité et tradition historique", *Initiation à la pratique de la théologie,* t.1, Paris 1987, 143-59.

E. Schillebeeckx, "La crise du langage de la foi comme problème herméneutique", *Concilium,* 85, 1973, 33-46.

P. Ricoeur, "Toward a hermeneutic of the idea of Revelation", *Harvard Theological Review,* vol.70 January-April, 1977, 1-37.

W. Kasper, *Renouveau de la méthode théologique,* Paris 1969.

"남들의 연대" 그리스도론을 제창하며
— 「오늘의 그리스도론」을 읽고 —

민경석(클레어먼트 대학원 신학교수)

서공석 신부님은 그리스도론의 기원, 역사, 방법론, 오늘의 맥락 그리고 현대가 요청하는 그리스도론의 개요에 이르기까지 그리스도론의 여러 측면을 총체적으로, 간결하면서도 깊이있게 다루었다. 서 신부님께 감사드린다.

여기서는 제일 먼저 과거의 그리스도론을 비판하면서, 과거의 그리스도론이 지나친 이원론적 형이상학의 영향으로 그리스도의 신성만을 강조하는 단성론적 경향에 빠졌고, 그 결과로 그리스도의 역사성과 인간성은 망각되었다고 지적한다. 그리고 그러한 형이상학적 그리스도론의 초극을 위하여 해석학적 방법을 채택할 것을 주장한다. 진리는 한번에, 객관적으로 영원히 주어진 것이 아니고 시대적 맥락, 해석, 응답, 실천과의 해석학적 순환을 통하여 항상 새롭게 이해되고 해석됨으로써 그 역사성, 역동성 그리고 실천적 의미를 보존한다. 또한 전통, 신앙, 계시의 개념도 해석학적으로 새로 파악함으로써만 예수 그리스도를 한 시대에 국한되지 않고 모든 상황과 시대의 주님으로 이해할 수 있게 된다. 해석학은 이러한 길을 우리에게 제공한다.

서 신부님은 이러한 해석학적 입장에서 신약의 그리스도론을 일별하면서, 예수가 하느님의 아들이라고 불리게 된 과정에 초점을 맞추어 하느님의 주도권, 하느님 나라와 자비, 가난한 이들에 대한 특별한 배려, 부활의 의미 등을 역사성, 관계성, 비권위주의적 개방성을 강조하는 현대적 입장에서 다시 조명하였다.

본인은 이러한 발표 내용에 크게 공감한다. 형이상학적 그리스도론에 대한 비판은 개신교에서는 이미 19세기초 헤겔 시대부터, 가톨릭에서는 제2

차 바티칸 공의회 이전 "신신학"의 출현에서부터 계속되어 왔다. 시대의 관심이 인간의 역사적 실존과 해방으로 집중됨에 따라 신성만을 강조하던 전통적 그리스도론을 배척하고 역사의 예수를 회복하려는 운동이 대두되었으며, 해석학적 방법은 현대 많은 신학자들에게 공통의 방법으로 자리잡고 있다고 할 수 있다.

이런 의미에서 본인은 서공석 신부님의 그리스도론에 크게 비판하거나 논평할 것이 없음을 말하고 싶다. 따라서 남은 지면에서 본인은 서 신부님의 그리스도론의 연장선상에서 오늘의 맥락이 무엇인지 분석하고, 특별히 그 맥락에 가장 적절한 그리스도론이 무엇일까를 간단하게나마 제시함으로써 논평 아닌 논평을 끝낼까 한다.

신학과 성서주석은 다르다. 성서주석은 성서가 쓰여진 시대와 맥락 속에서 성서의 구절이 무엇을 의미했는가를 알려주는 역사적 학문이다. 그에 비해 신학은 과거에 쓰여진 성서가 현대적 상황과 맥락 속에 아직도 가지고 있는, 가져야 할 의미가 무엇인지를 연구하고, 이것을 신학적 전통과의 대화 속에서 체계적으로 정리하는 조직적 학문이다. 따라서 신학은 과거와 현재를 매개해야 하는 해석학적 역할을 필수적으로 지닌다. 이런 의미에서 현대적 맥락에 대한 명시적 분석은 신학의 첫째 작업이며, 그러한 맥락과의 상호작용 속에서 성서적·신학적 전통을 회복하는 것은 신학의 둘째 작업이다.

그리스도론을 포함한 모든 현대 신학의 맥락으로서 현대적 상황은 여러가지로 분석되고 해석될 수 있다. 본인은 그리스도적 관점에서 우리 시대의 가장 큰 고민으로 고통의 문제를 강조하고 싶다.

고통은 어느 시대에나 해당되는 인간적 실존의 공통의 문제라고 할 수 있다. 그러나 오늘의 고통의 특징은 그 고통이 자연의 변화에 의한 재해, 즉 천재이기보다는 인간에 의한 재해라는 데 있으며, 인재 중에도 공권의 남용이 구체화되고 제도화된 경제적·정치적·문화적 구조악(제도, 법률, 관습)이 결정적 중요성을 지닌다고 지적하고 싶다. 그런데 이러한 구조악은 동일성의 체제 system of identity의 횡포에 기인한다고 할 수 있다. 우리는 "우리"와 같은 계급, 성, 민족, 종교, 문화, 지역, 학교를 기준으로 동일성의 체제를 구축하고 그 체제에 속하지 않는 "남"들을 배척하고 억압하고 차별한다. 더욱이 우리가 정권을 잡으면 모든 공권력은 우리의 동일성의 체제의 하수인이 되어 사유재산으로 전락하고, "남들의 공동체"로서 국가의 공동선은 완전히 망각되고 파괴된다. 20세기의 모든 고통 — 전쟁, 식민주의, 제국주의, 인종차별, 인종청소, 성차별, 지역주의, 종교분쟁 등 — 은 대부분 공권력의 횡포에 의한 것이었고, 그러한 횡포는 배타적 동일성의 체제를 유지하기 위한 폭력이었다. 이런 의미에서 우리 시대의 가장 중심 고민과 희망은 어떻게 부족주의적·배타적 동일성의 체제를 극복하고, 어떻게 "남"들과 "함께" 살 수 있는 "남들의 연대"를 구축하여 배척되고 억압받는 모든 남들의 해방과 연대를 도모하느냐 하는 것이라고 주장하고 싶다.

그러면 이러한 남들의 연대에 대한 시대의 절박한 요청에 비추어 그리스도적 전통을 다시 점검할 때, 우리는 그 속에서 남들의 연대를 특별히 조명해 주고 촉구할 수 있는 무엇을 찾을 수 있을까? 본인은 이 점에서 "그리스도의 몸"이라는 성서적·전통신학적 상징과 은유를 다시 회복하여 현대적 그리스도론의 중심사상으로 취급하고자 한다. 어떤 면에서 볼 때 과거의 "그리스도의 몸"의 개념은 지나치게 관념론적으로 이해되었고, 교회의 지나친 신격화, 위계주의, 집단주의를 정당화시키는 이념으로 악용되었음을 솔직히 인정하지 않을 수 없다. 그러나 본인의 생각으로는 "그리스도의 몸"의 상징성이 이러한 이유로 완전히 방기할 수 없는 신학적 중요성을 지니기 때문에, 그 내용은 계속 비판적으로 정화되면서 또한 긍정적으로 전개되어야 한다고 믿는다.

"그리스도의 몸"의 신학적 중요성이란 "그리스도"의 상징성과 "몸"의 상징성을 종합하여 우리 시대의 고민과 희망을 가장 구체적으로 표현하면서, 동시에 그러한 고민과 희망을 가장 포괄적이고 가장 근본적인 그리스도 신앙의 틀 속에서 조명하고 해석하는 데 있다. 그리스도의 여러 가지 차원을 고려하여 보자.

"그리스도"는 우선 역사의 예수를 지칭한다. 그런데 다양한 현대의 역사적 예수 연구들이 합의하는 것이 한 가지 있다면 그것은 바로 지배적 동일성의 체제에서 제외되고 억압받는 "남"들에 대한 우선적 연대와 사랑이 예수의 삶의 가장 큰 특징이었다는 것이다. 예수가 특별히 중요하게 여기고 사랑하였던 이들, 즉 가난한 이들, 눈먼이들, 어린아이들, 문둥병자들, 하혈하는 여인들, 세리들과 "죄인들"(창녀들), 불구자들은 바로 이러한 "남"이었다. 그리고 착한 사마리아인의 비유와 최후심판의 비유에서 확실히 나타나는 것처럼, 영원한 생명을 얻을 수 있는 삶의 기준도 이러한 "남"과의 연대에 있음을 예수는 강조하였다. 예수의 수난과 죽음은 그의 이러한 남들과의 연대에 대한, 또 남들을 제외하고 억압하는 지배적 동일성의 체제에 대한 그의 묵시적·명시적 비판에 대한 정치적 처벌이요 대가였다. 그래서 신약성서는 예수의 죽음을 모든 이의 죄와 고통을 짊어진 고난받는 야훼의 종의 죽음으로 해석하였다. 그리스도의 부활은 따라서 인간을 분리하고 소외시키는 모든 죄악과 죽음에 대한 승리요, 부활한 삶의 특징은 바로 동일성의 체제와 횡포를 떠나 갈라디아서 3,28의 말대로 이방인과 유대인, 노예와 자유인, 남자와 여자, 즉 모든 동일성의 장벽을 쳐부수고 그리스도 안에 일치를 이루는 것이다.

　그리스도는 부활하심으로써 소외되고 억압받는 모든 이들에게 새로운 삶과 희망을 가져다주었을 뿐 아니라, 인간과 역사를 초월하는 전우주적 의미도 보여주었다. 골로사이서 1,15는 만물이 그분 안에 그분을 통하여, 또 그분을 위하여 창조되었음을 말하고 있고, 요한 복음 1장도 그분을 만물을 창조하신 말씀으로 지칭하고 있다. 또 삼위일체적·신학적 전통은 그리스도를 성부의 모상, 곧 자기 표현이요 우주와 인간을 성자 그리스도의 모습으로 창조된 피조물로 묘사하고 있다. 성서적·신학적 전통은 이처럼 그리스도의 역사적·종말론적·우주론적·삼위일체적 의미를 포괄적으로 포함하고 있다.

　예수 그리스도는 따라서 하나의 고립된 존재가 아니요, 철저하게 관계적인 존재이다. 그분을 통하여 그분의 모상으로 만물이 창조된 것처럼, 또 그분의 모습을 닮음으로써, 그분의 삶과 죽음에 참여함으로써 모든 인간은 구원에 이르도록 부름받았다. 그분이 모든 피조물의 모상인 것처럼, 그분은 모든 인간의 "새 아담"으로서 구원된 인간, 재창조된 인간의 모형이다. 만물과 모든 인간은 그리스도의 삶에 참여하기로 부름받았고, 이러한 참여의 가장 구체적이고 긴밀한 표현으로서 그리스도교 전통은 그리스도의 "몸"이라는 은유를 사용해 왔다.

"몸"은 여러 가지의 의미를 함축하고 있다. 몸 또는 육체는 인간 존재의 가장 기본인 물질성을 나타낸다. 그것을 통해 인간적 존재의 유약함, 허무함, 죽음의 필연성이 가장 구체적으로 체험되며, 인간의 사회성, 역사성 그리고 영성과 초월성도 육체를 통하여 표현된다. 육체는 모든 인간적(성적·사회적·종교적) 유대의 가장 구체적인 징표이며, 인간적 삶의 모든 모순들(우리의 기쁨과 슬픔, 희망과 절망, 승리와 좌절, 화해와 소외)도 육체를 통하여 가장 긴밀하고 절박하게 느껴진다. 또 바울로 전통에 의하면 "육체"는 인간적 죄악, 특히 인간적 소외의 상징이며, 화해를 원하시는 성령의 부르심에 거역하는 인간적 저항의 상징이기도 하다. 요한 복음은 말씀이 "육체"가 되었다고 표현함으로써, 인간 조건의 가장 비천하고 죄많은 측면을 껴안기까지 인간들과 연대하신 하느님의 극적 사랑을 말하고 있다.

"몸"은 동시에 "그리스도의 몸"이라는 전통적 표현에서처럼 머리와 지체들, 그리고 지체 상호간의 가장 긴밀하고 유기적인 상호의존의 관계를 말해준다. 로마서 12장과 고린토 전서 12장의 표현대로, 각 지체는 서로 상이한 역할과 기능을 행하면서도 같은 성령의 생명력을 통하여 서로 연대하면서 공동선에 봉사하기로 부름받고 있다. 그리스도 신자들은 이 몸의 지체들이요 그리스도는 이 몸의 "머리"이며, 성령은 그 "영혼"이요 "심장"이다(아퀴나스). 몸은 상이성 속의 연대성, 즉 남들의 연대에 대한 가장 유기적이고 구체적인 은유라고 할 수 있다. 그리스도 신자들뿐 아니라 모든 인간은 이러한 그리스도의 몸의 지체가 되도록 부름받고 있다. 한걸음 나아가서 그리스도의 몸은 전우주, 전물질체계를 포함한다고 할 수 있다. 삼라만상은 그분을 통하여, 그분의 모습대로 창조되었고 그분의 외적 객관화라고 볼 수 있으며, 그분의 영인 성령의 생명력과 섭리에 의하여 유지되고 있기 때문이다. 자연도 그리스도의 몸이라는 것은 동시에 자연을 "남"으로 착취하지 말고 남으로서 존중하면서 자연과도 남들의 연대를 이뤄야 할 것을 의미한다. 이것은 곧 인간중심주의의 초월을 요청한다.

"그리스도의 몸"의 은유는 이처럼 포괄적이고 다면성을 지닌다. 십자가에 못박힌 예수의 몸으로서 그리스도의 몸은 인간의 모든 억압과 차별의 한과 고통, 그리고 그것을 초극하려는 실천을 포함하고, 부활하신 그리스도의 몸은 이러한 고통과 죄악으로부터의 해방과 승리를 약속하며, 우주적 그리스도의 몸은 자연과 인간의 화해를 촉구한다. 그리고 "몸"의 상이성과 일치성은 이러한 고통, 실천 그리고 희망에 있어서 온 인류와 온 우주의 "남들의 연대"를 가장 구체적으로, 포괄적으로, 또 근원적으로 표현하고 있다. 이런 의미에서 우리 시대의 가장 큰 고민인 "남들의 연대"는 "그리스도의 몸"의 그리스도론을 요청한다고 할 수 있다. 전통적 의미에서 "그리스도의 몸"의 개념이 지나치게 관념적이요 교회중심적이며 위계주의적이었다면, 새로운 그리스도론은 "몸"의 의미를 역사적으로 구체화하고, 세계사적·종말론적 그리고 우주적으로 그 의미를 확대하고 심화하며, 위계보다는 연대를 강조한다. 그리고 이것은 새로우면서도 전통의 심연으로, 옛것으로 돌아감을 의미한다.[1]

---

[1] 위의 그리스도론에 대한 자세한 토의는 필자의 논문, "Solidarity of Others in the Body of Christ: A New Theological Paradigm", *Toronto Journal of Theology* 14 : 2 (1998), 239-54 참조.

〈질의응답〉

정양모: 민 교수님부터 시작하시겠습니까? 거기 질문을 읽고 답변해 주십시오.

민경석: 예. 제일 나중에 들어온 것부터 제가 읽어드리겠습니다.

◆ 우주적 그리스도론과 전통적 교회 안에서의 실천적 기도. 신앙생활의 접목 방향을 요즈음 많은 신자들이 관심을 갖는 동양적 또는 전통 교회의 관상기도법에서 실천적 맥락을 잡을 수는 없을까요?

민경석: 그런 질문입니다. 잘 들으셨죠? (웃음) 그러니까 우주적 그리스도론이 현재의 기도생활, 특히 관상기도생활과 어떤 연관성이 있겠느냐, 그런 질문 같습니다. 대단히 어려운 질문이지만 간단히 대답하겠습니다.
　역사의 예수나 역사의 주님으로서 그리스도가 이 세상에서 사랑, 정의, 평화를 위한 노력을 통해 하느님의 나라를 건설하는 일에 우리를 부르는 것처럼, 우주 창조의 원형이요 로고스Logos인, 또 동양적으로 표현하면 만물의 궁극적인 도道와 이理라 할 수 있는 우주의 그리스도는 우리로 하여금 자연의 한 부분으로서, 또 광대무변한 우주의 보잘것없는, 주어진 한 부분으로서 우리의 분수를 알게 하고 하느님의 창조질서의 신비를 관조하면서 하느님의 무한성과 초월성을 찬미하게 합니다. 그리고 이 점에 있어서 우주적 그리스도론은 한편으로는 현대의 고민 중 하나인 인간중심주의를 초월하게 하고, 또 동양적인 영성과 대화할 수 있게 하며, 다른 한편으로는 우리의 역사적 해방을 위한 실천과 긴장을 유발하지 않을 수 없습니다.

첫째로, 우주적 그리스도론은 현대의 인간중심적 사고를 초월하게 합니다. 공의회 전에 지배적이었던 고전신학이나 고전철학은 우주중심적이었고 인간을 하나의 객체로 보았습니다. 그러나 공의회 이후로 근대적 인본주의와 역사의식이 신학에 도입됨에 따라 인간의 역사성을 다시 찾아야 된다. 인간은 우주에서 하나의 객체가 아니고 주체다. 그리고 인간의 역사는 인간이 만들어야 된다. 이런 식으로 인간의 역사성, 자율성, 존엄성을 강조하는 인본주의적인 사고방식이 교회 안에 대두되었습니다. 1962년에 발간된 「그리스도적 인간론」이란 책에서 요하네스 메츠 신부는 사실은 중세 아퀴나스 철학도 인본주의적이었다고 주장합니다. 그때만 해도 중세 객관주의나 이런 것에 대해 반발이 많았기 때문에 인본주의적이란 걸 무조건 좋은 걸로 생각할 때입니다. 그런데 요새 와서 보니까 그런 인본주의라든지 지나친 인간에 대한 집념, 역사에 대한 집념이라는 것이 오히려 인간을 자연으로부터 유리시키는, 소외시키는 결과를 낳았다는 자각이 생기게 되었습니다. 그래서 우리는 지나친 역사주의, 지나친 인간주의를 초월해야 된다. 그런 이야기가 지난 20여 년 동안에 소리를 내기 시작했고 그 소리는 경청해야 된다고 생각됩니다.

둘째로, 우주적 그리스도를 통한 자연에 대한 관상은 동양사상, 특히 불교와 노장 사상과도 접목할 수 있는 여지가 많다고 생각됩니다. 그러나 이 점에 대해서는 전문가가 아니기 때문에 부연하지 않겠습니다.

셋째로, 우주적 그리스도를 통한 관상은 역사의 구원자로서의 그리스도를 통한 실천과의 긴장을 회피해서는 안될 것입니다. 우리는 역사주의에 빠지지 않으면서도 역사에 대해서 책임을 질 줄 알아야 하겠습니다. 역사 안에서 우리가 할 일은 너무나 많기 때문입니다. 거기에는 가난한 사람, 천대받는 사람, 또 교회가 책임져야 할 사람이 많고, 바로 이 순간에도 한국사회에서 IMF 때문에 많은 사람들이 고통을 당하고 있지 않습니까? 하느님의 뜻은 이 땅에서도 이루어져야 합니다. 해방과 구원을 부르짖는, 고통으로 점철된 역사 속에 살면서, 관상만 하고 기도만 할 것 같으면 그것으로 만족에 빠질 수 있고, 그것은 역사로부터의 도피라고 할 수 있습니다. 거기에 비해서 우리가 지나치게 역사에만 집착하고 인간 존재의 우발성이라든지 하느님 앞에서 우리가 피조물이라고 하는 사실, 광대무변한 우주 안에서의 인간의 보잘것없는 위치 같은 것을 인정하지 않을 경우 우리는 역사주의, 인본주의에 빠질 수 있습니다. 제가 요새 와서 다시 생각하는 것은 현대의 그리스도교 신학이 그냥 역사적인 신학만 되어서는 안된다는 겁니다. 과거의 신학이 완전히 관상 위주의 관조적인 신학으로 빠진 것이 잘못인 것처럼, 현대의 신학이 지나치게 역사적인 것에만 빠지면 그것도 안되겠습니다. 그런 의미에서 현대신학은 역사와 자연, 관상과 행동, 이론과 실천에 있어서 하나의 긴장을 유지해야 되겠습니다.

◆ 개별신학들을 모으고 통합하는 포괄적 신학에 대한 구체적 전망을 가지고 계시는지. 있다면 말씀해 주시면 감사하겠습니다.

민경석: 글쎄, 그걸 가지고 있으면 제가 여기에 있지 않죠. (웃음)
 우선 과거의 모든 신학은 스스로를 포괄적 신학이라고 주장했습니다. 즉, 유럽의 모든 신학이 바로 보편적인 신학, 모든 인간들의 시각을 대변하는 신학이라고 생각했고, 그렇기 때문에 유럽 신학은 여러 가지 식민지 정책이나 이런 것을 통해서 한국사람까지도 그 신학을 공부해야 하기에 이르렀습니다. 그리고 저는 물론 한국사람이 그걸 공부한다고 해서 잘못이라고 생각하지 않습니다. 왜냐하면 그것도 그리스도교 전통이기 때문에 그리스도교를 알려면 해야 된다고 생각하기 때문입니다. 그러나 동시에 유럽 신학의 보편성이 실제로는 가짜 보편성이었다고 말할 수 있습니다. 거기에는 플라톤, 아리스토텔레스, 아퀴나스 등 서양사람들, 그것도 남자들의 사상은 포함되었지만, 다른 사람들의 사상, 다른 시대의 사상, 여성들과 가난한 이들의 경험, 다른 민족들의 시각은 거의 포함되지 않았기 때문입니다. 그러니까 우리도 신학적으로 독립하자는 의미에서 한국에는 민중신학

이, 여성들에게는 여성신학이, 라틴아메리카에는 해방신학이 있어야 된다는 목소리가 생겨난 것입니다. 따라서 이러한 개별 신학은 유럽의 신학적 식민주의로부터 하나의 해방선언이라고도 볼 수 있습니다. 그런 의미에서 그 개별 신학의 시도는 역사적으로 큰 정당성을 지닙니다.

 그러나 거기에 그쳐서는 안되고, 지금의 상황에 맞는 새로운 보편성을 우리가 찾아야 됩니다. 그런데 그런 새로운 보편성이라고 하는 것은 어떤 추상적인 신학을 먼저 만들어놓고 그것을 모든 민족이나 모든 문화에 강제로 부과하는 그런 신학이 아니고, 모든 사람들의 구체적인 상황 속에서 우러나는 고통을 보편적으로 상징해 줄 수 있고 융합해 주고 통합해 줄 수 있는, 헤겔 철학에서 말하는 대로 구체적이면서 보편적인 그러한 신학이 나와야 되겠다는 말입니다. 그리고 그러한 신학의 한 시험으로 제가 얘기하는 것이 바로 "남들의 연대" 신학입니다. 그건 무슨 말이냐면, "남들", 그러니까 여성, 가난한 사람 또는 흑인, 또 여기로 말할 것 같으면 경상도 사람, 전라도 사람, 이들 모두가 서로 타자, 서로 어울리기를 꺼리는 "남들"이 아닙니까? 그러나 타자들이 그 개별성만을 유지하는 것이 아니라 개별성을 유지하면서도 또 하나의 solidarity, 연대, 서로 돕고 친교를 유지할 수 있는 연대를 이루어야 한다는 말입니다. 그러한 연대 속에서 새로운 보편성이 구체적으로 살아나는 것이 아니겠습니까? 그리고 구체적으로 살아날 수 있는 보편성에 가장 중요한, 또 가장 절실한, 또 가장 호소력 있는 상징으로서 "그리스도의 몸"이라고 하는 그리스도교의 전통적인 상징을 우리가 다시 한번 활력을 주어서 부활시키는 것이 낫지 않겠는가, 저는 그러한 생각을 해봤습니다.[1]

---

[1] "남들의 연대"를 중심사상으로 하는 새로운 신학적 모형으로 필자의 다음 논문들 참조. Solidarity of Others in the Body of Christ: A New Theological Paradigm, *Toronto Journal of Theology* 14: 2 (1998), 239-54; From Autobiography to Fellowship of Others: Reflections on Doing Ethnic Theology Today, in Peter Phan (ed.), *Journeys at the Margin* (Collegeville, MN : Liturgical Press, 1999), 135-49; From Tribal Identity to Solidarity of Others: Theological Challenges of a Divided Korea, *Missiology* 27 : 3 (July 1999);「남들의 연대로서의 교회: 21세기를 향한 새로운 교회론의 모색」, 송기인 신부 회갑 논문집 『역사와 사회』 [서울: 현암사 1997] 579-600.

지금 당장 누가 가만히 앉아서 어떤 조직신학 책, 또는 아퀴나스의 「신학대전」Summa theologiae 같은 방대한 책을 써서 이것이 보편적인 신학이라고 제시하는 식의 신학은 있을 수가 없습니다. 제가 보기에는 한 사람이 혼자의 경험과 사유로 보편신학을 할 수 있는 그런 시대는 지나갔습니다. 지금의 새로운 포괄적인 신학은 모든 소외된 사람들의 염원을 종합해 주고, 고무해 주고, 그렇게 하면서도 동시에 그와 같은 특성을 초월할 수 있는 그러한 어떠한 것, 그것이 바로 진정한 그리스도교적인 신학이 아닌가 합니다. 이걸 질문하신 분이 누구신지 모르겠지만, 혹시 그분이 신학을 공부하고 싶으시다면, 이러한 신학의 출현을 위해서 우리가 함께 노력을 해야 되지 않겠는가 하는 게 제 생각입니다. 저는 그래서 제 나름대로 이런 방식으로 그리스도론도 한번 써보려고 하고, 성령신학에 관해서도 "남들의 연대의 영으로서의 성령"과 같은 방식으로 생각해 봅니다. 그런데 제가 보기에는 아직 그런 방식으로 나가는 신학자들이 많지 않습니다. 아직도 많은 분들이 그냥, 여성 신학자는 여성들의 문제, 또 해방신학자들은 주로 가난한 사람에 대한 문제, 그러한 것에만 함몰됩니다. 물론 거기에도 새로운 움직임이 없는 것은 아닙니다만, 그래서 포괄적 신학에 대한 구체적인 전망에 대해서는 지금 이루어지고 있고 또 앞으로 완성되어야 할 하나의 과제다, 저는 그렇게 말씀을 드리고 싶습니다.

그리고 한 가지 부언한다면, 지금 세계의 상황은 좋든 싫든 세계화 과정에 있습니다. 세계화 과정에서 사람들은 상호의존의 관계로 들어갑니다. 그렇기 때문에 흑인만의 문제가 따로 있고, 여성의 문제만 따로 있고, 한국인만의 문제가 따로 있는 것이 아닙니다. 세계화 과정의 자본주의 체계라는 같은 맥락 속에서 이러한 문제가 일어나기 때문에, 어떤 특정한 집단의 문제도 그러한 전체적인, 또 세계를 하나로 만들고 있는 그러한 맥락을 고려하지 않으면, 자기 나름대로의 맥락이나 또는 문제까지도 해결할 수 없습니다. 다시 말해서, 각 집단의 문제 해결도 오직 상호의존만을 통해서 가능하다는 말입니다. 즉, 상호의존과 상호연대라고 하는 구체적 보편성을 향해서 우리가 나가야 된다는 것을 시사하는 것입니다.

◆ 교수님의 강의를 들으면서 예수님의 생애가 동일성 체제에 대한 도전과 타파를 위한 것으로 이해되었습니다. 예수님 생애의 (절정, 완성이랄 수 있는) 십자가 죽음과 동일성 체제의 타파와의 관계를 더 자세히 설명해 주셨으면 감사하겠습니다.

민경석: 저는 여기서 간단히 말씀드리겠습니다. 이미 서공석 신부님과 특히 정양모 신부님께서도 역사적인 예수님의 하느님 나라에 대한 실천 속에는 가장 중요한 부분이 바로 사회에서 가장 배척받는 남들에 대한 배려였다고 하는 것을 말씀하셨습니다. 현대의 역사적 예수를 추구하는 모든 성서학자들의 공통된 의견은 바로 그겁니다. 다른 문제들에는 많은 이견이 있지만, 적어도 예수님의 특별한 사랑에 대해서는, 바로 사회에서 남으로서 배척당한 사람에 대한 특별한 사랑에 대해서는 이견이 없다는 말입니다. 이제 그런 의미에서 저는 이러한 남들에 대한 특별한 배려, 또 남들과 우리가 연대할 수 있는 남들의 연대, 그것이 바로 예수님의 중심사상이라고 말하고 싶습니다. 그리고 그것 때문에 십자가에 돌아가셨지 않았습니까? 그래서 몰트만은 1972년에 「십자가에 못박히신 하느님」*The Crucified God* 이란 책을 썼죠. 거기서 그는 바로 그리스도의 십자가는 모든 동일성의 체제, 모든 신학적인 보편주의에 대한 비판이요, 새로운 신학을 요구하는 것이다라는 논지를 폈습니다. 십자가형도 동일성의 체제에 대한 비판 때문에 받으신 벌이고, 또 부활을 통해서 그와 같은 남들과 연대의 가능성을 우리에게 확인시켜 주시는 것이라는 말입니다. 그리고 그 남들이라고 할 때에, 여기에는 인간과 인간 사이의 문제뿐 아니라, 아까도 말씀드렸지만 인간과 자연의 문제, 그리고 가장 깊은 차원에서 서로 소외된 인간과 하느님의 문제도 포함되며, 이와같이 포괄적으로 개념된 남들의 연대를 통해서 예수님의 부활과 십자가도 우리가 이해할 수 있지 않겠는가 생각합니다.

서공석: 시간이 많지 않아서 간단하게 답하겠습니다.

◆ 여성이 사제서품을 받지 못하는 이유와 그 근거는 무엇입니까?

서공석: 그 이유는 로마가 원하지 않기 때문입니다. (웃음) 그 근거는 로마와 높은 어르신들이 원하지 않기 때문입니다. (웃음)

◆ 이 세상에 있는 다양한 문화는 하느님의 옷이다, 하느님의 얼굴이다라는 표현들이 있습니다. 모든 문화를 존중하고 인정해야 한다면, 각기 다른 무수한 종교들은 하느님의 그 무엇으로, 또는 하느님 안에서 어떤 가치를 지니는 것으로 인정해야 하지 않습니까?

서공석: 예, 그렇습니다. 종교들은 인류역사 안에 주어진 구원역사의 단편들입니다. 종교들은 하느님의 구원에 대한 환영과 영접의 언어라고 생각해야 할 것입니다. 그런데 왜 종교들이 서로 다르냐 하면 각 종교가 발생한 문화적 배경이 다르기 때문입니다. 각 종교는 상이한 문화적 배경에서 발생한 구원언어의 전승입니다. "그리스도교 교회 밖에 구원 없다"고 말할 때는 이미 지나갔습니다. "교회 밖에 구원 없다"는 격언은 유럽 중세 단일문화와 단일 종교권 안에서 가능한 말이었습니다. 오늘과 같은 다종교 세계에서 타종교의 구원적 가치를 부인하는 것은 시대착오적이며 독선적인 태도일 것입니다. 제2차 바티칸 공의회는 「비그리스도교에 관한 선언」(2항)에서 다음과 같이 말합니다. "가톨릭 교회는 이들 종교에서 발견되는 옳고 성스러운 것은 아무것도 배척하지 않는다. 그들의 생활과 행동 양식뿐 아니라 그들의 규율과 교리도 거짓 없는 존경으로 살펴본다. 그것이 비록 가톨릭에서 주장하고 가르치는 것과는 여러 면에 있어서 서로 다르다 해도 모든 사람을 비추는 참 진리를 반영하는 일도 드물지 않다. … 교회는 다른 종교의 신봉자들과 더불어 지혜와 사랑으로 서로 대화하고 서로 협조하

면서 그리스도교적 신앙과 생활을 증거하는 한편 그들 안에서 발견되는 정신적 내지 윤리적 선과 사회적 내지 문화적 가치를 긍정하고 지키며 발전시키기를 모든 자녀들에게 권하는 바이다."

◆ 신앙의 실천과 역동성의 표현으로 여러 가지 신학이 나타나고 있습니다. 이것은 오히려 진정한 그리스도인의 보편적 사랑과 구원보다는 구체화된 신학을 대변하는 한계에 머물 수 있습니다. 이러한 현상에 민경석 박사님은 남들의 연대, 그리스도의 몸에 대해 말씀하셨는데, 서공석 신부님은 어떻게 생각하시는지요? 민경석 박사님의 말씀에 대한 의견을 묻는 것이 아니라, 오늘날 나타나는 신학의 다원성과 신앙이 지닌 실천적 성격 및 그 역동성의 상호관계를 묻는 것입니다.

서공석: 신학의 다양화는 조금 전 민경석 교수님이 말씀하신 대로 현대사회의 맥락에 대한 진단에서 발생하는 것입니다. 맥락이 다르면 신앙언어도 달라집니다. 오늘날 우리는 다원화된 사회에서 삽니다. 옛날같이 단순한 사회가 아닙니다. 따라서 신학도 다원적일 수밖에 없습니다. 신학은 모든 시대, 모든 문화권 안에서 하느님의 상징성, 곧 구원하시는 하느님으로 말미암은 우리 삶의 변화를 말하는 것이라야 합니다. 보편성은 개별성을 말살하는 것이 아닙니다. 개별적인 것들이 보편적인 것 안에서 그 개별성의 독창적 의미를 찾을 수 있어야 합니다. 다양한 신학이지만 예수 그리스도의 구원언어를 반영한다는 점에 있어서 동일하고, 다양한 언어로 표현되지만 같은 성령의 일하심이라는 점에서 동일할 것입니다.

◆ 1998년 반포된 교황님의 회칙 「신앙과 이성」에서는 오늘 서공석 신부님께서 말씀하신, 신앙언어의 해석에 대해 위험성을 지적하고 있습니다. 형이상학의 중요성이 약화되고 존재론에 대한 경시가 진리의 절대성을 소홀히한다고 지적하고 있습니다. 신자들은 교회의 권위가 발표하

는 가르침과 신부님의 해석 사이에서 큰 갈등을 느끼게 될 것입니다. 교회의 가르침에 대한 수용 태도에 대해서 설명해 주십시오.

서공석: 그「신앙과 이성」이라는 교황 회칙은 우리말로는 아직 발표되지 않았습니다. 대단히 긴 문서입니다. 「가톨릭신문」인지 「평화신문」인지 어느 신문이 발췌하여 소개한 것이 있을 뿐입니다. 후기 스콜라 신학적 입장에서 신앙과 이성은 대립되지 않는다는 사실을 말하고 있습니다. 1870년의 제1차 바티칸 공의회가 안고 있던 관심사와 유사하다는 인상을 받았습니다. 그 문서가 우리말로 출판되어도 일반 신자들이 읽기는 어려운 내용입니다. 사람들이 잘 알아들을 수 있는 언어로 가르쳐주면 좋겠다는 생각을 합니다.

오늘 사회는 다원사회라고 앞에서 제가 말씀드렸습니다. 그리고 오늘날 엎드려서 "통촉하시옵소서"라 말하면서 행복하게 사는 사람이 없습니다. 로마의 교황이 내신 문서이니까 대단히 소중히 생각하고 공부를 해야 합니다. 그러나 읽어도 그 내용을 못 알아들으면 어떻게 하겠습니까? 부분적으로 몇 마디 알아듣고도 "성은이 망극합니다"고 말하면서 그 가르침에 위배되는 사람을 잡으려 "십자군 원정"을 떠날 필요야 없지 않습니까? 신앙은 각자의 마음 깊은 곳이 움직이는 일입니다. 초대교회가 남긴 성서도 있고, 오랜 교회 전통이 남긴 문서들도 많이 있습니다. 그 중에 역대 교황들의 가르침들도 있습니다. 각자 자기 힘이 닿는 데까지 배우고 연구하고 이해하는 것입니다. 그리고 소신을 가지고 말해야 합니다. 교황이 문서 하나 냈다고 신앙이 안고 있는 모든 문제가 그 문서 하나로 해결되지 않습니다.

오늘날 우리는 중요한 일에 대해 우리 스스로 비판해 보고 납득이 가면 수용하고 그렇지 않으면 조금 밀어놓고 사는 것입니다. "세상은 넓고 할 일은 많다"고 어떤 사람이 말했지 않습니까? 기어이 로마에까지 가서 "왜 그런 말을 했느냐"를 물어볼 필요도 없습니다. 모두가 바쁩니다. (웃음) 그리고 필요없는 말도 많고 쓸데없는 문서도 많습니다. 오늘의 세계에서는 누구의 메시지이냐가 중요하지 않고 그 메시지가 실효성이 있느냐가 중요한 것입니다. 인터넷에 들어가 보세요. 모두가 평등합니다. (웃음) 메시지를 띄우는 사람이나 메시지를 받는 사람이나 모두 동등합니다. 높은 곳에서 낮은 곳으로 흐르는 메시지가 아닙니다. 아직도 말하는 "짐"이 있고 "성은이 망극한" 백성이 있다고 생각하면 (웃음) 시대를 착각하여 세상에 나온 것입니다. 착각을 하는 것은 자유이지만 우리까지 그것에 말려들 필요야 없지요. 납득되는 일은 수용하고 납득되지 않는 것은 납득이 될 때까지 미뤄놓고 사는 것입니다. 그러면 되지 않겠습니까? 그래서 크게 갈등을 겪으실 것도 없을 것 같습니다. (웃음) 저도 될 수 있는 대로 모든 것을 수용하고 살려고 노력하는 사람입니다. 이 질문을 하신 분도, 저도 별 문제가 없는 사람입니다. (웃음)

◆ 그리스도에 의한 세례성사의 의미를 모든 불평등의 타파라고 배웠습니다. 교회 내 사제와 평신도간의 불평등은 어디서 유래하는 것인지, 사제는 지배계급이고 평신도는 피지배계급이라는 의식은 과연 용납되어야 하는 것인지 의문스럽습니다. 사제에겐 오류가 없다. 맹종이 곧 순종이다라는 본당사제의 말씀을 마음으로 받아들이지 못해 갈등을 겪고 있습니다. 견해를 듣고 싶습니다.

박태식: 세례부터 좀 말씀드리자면, 원래 세례자 요한이 세례의 원조라고 말할 수 있습니다. 세례자 요한은 대각성 운동을 펼쳤고, 회개의 표시로 세례를 했는데, 초세기 그리스도교 교회에서 세례가 그리스도 교회의 입교의식이 된 겁니다. 따라서 세례의식 자체는 다분히 가치중립적인 성격을 띠는 것입니다.

또 둘째, 교회 내에서 사제와 평신도간의 불평등은 어디에서 유래한 것인가에 대한 말씀입니다. 아까도 말씀드렸지만, 우선 성서에서 예수님께서는 그 당시의 지배계층, 그 당시 종교적인 지배계층인 종교지도자들, 종교

지도자들이 자기네들은 율법을 지키니까 구원을 다 가지고 있다. 하지만 율법을 지키지 못하는 사람은 구원이 없다 하는 상황에서, 그게 아니다, 사랑만 하면 누구나 구원받을 수 있다 하고 한마디로 평등을 주장하신 분입니다. 그러니까 사제와 평신도라는 것에 관한 성서적인 근거는 없다고 저는 생각합니다. 예수님께서는 오히려 그런 것을 없애신 분이 아닙니까. 그리고 사제는 지배계급이다, 말도 안되는 얘기입니다.

사제와 평신도라는 문제가 현재 있지 않습니까? 그러면 과연 우리가 이걸 어떻게 받아들여야 하는가에 대해서 저는 이렇게 생각을 합니다. 우리 그리스도 교회는 크게 두 가지 기둥이 있습니다. 하나는 성서이고 또 하나는 이천 년 동안 이어져온 전통이지요. 이 전통도 역시 전 하느님의 일이라고 생각을 합니다. 그러니까 이 전통도 우리는 존중을 해야 되지 않겠습니까. 그 전통을 무시하거나 없는 걸로 할 수는 없는 상태라는 것은 분명합니다. 전 다만 우리가 그 이천 년간의 그리스도교 전통에서 찾아야 될 것은 항상 어떤 정신, 즉 그 전통이 갖고 있는 근본적인 정신이 희미해졌을 때 그 정신을 다시 살리는 그런 작업이 필요하다고 생각합니다. 평신도들의 신앙생활을 돕는 것으로서의 사제들의 역할은 처음부터 긍정적인 것이었습니다. 그런데 그것이 권위주의로 그 원래의 모습을 바꾸게 될 때, "하느님과 인간 사이에 사제가 있다. 그래서 하느님과 직접 통하지 못하고 사제를 통해야 된다"가 될 수 있습니다. 그런 사고를 뒤엎고 나온 게 개신교입니다. 개신교에서는 아니다, 이제부터는 하느님하고 나하고 바로 통하겠다, 둘이 바로 직거래를 하겠다, 이거 아닙니까. 그렇지요? 그러나 요즘 개신교 상황은, 제가 보기엔 더하면 더하지 결코 덜하진 않습니다. 가톨릭이나 개신교나 큰 차이는 없다고 봅니다. 제가 보기에는 항상 어떤 전통에 대해서, 또는 그 제도가 불필요하냐 필요하냐에 대해 말할 때는 그 정신이 사라졌느냐 사라지지 않았느냐를 우선 생각해야 됩니다.

그리고 마지막 질문, 사제에겐 오류가 없다, 맹종이 곧 순종이다. 이런 본당사제가 아직도 있다는 사실에 저는 놀랐습니다. (웃음) 그리고 설혹 이런 사람, 만약 이런 사람이 있다면 그건 나쁜 사람입니다. (웃음) 사제에겐 오류가 없다, 맹종이 곧 순종이다 하고 말하면, 그건 나쁜 사람이에요. 제가 보기에는 그런 양반 말을 들을 필요 전혀 없다고 생각합니다.

정양모: 하느님의 대리자로 자처하니까 순종을 요구하는 거지요. (웃음) 오늘 토의 마치겠습니다.

패널토의자 발제문 1

교회 권위주의의 발생처

서공석

들어가면서

권위주의가 구시대의 유물이라는 사실에 공감하지 않을 사람은 없다. 최근 우리 사회가 과제로 했던 "구조 조정"이라는 것 안에 권위주의의 청산이 중요한 주제로 등장하고 있다는 사실도 우리는 안다. 경직된 권력구조는 오늘과 같은 다원사회 안에서 그 조직의 실효성을 저하시켜서 그 조직이 지닌 목표를 달성하지 못하게 한다. 오늘의 세계에서는 인간 모두가 각자 필요한 정보를 다양하게 가지고 있다. 현대 문화권 안에 도도히 흐르고 있는 지구화 현상은 다원적·수평적·자발적 참여를 유도하는 제도만이 인간의 창의력과 실효성을 높인다는 사실을 보여준다.

교회의 제도는 하느님 혹은 예수 그리스도가 마련해 주신 것이 아니다. "그대는 베드로입니다. 나는 이 반석 위에 내 교회를 세울 터인데 저승의 성문들도 그것을 내리누르지 못할 것입니다. 나는 그대에게 하늘나라의 열쇠를 주겠습니다. 그러니 그대가 땅에서 매는 것은 하늘에서도 매여 있을 것이요, 그대가 땅에서 푸는 것은 하늘에서도 풀려 있을 것입니다"(마태 16.18-19). 복음의 이 말씀을 축자영감逐字靈感식으로 해석하여 교회의 현재 제도와 관행을 하느님의 뜻이라 주장하던 시대는 지나갔다.

교회 권위주의의 존재 사실 여부에 대해서 논할 필요는 없다. 권위주의에 오염된 사람이든 그렇지 않은 사람이든, 권위주의로 말미암아 상처를 받은 사람이든 받지 않은 사람이든, 교회 권위주의 발생이 가능한 자리를 함께 단순히 짚어본다는 데 마음 상할 사람은 없을 것이다.

1. 형이상학적 언어가 일으키는 착각

형이상학은 보이는 사물 뒤의 보이지 않는 실체를 생각하는 사고방식이다. 세상을 보면서 하느님을, 육신을 보면서 영혼을 생각한다. 따라서 하느님과 인간 영혼의 구원을 위해 일하는 교회는 이 세상보다 더 우월하다. 그 교회 구성의 기본인 교계제도에 속하는 사람들은 구원을 위한 초자연적 지식을 공급하는 사람들로서 그 제도 밑에서 그 지식의 수혜자인 신자들보다 우월할 수밖에 없다.

과거 형이상학적 교리언어의 영향은 교회 안에 아직도 많이 남아 있다. 전세계 가톨릭 교회의 큰 기대 속에 1992년 로마가 출간한「가톨릭 교회 교리서」도 이 중세 형이상학적 언어를 청산하지 못하고 있다. 형이상학은 일방적 언어이다. 이분법二分法과 우열優劣을 정당화하는 언어이다. 이 언어에는 대화가 없다. 가르침과 순종이 있을 뿐이다. 신앙은 초자연에 대한 지식이다. 교계제도가 대표하는 교회는 초자연적 진리를 충만하게 보유하고 있다. 사람들은 와서 배우고 익혀서 그들의 영혼을 구해야 한다.

2. 교회와 구원의 혼동에서 발생하는 착각

중세 유럽 사회에서는 그리스도교만이 유일한 종교였다. 따라서 구원과 교회는 동의어와 같이 인식되었다. 사람이 태어나면 교회에서 세례를 받고 성장하면 성당에서 혼배하고 죽으면 교회에서 장례를 치르고 성당의 묘지에 묻히는 것이었다. 이런 유럽 사회가 15세기 타대륙의 발견과 더불어 타종교들을 접하게 되지만 식민주의적 편견이 지배하는 인식이었다. 교회는 제2차 바티칸 공의회에서 비로소 구원의 언어로서 타종교들의 존재를 인정하였다.[1]

종교나 교회들은 구원이 아니라 구원의 언어가 보존된 전통이며 장소이다. 인류 역사 안에 주어진 하느님의 구원이다. "과연 모든 사람을 구원하

---

[1]「비그리스도교에 관한 선언」,「종교 자유에 관한 선언」 참조.

는, 하느님의 은총이 나타났습니다"(디도 2.11). 종교언어들의 차이는 문화적 배경의 차이에서 발생한다. 하느님의 현존에 대한 살아 있는 기억은 문화권에 따라 문화적으로 달리 채색되어 전승을 이루었다. 종교와 교회들은 말씀, 의례, 삶의 실천으로써 이 하느님의 현존이 역사 안에 망각되지 않게 한다. 구원과 교회를 한데 묶어서 인류를 활동의 대상으로 삼으면 인류를 외면하는 독선적이고 권위주의적인 종교가 발생한다. 이런 종교나 교회는 역사 안에 일어나는 실제적 일들과 관련이 없는, 초자연으로 포장한 신화적 신앙언어를 발생시킨다. 이와 더불어 교회는 스스로가 지닌 신앙고백문, 경전, 전례 등의 상징성을 망각하고, 그것들이 모든 사람에게 통용될 수 있는 절대적 언어로 착각하고 강요한다.

교회들이 보존한 종교적 언어나 상징들은 숨겨진 하느님의 현존에 대해 종교적 각성을 유발하는 매체이다. 하느님은 신앙인에게도 비신앙인에게도 숨어 계시다. 종교와 교회는 하느님이 익명으로, 숨어서, 겸손하게 이 세상에 오시는 것에 대한 감사로운 영접이다. 신앙언어는 이 세상 안에 일어나는 일에 대한 체험을 소홀히하게 하는 것이 아니다. 신앙과 세상의 유대를 끊으면 종교나 교회가 지닌 내적 구조를 손상시키는 결과를 초래한다. 그러면 신앙체험이나 언어가 인간 삶에서 유리되어 빈혈 현상을 일으킨다.

신앙인과 그 지도자들이 표현하는 신앙고백적 언어는 그 자체로 어떤 권위를 지니는 것이 아니다. 그 언어는 신앙인들을 선행先行하는 것에 대한 감사로운 응답이다. 여기서 선행하는 것은 인간의 구원을 위해, 인간 안에서 인간을 통해서 역사 안에 일하시는 하느님의 창조적 행위이다. 어느 특정 체험의 전통 안에 있는 신앙인들은 하느님의 이 구원행위를 언어로 전환시키는 사람들이다. 예수는 당신의 말씀과 행동으로, 하느님의 보편적 구원의지에 얼굴을 준 유일한 인물이다. 하느님이 하느님에 대한 우리의 언어에 선재先在하는 원천이시다.[2] 사람은 할 일을 다 하고 스스로 "쓸모없는 종"(루가 17.10)임을 알아야 한다.

---

[2] E. Schillebeeckx, *Church, The Human Story of God* [New York 1990] 13-4.

3. 교도권에 대한 오해에서 비롯된 착각

교도권을 의미하는 라틴 단어는 magisterium이다. 봉사직무를 의미하는 라틴 단어 ministerium이 작은 것을 의미하는 minor를 어원으로 하듯이 봉사직무라는 단어는 크다는 magis를 어원으로 하고 있다. 라틴어 고전에서 magisterium은 모든 분야의 장(長)이 지닌 신분, 기능 및 책임을 의미하였다. 그후 이 단어는 교회 안팎에서 진리를 가르치는 사람의 능력과 권위를 표현하는 뜻으로 사용되었다. 교사, 교수, 박사, 전문가 등의 직무를 의미한다. 오늘 교회가 사용하는 뜻으로 사용하기 시작한 것은 19세기의 일이다.[3] 이 단어가 지녔던 진리 표현을 위한 다양한 능력의 발휘라는 뜻은 이때부터 사라지고 교회 교계제도가 보유한 권한의 한 형태로 고정되었다. 그러면서 이 단어는 어떤 능력을 지닌 권한의 행사보다는 권한의 보유자 혹은 보유집단을 더 강조하게 되었다. 그리고 그 권한의 행사와 보유는 진리를 위한 것으로 정해졌다. 그 결과로 진리를 위한 봉사와 교회 통치의 권한은 동일시될 정도로 연결되어 버렸다.

하나의 제도는 그 제도가 발생하는 사회 안에서 인정될 때 설정되고 작동한다. 여기서 인정은 과거에 주어진 권한의 승인만이 아니다. 그 사회 자체가 그 제도의 필요성을 인정하고 권한을 주는 것이다. 교도권도 하느님 백성이 그것의 필요성을 인정할 때 보장될 수 있다. 현재 교도권은 하나의 권한을 의미한다. 교도권을 행사하는 사람들도 그 단어의 사용에 있어서나 그들의 처신에 있어서 사람들이 그것을 권한으로 이해하도록 유도한다. 교도권이 권한으로 이해되면 권한이라는 것이 지닌 일반 사회적 기능 위에 안주하고 만다. 교도권은 그것을 가진 사람에게 하나의 신분과 자격을 주는 것으로 이해되고 결국은 하나의 이념으로 전락한다.[4]

---

[3] J. Doré, "Institution du magistère", *Le Magistère, Institutions et foncionnments, Recherches de Science Religieuse* [Paris 1983] 15; E. Schillebeeckx, "Le maigistère de tous, Réflexion sur la structure du Nouveau Testament", *Concilium* 200 [Paris 1985] 31; B. Sesboüé, "Autorité du magistère et vie de foi ecclésiale", *Nouvelle Revue théologique*, t.93 [avril 1973] 338.

[4] 칼 라너 〔정한교 역〕『교회의 미래상』〔분도출판사 1972〕 115 참조.

계시는 전체 교회를 위해 주어졌다. 이것을 전제로 교회 권위의 교도권적 직능을 생각해야 한다. 교회 안의 모든 권위가 그렇듯이 이 직능도 교회 전체와 관련되어 있다. 이 직능은 친교koinonia를 위한 봉사diakonia이다. 이 두 단어는 신약성서가 전하는 사도적 권위의 기본 범주를 표현한다. 그와 반대로 권한을 의미하는 *exousia*는 그리스도의 권위를 나타내는 데 주로 사용되었다. 교회 안에 가르치는 권위는 신앙 안에 이루어지는 친교를 위한 봉사이다. 모든 사람의 신앙이 올바른 것이 되고 모든 사람이 제대로 된 "교감"을 갖게 하기 위해 봉사하는 것이다.

하느님의 백성은 하느님과 함께하는 삶인 신앙 실천의 장소이다. 이 하느님의 백성은 주님의 약속으로 그 신앙 행보에 있어서 그르침이 없다. 전체 교회의 무류성無謬性은 교계제도의 것과 대립되는 것으로 생각하지 말아야 한다. 무류성은 그리스도 신앙 공동체 안에 있는 것이다.[5] 교계제도는 하느님 백성의 기본적 무류성에 봉사한다. 따라서 하느님 백성 안에서 표현되는 모든 것은 주의를 기울여서 식별해야 한다. 하느님 백성이 계시에 응답하는 증언의 발생장소이기에 신학의 장소이기도 하다.

계시 이해와 의미는 하느님 백성이 그 삶으로 표현하는 "합의"와 분리되지 않는다. 일체감은 고대교회 안에서 대단히 중요했다. 교회 공동체는 그리스도로 말미암아 모인 형제적 친교이며 신앙고백의 자발적 친교가 있는 곳이다. 교계제도는 참다운 "교감"이 가능한 친교의 회로回路로서 그 의미와 역할을 회복해야 한다.

교회의 신앙은 끊임없이 표현과 언어를 찾아야 한다. 신앙이 하나의 삶이라면 신앙언어는 살아 있는 것이 되어야 한다. 우리가 비록 계시와 사도적 신앙고백의 가장 권위있는 규범을 성서 안에서 발견한다 하더라도 교회는 살아 있는 말로써 문자로 고정된 성서의 말씀을 보충해야 한다. 그것이 강론 혹은 설교이고 교회생활의 여러 층에서 나타나는 신앙표현들이다. 이

---

[5] 제1차 바티칸 공의회 「교회헌장」 4장, DS 3074. E. Schillebeeckx, 위의 글 "Le magistère de tous", 33 참조.

살아 있는 말은 하느님 말씀 전승의 한가운데에서 계속 발생해야 하고 미래의 다른 말을 향해 항상 열려 있어야 한다. 교도권은 이런 모든 신앙 표현을 조정한다. 교도권은 역사가 제공한 새로운 문제들 앞에 신앙표현의 올바름을 식별하는 장이다. 교도권이 할말이 있는 것은 바로 이 영역이다. 교도권이 하는 말은 완성되고 영원한 것이 아니고 항상 생성되고 시대적인 것이다. 교도권의 말이 결정적일 수 있는 경우는 어떤 의미와 어떤 해석을 예수 그리스도 안에 계시된 구원에 합당하지 않은 것으로 배제할 때와 신앙언어가 올바르고 정통적일 수 있는 영역의 한계를 보여줄 때만이다. 교도권은 인류가 처한 상황이 달라지면 올바른 신앙을 새롭게 표현하고 교회의 일치를 새롭게 하기 위해 새로운 말을 한다. 신앙 안에서의 일체감이라는 것은 과거 언어를 단순히 반복함으로써 보존되는 것이 아니라 항상 새롭게 만들어야 하는 것이기 때문이다.

교도권은 스스로 하는 일이 열매를 맺게 하기 위해서는 모든 그리스도 신앙 백성의 언어 순환과 표현의 회로가 되기 위해 사람들과 접촉을 게을리하지 말아야 한다. 교도권은 "그 자체로 참답다고 평가되는 명제를 너무 성급하게 말하지 말아야 한다. 잘난 체하는 것은 … 죄에 물든 인간조건을 반영한다. 이런 상황에서 진리를 논하면 위험하고 경솔한 짓이다".[6] 신앙언어에 대한 호의적인 응답이 발생하고, 사람들이 그 언어를 참으로 이해하고, 또한 교도권이 생소하게 개입한다는 인상을 주지 않기 위해서는 교회 공동체 안의 의사소통이 원활히 이루어져야 한다.

예수는 유대교 기득권층의 권위주의를 비난하신 분이다. 제관들과 율사들에 대해 예수의 시선은 곱지 않았다. 그들은 하느님 나라를 닫아버린 사람들이다(마태 23,13). 모세와의 계약이 의미하는 하느님의 함께 계심은 모든 사람을 위한 것이었다. 스스로 높이는 자는 낮아질 것이라고 복음서들 안에 후렴과 같이 반복되는 말씀은 그들의 독선을 비난하는 말씀으로 들린다. 바

---

[6] K. Rahner, *Ecrits théologiques*, t. 7 [Paris 1967] 219.

울로 사도가 전하는, 초기교회 전례에서 사용되던 "그리스도 찬가"(필립 2.6-11)는 스스로를 비우고 낮추고 죽기까지 내어주는 데에 예수 그리스도의 정체성과 실효성이 있음을 말한다. 권위주의가 의미하는 바와는 사뭇 다르다.

4. 평등과 자유를 존중하는 현대사회에서 미아迷兒가 된 사람들의 폭력

현대사회는 신분의 높고 낮음이 있는 사회가 아니다. 기능과 역할이 다를 뿐이다. 이런 사회 안에서 신분 개념은 정당화되지 않는다. 서품식이라 불리는 직職의 수여는 신분의 수여가 아니라 공동체를 위한 봉사기능직의 수여이다. "나는 여러분 가운데서 섬기는 사람으로 처신합니다"(루가 22.27)라는 예수의 말씀을 따라서 봉사할 기능을 주는 것이다. 황제나 영주의 대관식 혹은 착좌식을 흉내내는 의례와 복장, 중세 기사의 수임식授任式과 같은 형태의 서품의례들은 사라져야 한다. 오늘의 교회가 되기 위해 이 분야의 개혁은 절실하고 시급하다.

신분과 관련되어 권위가 주어지는 것 같은 인상을 주는 모든 언어나 관행들은 사라져야 한다. 과거 사회에서 신분은 곧 실효성이었다. 그러나 오늘 신분이 실효성을 보장하지 않는다. 권위는 인간이 스스로 노력해서 자기의 실효성을 높일 때 사람들이 인정하는 것이다. 권위는 순종을 부르지 않고 인정을 부른다. 우리 교회는 아직도 신분과 실효성을 구별하지 못하는 과거 관행에 젖어 있다. 서품으로 신분을 받았다고 생각하는 사람이 권위와 실효성을 신분과 혼동하면서 그 가상假想적 권위와 실효성을 찾으려는 노력으로 결국 권위주의라는 폭력에 호소하게 된다. 여기서 오늘 교회의 일부 계층에 만연되고 있는 독선의 뿌리를 보아야 한다. 이것은 현재 우리 교회 안에 심각한 병폐로 나타나고 있다. 하느님 백성은 모두가 한 가지 말을 하면서 흩어지지 않게 바벨탑을 쌓는 집단이 아니다. 각자가 자기 말을 하면서 서로가 이해하는 성령강림의 공동체이다.

예수 그리스도로 말미암아 발생한 신앙이 어떤 섬김이며 어떤 "내어주고 쏟음"인지를 이해하지 못하겠으면 시중에서 흔히 듣는 "고객 만족을 위한 서비스 개선" 차원에서라도 이 권위주의는 버려야 한다. 오늘의 그리스도인은 교회가 신앙문제에 대해 어떤 권위를 행사하면 자기 삶과 무관한 일로 생각한다. 현대 신앙인은 교회가 허락하고 금지하는 것에 순종하면서 살려 하지 않는다. 인터넷 통신에서는 발신자와 수신자가 따로 없다. 모두가 발신자이면서 동시에 수신자이다. 그 통신에서는 권위있는 사람이 따로 없다. 메시지 내용이 권위를 지녀야 한다. 그것이 사람들의 눈에 믿을 만해야 한다. 권위주의적 성격을 지닌 교회의 언어는 현대인이 신앙으로 나오는 데 장애물로 작용한다. 그런 언어는 독단주의 혹은 교조주의로 인식된다. 과거 한 시대의 신앙언어에 고착하여 사람의 창의적인 자유와 삶의 질을 저하시키는 언어이다. 이것은 우리 신앙의 소외된 모습이며 이 소외가 발생시키는 폭력이다. 우리는 거기서 복음이라는 기쁜 소식을 듣지 못한다.

나오면서

오늘의 사회는 수평적이고 다원적이다. 현대사회는 다원적인 것들의 상호작용을 위해 개방적이면서 자발성을 소중히 생각한다. 권위주의는 수직적이고 폐쇄적이다. 교회의 정체성은 사회나 국가의 것과 동일하지 않다. 그러나 계시가 하느님이 하시는 일에 대한 인간의 영접이고 그 영접으로 말미암아 모인 하느님의 백성이라면 그 백성의 제도와 조직은 시대적인 것이다. 과거 제국주의와 봉건주의 혹은 군주주의 사회에서 발생한 제도와 조직을 강요하는 것은 그리스도인이 되기 위해서는 그런 시대 사람으로 다시 퇴보하라는 말이다. 예수 그리스도는 오늘 우리를 위해서도 기쁜 소식이라야 한다. 교회는 과거의 고정관념들을 청산하고 오늘을 위해서도 구원이신 예수 그리스도를 말할 줄 알아야 한다.

패널토의자 발제문 2

미주 교포교회 내의 권위주의와
가톨릭의 권위주의적 풍토

민경석

들어가는 말

1999년 3월 28일자 미주판 「평화신문」에 의하면 북미주에는 현재 148개의 공동체에 8만 6천 명의 한인 천주교 신자들이 있는 것으로 집계되었다. 1968년 UCLA에서의 이종순 신부의 사목활동으로 시작되었다는 미주 교포교회는 이제 만 30세를 넘어 장년기를 향해 나아가고 있다. 30년의 연륜을 거듭하는 동안 성장의 진통을 겪지 않은 공동체는 하나도 없었고, 그 진통의 가장 큰 부분이 바로 교회 내의 권위주의요 권위주의적 풍토였다고 해도 지나친 말은 아닐 것이다. 공동체의 문제는, 다른 어느 집단에서와 마찬가지로, 누가 무엇을 어떻게 결정하느냐에 달려 있고, 이것은 바로 공동체 내에서의 권위의 분배, 권위의 행사, 권위의 한계의 문제와 직결되어 있기 때문이다. 그러나 미주 교포교회 내의 권위주의는 모교회인 한국 천주교회의 권위주의와 천주교회 자체의 전통 속에 깊이 자리잡고 있는 권위주의적 풍토를 떠나서 이야기할 수 없다. 교포교회 내의 권위주의의 문제점들은, 물론 교포사회의 문화적 특수성에도 기인하는 바가 있지만, 더 깊이 관찰할 때 한국문화 자체와 천주교적 전통 자체에 뿌리박고 있는 권위주의적 풍토를 반영하는 바가 절대적이기 때문이다.

따라서 필자는 미주 교포교회의 권위주의의 문제를 다음의 순서로 토론하여 볼까 한다. 제일 먼저 권위와 권위주의의 차이점을 간단하게나마 다루고, 둘째로 미주 교포교회에서의 권위주의의 현상과 폐단을 분석·제시하고 앞으로의 전망을 살핀 다음, 셋째로 가톨릭 전통 자체 속에 깊이 뿌리박고 있는 권위주의 풍토를 지적하고, 마지막으로 권위주의의 초극을 위한 몇 가지 제안을 제시하면서 끝을 맺을까 한다.

권위와 권위주의

사회과학자들은 권력power과 권위authority를 구별한다. 권력은 남들의 사고나 행위에 변화를 가져올 수 있는 모든 능력을 의미하고, 권위는 이러한 능력 중에서 합법적이거나 윤리적으로 정당성을 지닌 능력을 의미한다. 능력이라고 모두 합법성이나 정당성을 지니는 것은 아니다. 총을 든 강도는, 그것이 개인이든 쿠데타군이든, 우리에게 손을 들어올리도록 할 수 있는 권력은 가졌지만, 그렇게 만들 수 있는 권위는 갖고 있지 않다. 합법성이나 윤리적 정당성이 결여되었기 때문이다.

그러면 권위와 권위주의는 어떻게 구별할까? 권위주의는 어떻게 정의할 수 있을까? 모든 사회생활에 있어서 권위는 본질적이요 필수적이다. 누군가는 단체의 행동을 결정할 수 있는 능력이 있어야 하기 때문이다. 문제는 어떤 조건 밑에서 그러한 능력이 합법성이나 윤리적 정당성을 갖는 권위가 될 수 있는가이다. 필자는 여기서 정당한 권위의 조건으로 네 가지를 지적하고 싶다.

첫째로, 모든 권위는 공동체의 재산이요 따라서 공동체의 이익, 즉 공동선을 위하여 행사되어야 한다. 권위는 권위자의 사유재산이 아니요 따라서 권위자의 사적 이익을 위한 도구로 전락해서는 안된다. 권위자의 권위 자체를 절대화해서는 안된다. 이것은 교회 내의 모든 권위자들이 특별히 염두에 두어야 할 조건이다. 교회 내의 모든 권위는, 그것이 교황이나 주교의 권위이든 신부들의 권위이든 사목회장의 권위이든 권위자 개인이 자의적으로 행사할 수 있는 사유재산이 아니요 하느님의 백성인 교회 공동체에 교회의 공동선을 위하여 행사하도록 하느님께 받은 선물이요 공공재산이다.

둘째로, 모든 권위에는 한계가 있고 오직 그 한계 내에서만 행사되어야 한다. 한계 없는 권위는 오직 하느님의 것이요, 유한한 인간의 모든 권위에는, 교회의 모든 권위를 포함하여, 공동선이 요구하는 바에 따라 법과 양식에 의하여 부과된 한계가 있다. 한계 없는, 무조건적인, 절대적인 권위는 있을 수도 없고 있어서도 안된다.

셋째로, 모든 인간적 권위는 권위자들의 인간적 죄악성과 지적 한계성을 스스로 인식하고 겸허하게 행사되어야 하며, 이것은 곧 한편으로는 권위 행사에 대한 비판을 기꺼이 수용하는 것을 의미하고, 다른 한편으로는 대화를 통하여 전 공동체의 지식과 지혜를 수렴하여 최종 결정에 반영하는 것을 의미한다. 교회의 권위를 포함하는 모든 권위자들도 다른 인간들과 마찬가지로 타락한 인간들이요 무지한 인간들이다. 그런 인간들의 결정에는 독선, 아집, 편협의 위험이 항존하고 또 공동선을 침해할 위험이 항존한다. 건전한 여론의 비판을 통하여 독선을 예방하고 온 공동체의 지혜를 수렴함으로써 판단의 옹졸함과 편협을 지양하여 되도록 공동체의 참된 공익에 부합하는 결정을 내리는 것은 겸허한 권위의 필수적 조건이다. 여론의 견제 없는 권위는 절대권력으로 타락한다.

넷째로, 모든 권위는, 그리고 특히 교회 내의 권위는, 해방적으로 행사되어야 한다. 인간은 누구나 그 존엄성에 해당하는 능력을 가지고 태어났고 그러한 능력의 개발을 통하여 스스로를 완성하고 공동체에 기여하는 자유와 권리와 책임을 가지고 태어났다. 모든 권위는 공동체의 모든 성원들이 하느님으로부터 받은 그 능력과 은사를 스스로 개발함으로써 공동체에 봉사할 수 있도록 저들을 해방하여야 하며, 모든 자유와 권리와 책임을 독점함으로써 하느님으로부터 받은 저들의 은사의 개발을 억압해서는 안된다
(「교회에 관한 교의헌장」 30항).

위의 네 가지 조건 중에서 하나라도 결여될 때 권위는 정당성을 상실하고 정당성 없는 권력, 즉 폭력으로 타락한다. 공동선을 침해하는 사익私益의 도구로서의 이기적 권위, 법과 양식에 의하여 부과된 한계를 무시하는

절대적 권위, 여론을 무시하는 독선적 권위, 성원들의 공동체에 대한 봉사의 능력과 은사를 억누르는 억압적 권위, 이 모든 것들은 권위가 아니요 폭력이다. 모든 권위자들은 따라서 항상 "두려움과 떨리는 마음으로" 권위의 행사에 임해야 할 것이다. 이것은 교회 내에서 그리스도의 이름으로 권한을 행사하는 모든 이들에게 특별히 해당되는 말이다. 스스로를 그리스도와 동일시하고, 그리스도의 이름으로 그리스도의 몸인 공동체를 위하여 행사하여야 할 권위를 마치 자신의 사유재산으로 착각하며, 독선과 자기절대화에 빠져 여론을 무시하고 억압적으로 권력을 행사할 위험과 유혹이 너무나 크기 때문이다.

그런데 어떤 권위자가 어쩌다가, 또는 많은 권위자들이 가끔씩, 정당한 권위의 조건을 무시함으로써 권위를 폭력으로 타락시킨다면 그것은 곧 권위의 남용이요 오용이지만, 그렇다고 그것을 곧 "권위주의"라고 비판하기에는 그 빈도나 규모에 있어서 너무 작지 않은가 생각된다. 적어도 한국 사회나 교회 내에서 권위주의를 말할 때는 이보다 훨씬 심각한, 사회적으로 습관화된, 하나의 삶의 방식 또는 "문화"로서의 권위 남용을 의미하는 것이 아닐까, 또 그렇게 사용되어야 하지 않을까 생각한다. 교회 내의 권위주의는 교회 내의 권위주의자들이 거의 상습적으로 교회의 공동선보다는 권위자들의 이익 위주로 권위를 행사하고, 법과 양식에 의하여 주어진 한계를 무시하며, 모든 비판이나 대화를 거부하고, 교회 내의 모든 권한이나 기회를 독점함으로써 교회 내의 다른 집단들을 억압하는 것을 의미하며, 이것은 동시에 권위자들이 저들 나름대로의 특수 집단, 계층 또는 계급을 형성함을 전제로 한다.

교회 내의 권위자들은 바로 성직자 또는 사목자들이다. 저들은 교회 내의 오랜 전통과 가르침에 따라 교회 내의 모든 권위와 기회와 지식을 독점해 왔고, 그런 권위를 여론의 제재 없이, 법적 또는 양식에 의한 한계에 구애받음이 없이 무제한적으로 행사하여 왔으며, 교회 하면 곧 교회의 권위자들과 동일시할 정도로 저들의 권위행사 자체가 교회의 공동선과 일치되는 것으로 여겨졌다. 저들은 저들 나름대로의 공통된 생활방식, 이해관계, 그리고 저들 나름의 문화를 형성하면서 평신도들과는 다른 신분상의 특수 계층 또는 계급을 만들어왔다. 교회 내의 권위주의는 바로 교회의 오랜 전통에 기초를 두고 자기들 나름의 계급을 만들어왔던 성직자들의 성직주의를 일컫는다 할 것이다. 비록 제2차 바티칸 공의회 이후로 새로운 일치의 교회론에 힘입어 특수 계급으로서의 성직 개념과 위계 집단으로서의 교회관이 많이 바뀌었을지는 몰라도, 교회의 전통 속에 깊이 박혀 있는 성직주의의 문화를 흔들어 놓기에는 그 영향이나 신학이 너무나 미소하고 미비하지 않았는가 우려된다.

미주 교포교회 내에서의 성직자들의 권위주의

그러면 미주 교포교회에서는 성직자들의 권위주의가 어떻게 나타나고 어떤 폐단을 일으키고 있는지 간단히 살펴보자. 첫째로 사목자들은 자신의 개인적 이익이나 편의보다 공동체의 이익과 앞날을 얼마나 더 생각하는가? 사목자가 과연 공동체를 위하여 존재하는가, 그렇지 않으면 공동체가 사목자를 위하여 존재하는가? 어떤 사목자는 필자에게 솔직하게 이렇게 얘기한 적이 있다. 성서에 많은 신자들이 예수님을 섬겼듯이 지금도 평신도들은 사제를 예수님처럼 섬겨야 한다고. 사목자가 피정 지도차 또는 그저 주일 미사차 공동체를 방문하면 온 공동체가 사제의 숙소, 식사, 푸짐한 사례비, 관광, 골프칠 기회 마련에 요란스럽다. 주교가 방문한다면 더욱 말할 것도 없다. 사목자 개인의 영명축일, 생일, 그리고 서품 기념일 축하는 으레 공동체 전체의 공적 행사가 되어버린다. 마치 공사의 구별도 없이, 왕의 생일 축하가 곧 온 국가의 잔치가 되는 군주주의에서처럼. 어떤 주교들은 교포 사목을 국내에서 문제있는 신부들을 처치할 수 있는 좋은 기회 정도로 삼는 것 같고, 많은 사제들도 안식년에 휴양이나 할 수 있는 기회로 생각하는 경향이 있다. 또 공동체의 신자들이 어떤 신부들의 횡포에 질려 한국 교구에 불평하면 다음부터는 신부 안 보내주겠다고 대답하는 교구도 있다. 조용하고 평화스럽던 공동체가 어느 사목자가 부임한 다음부터 분열에 분열을 거듭하고 충성파와 역적파로 나뉘어 그리스도의 몸은 만신창이가 되어가기 몇 년을 거듭해도 어떤 주교들은 사목자를 소환하지 않는다. 신자들에게는 주교들이 공동체의 공동선보다 사목자의 체면 유지를 더 중요시하는 것으로밖에는 보이지 않는다. 또 어떤 사목자들은 신성한 강론대, 공동체의 주보, 그리고 교회의 신문까지도 동원하여 저들의 권위남용을 비판하는 평신도들을 인신공격하는 데 사용하고 있다. 때로는 교회에 들어온 지 얼마 안되는 젊은이들을 조직하여 비판적 평신도들을 물리적으로 위협하기도 하고, 모든 반대자들을 "악의 세력"으로 매도하는 것도 서슴지 않는다. 공동체의 앞날보다는 사목자의 이해가 더 중요한 것이다. 들리는 바에 의하면 일년에 한번 모이는 사제협의회에서도 때로는 평신도를 공격하는 데, 또 평신도를 다루는 방법에 대한 서로의 정보를 교환하는 데 많은 시간을 보낸다고 한다.

둘째로, 사목자들은 자기의 권위의 한계성을 얼마나 인정하는가? 단순히 사제라는 이유로 마치 교회 내에서 전권을 가진 것처럼 행세하지는 않는가? 안식년 1년 동안 특수사목으로 파견된 사제가 버젓이 교회법상의 "본당신부"(519조)로 자처하는가 하면, 사목회장도 모르게 교회 건물 구입에 깊이 관여하여 물의를 일으키기도 한다. 어떤 신부는 공동체에 부임하자마자 이민교회의 사정을 겸허한 마음으로 연구하기도 전에 모든 것을 한국식으로 바꾸어버린다. 대영광송 때 서 있는 미국 관습을 없애고 한국식으로 모두 앉게 만들고, 주일헌금으로 이행되는 교회 헌금을 한국식으로 주일헌금과 교무금의 두 가지 형태로 나누어 부과하며, 이것이 곧 교회법이라고 명령한다. 신부가 교회법이라고 선언하니 누가 감히 이의를 제기할 수 있을까? (그러나 교회법 1262조는 신자들이 교회를 재정적으로 부조할 것을 말했을 뿐, 그 방법은 각국의 주교회의에 일임하고 있다.) 어떤 사목자는 본당 신자들이 세속법에 의하여 상호부조를 목적으로 세운 단체의 운영과 선거에까지 본당의 여러 홍보 매체를 동원하여 간섭하려다가 공동체만 만신창이를 만들고 그만둔 적이 있다. 어느 교구에서는 교구장의 허락 아래 사목자의 권한을 성사집행, 미사, 교리교육, 가정방문 등에 국한하고 공동체의 모든 관리를 사목위원회에 맡긴 적이 있었다. 이것은 평신도들의 자발적 참여를 유도하고 1,2년의 단기 사목을 목적으로 부임하는 사제들에게 진정으로 영적 사목에만 전념할 수 있게 하기 위함이었다. 그러나 이 제도는 교구장의 엄격한 지시에도 불구하고 사목자들에 의하여 완전히 무시되었다.

셋째로, 미국 교포교회의 사목자들은 자기의 권위를 행사함에 있어서 어느 정도 비판과 대화를 수용하는가? 또 결정의 과정을 어느 정도 공개하는가? 공동체마다 사목평의회는 조직되어 있지만 진정으로 자유롭고 책임있는 토론의 장인지는 극히 의심이 가지 않을 수 없다. 오히려 이미 결정된 사목자들의 지시사항만 듣고 집행하는 도구라는 것이 의식있는 신자들의 공통된 의견이다. 또 사목평의회의 구성도 완전히 사목자의 전권과 자의에 달렸고, 따라서 사목자의 뜻에 순응적인 평신도들로 구성되기가 십상이다 (한국의 어느 본당에서는 사목위원들에게 본당신부에 대한 순명을 선서시킨다고 한다). 편파적 인사정책이나 재정의 비공개를 비판하고 나서면 곧 역적으로 낙인찍히고, 성직자 비판은 독성으로 간주되며, 더욱이 공개적으로 사제들의 비위를 지적하고 시정을 요구하면 "불법 단체"를 구성했다고, 또 개신교의 영향을 받아 신부들에게 순명치 않는다고, "악의 세력"이라는, 또 심지어는 어처구니없이 "이단"이라는 인신공격도 서슴지 않는다. 마치 맹종만이 천주교 신자들의 특권인 듯싶다.

넷째로, 교포교회의 사목자들은 어느 정도 평신도들이 스스로의 은사를 개발하여 자발적으로 공동체에 봉사할 수 있는 자유와 기회와 권리를 허락하고 고무하는가? 그렇지 않으면 모든 권리를 독점함으로써 평신도들의 자각과 개발의 기회를 억압하는 것은 아닌가? 교포 공동체에도 한국에서와 마찬가지로 많은 활동단체와 신심단체가 있다. 그러나 어느 단체가 공동체 안에서 활력있는 단체로 성장할지는 전적으로 사목자의 개인적 성향에 달려 있다. 전 교회적으로 인정받은 단체이면 사목자 개인의 취향을 떠나서 공평하게 인정하고 격려하는 것이 아니고, 사목자 개인의 관심과 취향에 따라 어떤 단체는 편애되고 어떤 단체는 탄압을 받는다. 「가톨릭 21」 같은 평신도들의 자율적 언론이나 "북미주 한인 가톨릭 평신도 연합" 같은 평신도들의 자율적 활동단체가 생기면 성숙한 평신도들의 자발적 헌신으로 축하하고 고무하는 것이 아니라, "불법 단체"로 낙인을 찍고 저들의 모임에는 아무도 못 가도록, 때로는 강론대에서까지, 금지하고 공격한다. 미주 교포 공동체에도 이제는 많은 종류의 강습회가 열리고 있다. 그러나 그 대부분은 개인 신심이나 순명만을 강조하는 영성을 다루고 있고, 평신도들의 신학적 의식을 넓혀 제2차 바티칸 공의회의 정신대로 스스로의 은사를 자각하고 자율적으로 교회와 세상에 봉사하는 적극적 평신도 교육의 기회는 거의 없다고 해도 과언이 아니다. 많은 사제들은 자각한 평신도들을 경계한다. 1992년 1월 1일자로 북미주 교회의 평신도 70인은 한국의 주교들께 교포교회의 문제점들에 대한 진정서를 보낸 적이 있다. 그것은 의식있는 평신도들의 교회에 대한 관심과 애정의 표현이었다. 그러나 유감스럽게도 그러한 관심과 애정에 대한 감사는커녕 진정서를 받았다는 답장을 어느 주교로부터도 받지 못했다. 평신도들의 의견은 그들에게는 별로 중요하지 않은 모양이다.

　미주 교포 공동체치고 진통을 겪지 않은 곳은 하나도 없을 것이다. 그리고 그 진통의 가장 큰 부분은 바로 사목자들과 평신도들의 갈등이라고 할 수 있다. 그리고 이 문제에 대한 사목자들의 시각이 가끔 「가톨릭신문」이나 「평화신문」에 게재되는데 사목자들은 거의 모두가 그런 갈등의 주요 원인으로 평신도들의 욕구불만을 들고 있다. 다시 말하여 많은 신자들이 언어와 문화의 장벽으로 말미암아 미 주류사회에서 받을 수 없는 인정과 명예를 교포 공동체 안에서 경쟁적으로 찾고자 하기 때문에 그러한 인정을 못 받을 경우에 사목자들과의 갈등도, 공동체의 분열도 생긴다는 것이다. 필자도 이러한 심리적·사회적 분석에 옳은 부분이 많음을 인정한다. 교포 공동체는 실제로 미 주류사회에서 표현할 수 없는 교포들의 맺히고 맺힌

한恨, 욕망, 관심, 걱정들이 집중적으로 분출되는 곳이요, 그러한 한은 신자들을 조그마한 문제에도 지나치게 민감하게 대처하고 사건의 중대성을 과장하게 만들어, 보통 일에도 언성을 높이고 심지어 대결과 분쟁을 일삼게 만들 수도 있다. 이런 의미에서 신자들에게 공동체 이외에서도 만족을 찾고 특히 주류사회의 여러 문제점들에 관심을 갖고 참여함으로써 공동체로부터 어느 정도의 심정적 거리를 유지하게 하는 것이 사목적으로 필요하다고 생각된다. 조그마한 공동체 안에서 모든 삶의 욕구를 만족시키려고 하는 것은 참으로 불건전한 현상임에 틀림없다.

그러나 사목자들과 평신도들의 갈등을 교포 신자들의 욕구불만에서만 찾는 것은 너무도 일방적인 분석이다. 많은 신자들이 이민 교회 공동체 안에서 욕구 해소를 기대한다는 것은 이민 사회의 한 특징임에 틀림없다. 그러나 거기에는 또 다른 특징들도 있다. 그것은 첫째로 이민자들의 특성상 교포교회의 신자들의 교육수준이 한국 신자들의 수준보다 평균적으로 높을 수 있고, 둘째로 많은 신자들의 비판의식이 미 주류사회의 자유언론과 민주주의적 평등의식에 오랫동안 접함으로써 본국 신자들의 그것보다 더욱 고조되었을 수도 있다는 것이다. 따라서 많은 교포신자들이 한국에서처럼 귀족적으로 행세하고 독재적으로 일을 처리하는 적지 않은 사목자들의 권위주의에 더욱 민감하게 또 비판적으로 대응한다는 것은 너무도 당연한 일이다. 많은 사제들이 이 점은 간과하고 모든 것을 신자들의 욕구불만으로 매도하는 것은 너무나도 부분적인 분석이요 시각이라 아니할 수 없다. 많은 의식있는 신자들이 사목자들의 지나친 권위주의적 행태로 말미암아 원래 소속된 공동체에 더 이상 참여하지 못하고 미국인 공동체로 옮기거나 개신교 공동체로 개종하거나 아예 교회로부터 발길을 끊는 일이 많이 있음은 참으로 가슴 아픈 일이다.

교포교회의 앞날은 대단히 불투명하다. 앞으로 30년 내지 40년이면 이민 1세대의 교회는 완전히 끝나고 미국에서 태어나서 미국에서 교육받은 새로운 의식의 2세대가 뒤를 이을 것이다. 문제는 2세대들이 과연 독립적

이민 공동체를 유지할 정도로 우리말을 이해하고 민족의식을 갖게 될 것일까 하는 것이다. 그리고 그렇지 않으리라는 것이 가장 안전한 가정일 것이다. 언어와 문화에 있어서 미국 주류사회에 거의 동화될 2세대들이 독립적 이민 공동체를 형성하고 유지하려 하지는 않을 것이기 때문이다. 지금도 이미 고등학교와 대학교를 이곳에서 졸업한 2세대들이 점점 늘어가고 있다. 저들은 주일날 성당에 나와도 말이 통하지 않는다. 저들을 위한 교육 프로그램은 그렇게 많지 않은 편이다. 저들은 이미 가정에서도 1세대 부모들의 권위주의에 반발하고 있다. 저들이 공동체의 다수가 되었을 경우 사제들의 권위주의에 반발할 것은 명약관화한 일이다. 그들마저 완전히 공동체를 떠나기 전에 이민교회는 크게 달라져야 한다.

위에 적은 문제점들이 미주 교포교회의 모든 사목자들이나 모든 본당에 똑같이 해당된다는 말은 물론 아니다. 다행스럽게도 미주 교회에는 신자들 위에 군림하려 하지 않고 종으로서의 사목자답게 책임있고 겸손하고 대화적이며 해방적으로 권위를 행사하는 사목자들도 많다. 참으로 감사할 일이다. 그러나 유감스럽게도 사목자들의 권위주의는 그 빈도나 공동체에 끼치는 영향에 있어서 많은 뜻있는 이들이 크게 우려할 정도임을 또한 지적하지 않을 수 없다. 미주 교포교회에 있어서 신자들과 사목자들과의 관계는 위기의 수준에 와 있다고 해도 과언이 아니다. 그리고 그 위기의 내용은 위에 적은 바와 같다. 일년에 한 번 소집되는 미주 사제협의회에서도 이러한 내용을 토론하고, 마치 평신도들은 평신도들대로의 양심성찰 목록이 있듯이, 위에 지적한 정당한 권위의 네 가지 조건을 사제들의 집단적 양심성찰의 목록으로 삼아 사목생활을 반성하고, 반성할 것이 없다면 적어도 왜 그처럼 많은 신자들이 그렇게 느끼지 않으면 안되는지를 토의하여 사목적 실천에 반영한다면 얼마나 좋을까? 사목자들도 평신도들의 비판을 반성직주의라거나 반교회적이라고 생각하지 말고, 우리가 모두 사랑하는 교회의 공동선을 위한 정성어린 제안으로 받아들여, 집단적 자기성찰의 기회로 삼을 줄 아는 성숙을 보여야 한다.

가톨릭의 권위주의적 전통

필자가 보기에는 비록 상황의 차이와 특수성은 있을지라도 미주 이민교회의 권위주의는 본질적으로 한국 천주교회의 권위주의적 풍토의 반영이며, 따라서 한국 천주교회의 권위주의적 풍토에 근본적 변화가 없는 한, 또 이민교회의 사목자가 주로 한국에서 파견되는 한, 이민교회의 권위주의적 풍토에는 큰 변화가 없으리라 생각된다. 그런데 한국 천주교회의 권위주의도 복합적인 것임에 틀림없다. 그것은 한국적 전통, 특히 유교 문화에 내재한 양반 귀족의 신분적 권위주의와 천주교적 전통 자체에 내재하고 있는 성직자들의 신분적 권위주의의 복합이라고 볼 수 있다. 천주교가 처음으로 이 땅에 도래했을 때 유교와 크게 충돌했던 것도 사실이지만, 그 이면에는 유교와 상통하는 점도 많았다. 특히 양반, 선비 등 귀족적·신분적 권위에 대한 절대적 존중은 성직자의 신분적·계급적 권위에 대한 존경과 일치했고, 따라서 많은 이들이 천주교로 개종했을 때 저들에게 필요한 것은 신분적 권위에 대한 존경의 대상을 양반에서 성직자로 바꾸는 것이었고 권위주의 자체를 타파하는 것은 아니었다. 필자는 나머지 부분에서 이러한 유교의 권위주의적 전통은 차치하고 가톨릭의 권위주의적 전통에 관하여 간단하게 언급하고자 한다.

가톨릭 성직자들의 권위주의는 오랫동안 거의 전 교회적으로 지지되어 왔다고 할 수 있다. 제2차 바티칸 공의회 이후 새로운 교회론의 영향으로 성직자들의 권위주의가 많은 비판의 대상이 되었던 것도 사실이지만, 근본적인 의미에서, 특히 한국 천주교회에서는, 공의회 전후의 권위주의 양상에 큰 차이가 있다고는 말할 수 없을 것 같다. 예나 지금이나 성직자들의 권위주의는 교의신학적으로, 교회 조직적으로, 또 예전禮典생활과 언어생활에 있어서 강력하게 지원을 받으면서 활력있게 유지되고 있다. 전통적·교의신학적 입장에서 볼 때 교회 내의 모든 권위는 성직자들에게 국한, 집중되어 있다. 다스리는 권한, 가르치는 권한, 성화聖化하는 권한이 모두 군주주의적으로 개념된 교황직, 주교직, 그리고 본당신부직에 위임되어 있다. 그리고 이들은 각자 자기들의 관할권 내에서 행정권, 입법권, 사법권을 모두 독점하고 있다. 성사 중심의 가톨릭적 전통에서 응급시의 세례성사와 혼배성사 외에는 모든 성사의 집행권은 사제들에게 유보되어 있다. 최근에 이르러 사목평의회를 통하여 평신도들도 교회의 관리에 참여한다고는 하지만, 그것은 어디까지나 자문의 역할에 지나지 않고 그나마도 형식적으로 행사되거나 거의 없는 경우도 허다하다. 또 신학적으로 "신자들의 감각"sensus fidelium이 교회의 가르침의 하나의 기준이 된다고 하지만 그 개념 자체가 명확치 않기 때문에 역사적으로 신자들의 교도권 참여에 크게 실질적인 역할은 못했던 것도 당연한 일이다. 결국 무엇이 진실로 신자들의 감각이요 또 감각이 아닌지를 식별하는 권한 자체도 성직자들에게 유보되어 있다. 가톨릭 교회는 모든 권한을 성직자들에게 집중시키고 평신도들에게는 전혀 아무 권한도 주지 않는다. 성직자들은 평신도들에게 아무것도 묻지 않고 모든 것을 다 할 수 있다. 그러나 평신도들은 교회의 모든 면에 있어서 성직자들에게 절대로 의존한다. 천주교회는 이런 의미에서 평신도들의 설 자리가 없는 곳이다. 1906년에 발표된 비오 10세의 회칙 *Vehementer Nos*의 표현대로 "교회는 본질적으로 불평등한 사회이다. 다시 말하면, 교회는 두 가지 부류의 사람들로 구성되어 있는데, 그 하나는 교계의 여러 등급에 속하는 사목자들이요, 다른 하나는 신자들의 무리들이다. 이 두 부류의 차이는 명확하여, 교회의 목적을 촉진하고 그 목적에로 모든 구성원들을 인도하는 데 필요한 권리와 권한은 오직 사목자들에게 속하고, 신자들의 무리들의 유일한 의무는 사목자들의 지도를 받고 순한 양들처럼 저들을 따르는 것이다". 이 말은 공의회 이후의 교회에도 적중되는 이야기이다.

이러한 교의신학상의 군주주의적 성직주의는 교회의 구체적 제도, 조직, 생활면에 그대로 반영되어 왔다. (초대 몇 세기 동안 평신도들도 주교 임명 과정에 참여하였던 전례가 있지만) 중세 이후의 교회에서는 교황, 주교, 본당신부의 임명 과정에 평신도들의 음성은 전혀 배제되었고,

주교가 잘하든 못하든, 본당신부가 강론 준비를 하든 말든 평신도들은 논평할 자격이 없었고, 그런 평신도들은 순명 정신이 부족하다고 책망을 받았다. 그 반면에 평신도들은 주일날 노동하는 관면에서부터 금요일에 고기를 먹을 수 있는 허락에 이르기까지 신부들의 허가와 지도를 받아야 되었다. 교구에서는 주교가 전권을 가진 하나의 군주였듯이 본당에서는 주임신부가 하나의 군주였다. 신부가 행정권, 입법권, 사법권을 독점하고 있으니, 신부가 크게 잘못하더라도 하소연할 곳이 없다. 주교청에 상소하더라도 주교가 공정하게 경우에 따라서는 신자들의 편도 든다는 이야기는 별로 듣지 못했다. 교회에 관한 지식 — 신학, 교회법, 예전 등 — 은 성직자들에 의하여 독점되었고, 평신도들은 으레 무지한 것으로, 또 무지해야만 되는 것으로 생각되었다. 신부가 강론대에서 미사에 한번 빠지면 대죄라고 가르쳐도 신자들은 계시된 진리로 받아들여야 했고, 마치 고백성사가 죄의 사함을 받는 유일한 수단인 것처럼 강조됨으로써 신자들은 필요 이상으로 신부 앞에 무릎을 꿇고 저들의 권위에 스스로를 종속시키는 관습에 젖게 되었다. 교회 안에 성직자들의 가르침, 지시사항, 그리고 저들의 동정을 알리는 관보는 있었어도 하느님의 백성 모두가 교회의 현실과 앞날을 함께 고민하고 토론하는 여론은 아무 데도 없었다. 그리고 지금도 없다. 명동성당에서 무슨 특별 행사가 있으면 성직자석, 수도자석, 평신도석이 따로 지정된다.

성사와 예전 중심의 교회인 천주교회에서 신앙생활의 초점은 주일미사라고 할 수 있다. 그런데 공의회 이전의 미사가 그 구조나 언어에 있어서 100% 성직자 중심이었던 것은 나이가 든 평신도들은 누구나 다 아는 일이다. 공의회 이전의 미사에 있어서 평신도들이 참여할 수 있었던 것은 문자 그대로 아무것도 없었고, 저들은 완전히 관람자에 지나지 않았으며, 미사는 사제의 일인극이었다. 공의회 이후의 많은 개혁은 평신도들에게 참여의 폭을 넓혀주었다. 언어가 라틴어에서 본국어로 바뀐 것에서부터 시작 예식, 말씀 전례, 그리고 영성체 예식에 이르기까지 평신도들의 역할도 크게 늘었다. 사제와의 응답은 물론 참회의 기도, 대영광송, 성서 낭독, 신앙고백, 그리고 보편지향 기도에 평신도들도 참여하게 되었다. 공의회 이전에 비하면 크나큰 발전임에 틀림없다. 그러나 유감스럽게도 모든 다른 부분에서는 하느님 백성의 대부분인 평신도들과 역할 분담을 하면서도 미사의 가장 중요한 부분인 성찬의 전례, 특히 감사기도 부분에서는 간단한 응답을 제외하고는 사제가 모든 역할을 독점하고 있다. 다른 부분이 하느님 백성 전체의 전례라면, 감사기도는 완전히 주례 성직자 한 사람의 일인극이다. 다른 모든 것은 평신도들과 분담해도 예전의 가장 중요한 부분인 감사기도만큼은 사제가 독점해야 성직자로서의 특수한 위엄과 권위를 지킬 수 있다는 것 같다. 신학적으로 볼 때 사제는 하나의 도구요, 미사의 진정한 주례자는 첫째로 그리스도요 다음으로 그리스도의 몸인 하느님의 백성 전체이며 사제는 하느님 백성의 대표로서 예전을 주재하는 것이라면, 감사기도라고 해서 사제가 모든 역할을 독점하는 것은 마치 사제 자신이 미사의 진정한 주체인 듯한, 또 사제가 하느님의 백성 위에 군림하는 듯한, 신학적으로 대단히 위험한 인상을 주고도 남는 것이다. 이런 의미에서 성직주의의 잔재는 공의회 이후의 예전에도 아직 살아 있다고 할 수 있다. 감사기도에서도 평신도들의 참여가 실질적으로 확대될 때 미사는 참으로 하느님 백성 전체의 미사라고 할 수 있을 것이다.

마지막으로 성직주의의 전통은 교회 내의 언어생활에도 크게 반영되어 있다. 예를 들어 "그리스도의 대리자"란 칭호를 들어 보자. 원래는 초대교회에서 주교들에게 적용되었던 칭호가 중세기에 들어와서 로마의 주교에게 한정되었던 것이 한국 교회에서는 사제들에게도 적용되어 1999년 1월 31일자 「평화신문」은 그 사설에서 새로 서품받은 신부들에게 "그리스도의 대리자" 운운하면서 저들의 앞날을 축하한 적이 있다. "그리스도의 대리자"는 모든 성직자들의 칭호가 되어버렸다. 그런데 이 칭호처럼 성직자의 권위를 절대화하는 칭호가 어디에 있을까? 또 사제들은 "목자" 그리고 "신부" 神父(영적 아버지)라고 불린다. 결국 사제들이 "목자"라면 평신도들은 (무지한)

"양"에 불과하고, 사제들이 "아버지"라면 평신도들은 "아이들"에 불과하다. 누구나 "그리스도의 대리자"의 권위에 복종해야 되듯, "양"들은 "목자"를 따라야 하고 "아이들"은 "아버지"의 말씀에 순종해야 한다. 이처럼 교회의 언어생활 자체가 성직자들의 권위주의와 평신도들의 자기비하를 부추기고 있다. 어느 인간도, 교황을 포함하여, 그리스도의 대리자라고 부르는 것은 신학적으로 대단히 위험한 일이다. 어느 단체에서 회장의 유고시 부회장이 대리하듯, 남을 대리한다는 것은 수준이나 능력이 비슷할 때 가능한 것이다. 그런데 그리스도의 능력과 모든 인간들의 능력 사이에는 본질적인 차이가 존재한다. 어느 유한한 인간도 그리스도의 구원사업을 대리할 수는 없다. 우리는 그리스도를 통하여 구원을 받는 것이지 교회나 주교나 신부를 통하여 구원을 받는 것은 결코 아니다. 그리스도 앞에서는 그들도 다른 사람들과 마찬가지로 그리스도의 구원의 대상이요, 목자이신 그리스도 앞에서는 그들도 다른 죄 많은 인간들과 마찬가지로 양들에 불과하며, 하느님 아버지 앞에서는 그들도 평신도들과 함께 아이들에 불과하다. 성직자들을 평신도들이나 다른 인간들로부터 전혀 종류가 다른 집단으로 분리시키고 무엇보다도 성직자들을 신격화하는 우상숭배적 언어는 교회 내에서 사라져야 한다. 그러한 칭호를 오랫동안 들으면서 살다보면 많은 성직자들이 진실로 자기들이 그리스도요, 목자요, 아버지인 것처럼 착각하고 또 그렇게 행동하기 쉽기 때문이다. 이것은 교회의 역사가 증명하고도 남음이 있다.

 천주교회의 성직자들은 저들 나름의 계급을 형성하고 있다. 저들은 교회의 모든 권위를 독점하면서 다른 집단에 대하여 권위를 보존하여야 할 공통의 이해가 있고, 교회 조직 내에서의 한정된 사회생활과 독신제도라는 공통의 삶의 방식이 있으며, 폐쇄된 신학교 교육과 교회적 전통에 기초한 공통의 문화를 가지고 있다. 성직자들의 권위주의는 어느 특정 성직자의 우발적 과오가 아니고 교회 내의 특수계급으로 모든 권한을 독점하게 만든 전통적 성직제도 자체에 기인한다고 보아야 할 것이다.

앞날을 위한 몇 가지 제안

그러면 가톨릭의 전통적 권위주의 또는 성직주의를 어떻게 타파할 것인가? 이 점에 있어서 가장 큰 전제는 제2차 바티칸 공의회의 새로운 교회론에 대한 정확한 이해다. 교회 내의 모든 개혁은 올바른 신학에서 출발해야 한다. 성직주의의 초극은 올바른 교회론을 전제로 한다. 가톨릭의 성직주의는 그 자체가 교회중심적이고, 제도주의적이고, 성사주의적인 공의회 이전 교회론에 의하여 정당화되었고, 따라서 공의회 이후의 새로운 교회론에 비추어 전통적 권위주의를 조명하고 비판하는 것은 가장 절박한 과제라고 할 수 있다.

간단히 말하여 친교의 교회론이라 불리는 제2차 바티칸 공의회의 교회론은 세 가지 면에서 혁명적 의미를 지닌다고 할 수 있다. 첫째로,「교회에 관한 교의헌장」은 교계적 제도에 관한 토의를 제3장으로 미룬 채, 제1장에서 모든 인류의 일치와 친교를 원하시는 삼위일체이신 하느님의 구원의 신비를 제일 먼저 다루면서, 교회 내의 모든 조직과 권위체계의 의미를 구원의 신비에 종속시킴으로써 제도로서의 교회를 삼위일체의 신비에 봉사하는 수단으로 상대화시켰다. 교회 내의 모든 제도는 수단으로서 중요한 것이지 그 자체가 목적으로 중요한 것은 아니다. 둘째로,「교의헌장」은 교회 구성원들의 상이성과 차별성을 제3장 이후로 미루고, 제2장에서 하느님 백성의 구성원으로서의 모든 신자들의 품위의 평등성과 사명의 공통성을 확인하면서, 교회 내의 모든 차별성은 오직 직분과 역할의 차이이며 계급이나 신분의 차이가 아님을 명확히함으로써, 교회 내의 직분의 차이와 교계제도의 의미를 상대화시켰다. 모든 교계제도는 하느님의 백성들의 평등성과 공통성에 봉사하여야 하고 하느님의 백성들 위에 군림해서는 안된다. 셋째로,「교의헌장」은 삼위일체이신 하느님과의 결합을 교회의 본질과 사명으로 간주하고 교회는 그 자체가 목적이 아니요 오직 이 세상에서 하느님 왕국의 도래에 봉사하는 도구로 정의함으로써 교회중심주의와 성사중심주의를 상대화시키고 하느님 왕국중심주의를 선택했다. 교회 내의 모든 권위를 독점하는 하나의 특수계급으로서의 성직자들의 권위주의에 대한 모든 신학적 정당성은 「교의헌장」의 세 가지 상대화의 논리에 따라 사라지고 만 것이다.[1]

　필자는 이러한 친교의 교회론을 토대로 교회 내의 권위주의적 풍토의 제거를 위하여 다음의 다섯 가지를 제안하고자 한다.

　첫째, 지금까지 성직자들에게 집중되어 왔던 교회 내의 모든 권위는 분산하여 평신도들에게 참여의 기회를 넓혀야 한다. 이 점에 있어서 사목평의회의 역할은 확대되어야 한다. 공의회 이후 평신도들이 교회의 결정과정에 참여할 수 있는 유일한 기회로 제정된 사목평의회는 현재에는 아직 본당 차원에서만 활동하고 있으나 미국에서처럼 교구 차원, 그리고 주교회의 차원에까지 확대하여 평신도들의 의견이 수렴될 수 있도록 조치되어야 하고, 그 역할도 현재의 자문 역에서 2/3 이상의 지원을 받은 시책에 대하여는 주임신부도 거부권을 행사하지 못하거나 행사할 경우에는 사목회의가 교구장에게 상소할 수 있는 권한을 부여함으로써 사목평의회의 역할을 실질적으로 제고하여야 한다. 또 전국 차원의 사목평의회 회원들이 주교회의의 안건 토의에도 참여하고, 또 주교회의 회담에도 투표권은 없으나 발언할 수 있는 참관자로서 참가할 수 있다면 교회 내의 권력 분산에 크게 도움이 되리라 생각된다. 이러한 권력 분산을 통하여 한편으로는 완전히 피동적 존재였던 평신도들의 발언의 기회를 넓혀주고, 또 한편으로는 교회 내의 여러 집단간의 장벽과 거리를 좁혀 친교를 도모함으로써 "지배계급"으로서의 성직자들의 인상을 조금이나마 완화할 수 있을 것이다. 언젠가는 여러 수준의 모든 사목평의회가 자문기관이 아닌 결정기관으로 자리잡고 주교회의나 전 교회적 공의회에도 평신도 대표들이 투표권자로 참석하여

---

[1] 제2차 바티칸 공의회의 교회론에 관하여 필자의 논문 「제2차 바티칸 공의회에 의한 평신도와 성직자의 관계」『만민의 빛』 1호 [1993] 80-107; 「남들의 연대로서의 교회: 21세기를 향한 새로운 교회론의 모색」 송기인 신부 회갑 논문집 『역사와 사회』 [현암사, 1997] 579-600 참조.

명실공히 하느님 백성의 평등한 성원으로서 교회의 앞날을 결정하는 데 공통의 책임을 완수할 수 있기를 바란다.

둘째로, 이러한 미래가 하루속히 도래하기 위해서는 평신도를 통제하는 모든 장치를 철폐하여 평신도들이 스스로의 능력과 은사를 개발하여 교회에 봉사할 수 있도록 해방해야 한다. 이 점에 있어서 구체적인 예로 본당신부 추천서 제도 폐지, 본당신부 허락 폐지 — 미국의 한인 공동체에서는 피정을 가는데도 본당신부의 허락을 받아오라는 경우가 있다 —, 교구의 단체 인가권 폐지, 그리고 지도신부제 폐지 등을 들 수 있다. 평신도들이 교회 안에서 무엇을 하려면 본당신부의 허락이나 추천서를 요구하고, 단체를 만들려면 교구의 인가를 받아야 하고, 모든 단체에는 지도신부가 있어 성직자들의 지배를 받아야 한다. 이 모든 통제나 제한을 과감히 철폐하여 평신도들에게도 숨돌릴 수 있는 자유를 줄 수 없을까? 평신도들도 이제는 교육도 받을 만큼 받았고 많은 분야에서 성직자들보다도 더 교육을 받았을 수도 있다. 또 많은 평신도들도 성직자들보다 더 신심이 깊을 수 있고 더 성숙할 수도 있다. 도대체 전국 평신도협의회나 가톨릭 교수협의회에 왜 지도신부가 필요한가? 왜 수녀원마다 지도신부가 있어야 하나? 평신도들이 자율적으로 세운 단체들도 격려하고 고무할 수 없을까? 저들의 한(恨)과 분노에도 겸손하게 귀를 기울이고 저들과 대화할 수 없을까? 유신 독재 시대처럼 저들을 "불법 단체"로 낙인을 찍고 저들의 강습회에는 신자들에게 참여도 못하게 압력을 가하는 것이 과연 복음적인가? 모든 신자 단체들의 활동을 인준하여야 하고, 모든 초청 강사들을 허가하여야 하며, 이런 활동들이 교회 신문이나 방송에 광고하는 것까지 사전에 검열·확인해야 한다면, 이것은 교회 내 평신도들의 모든 자발적 단체활동을 철저히 질식시키고 교회 내에서 권위자들의 생각과 다른 하느님 백성들의 모든 음성을 완전히 침묵시키겠다는 것밖에는 아무것도 아니다. 이것이 과연 그리스도의 몸인 교회의 공동선을 위하는 것인지, 그렇지 않으면 "자유를 위하여 우리를 해방하신"(갈라 5,1) 그리스도의 몸을 전체주의의 사슬로 다시 결박하고, 하느님 백성 전체의 교회를 성직자들만의 교회로 축소시키며, 교회 내의 다양성 속의 일치와 평화를 공동묘지의 침묵으로 착각하는 것인지는 알 만한 사람들은 누구나 알 것이다. 성직자들만이 모든 지식을 독점했고 신자들의 교육수준은 일반적으로 매우 낮았던 몇 백년 전의 유물인 평신도 통제장치는 모두 과감하게 철폐되어야 한다.

셋째로, 직분수행상 필요한 차별을 제외하고 성직자와 평신도들의 모든 "계급적" 차별행위나 관습은 타파되어야 한다. 성사 집행이나 교회의 대표로서의 공무수행을 제외한 모든 영역에서 계속 성직자와 평신도들을 분리하는 것은 결국 두 개의 계급을 유지하는 것이다. 필요 이외의 차별행위는 종식되어야 한다. 예를 들어 보자. 명동성당에서는 많은 행사가 벌어진다. 서품식에서부터 정의를 위한 기도회에 이르기까지 다양한 행사가 치러진다. 그리고 많은 경우에 성직자석, 수도자석, 평신도석이 따로 배정된다. 꼭 그래야만 할까? 평등한 하느님의 백성들로서 함께 앉으면 품위에 손상이 갈까? 한국 천주교회의 대표적 상징인 명동성당에는 아직도 제대와 평신도들을 갈라놓는 영성체 난간이 그대로 있다. 공의회 이후 거의 사라지다시피 한 성속 이분聖俗二分 시대의 유물인 이 난간이 아직도 존재한다는 것은 한국 천주교회의 성격에 대하여 시사하는 바가 많지 않을까? 신학교도 과감하게 개방하여 한편으로는 평신도들에게도 신학교육의 기회를 부여하고 다른 한편으로는 신학생들의 평신도들로부터의 지나친 고립과 불건전한 선민의식의 배양을 막아야 할 것이다. 교리교사로서의 교육을 마친 평신도들에게는 우선적으로 교회에 봉사할 수 있는 기회를 보장하여야 한다. 또 교구청의 모든 직위에도 자격있는 평신도들에게 봉사할 수 있는 기회를 개방하여야 한다. 예를 들어 교구청에 종교교육국이 있다면 종교교육을 전공한 평신도가 종교교육 국장으로 봉사 못할 이유가 전혀 없다. 미국에서는 상서국장, 총대리까지 평신도, 수도자들에게 개방되어 있다. 사제들도 평신도들과 동격에서 또는 평신도들 밑에서 봉사할 줄 아는 겸손과 관행이 필요하다. 또 교회의 언어는 언제나 서열의식을 반영하고 있다. 교회의 여러 집단을 나열할 때 언제나 성직자를 먼저 부르고 평신도는 마지막이다. "성직자, 수도자, 평신도"의 서열을 흩뜨려서 때로는 "평신도, 수도자, 성직자"로 쓰기도 하고 때로는 "수도자, 평신도, 성직자"로 쓰는 것도 좋지 않을까? 가끔 첫째가 말째가 되는 것도 크게 교육적일 수 있다. 또 무슨 운동을 하더라도 사제들은 사제들대로(정의구현사제단), 수녀들은 수녀들대로, 평신도들은 평신도들대로 따로 할 것이 아니라 서로 함께 섞여서 하는 관습을 길러야 할 것이다. 미국의 교회 개혁운동의 대표적 단체인 Call to Action의 대표는 평신도이지만 그 회원들은 수도자, 평신도, 주교, 사제들을 망라하고 있고 그 연례행사에는 3천 명 이상의 회원들이 모여 서로 섞여서 예전과 강연회에 참석한다. 다시 말하여 극히 필요한 직무상의 분리와 차별을 빼놓고 모든 면에서 교회 내의 계급적 관습이나 차별은 타파되어야 한다.

넷째로, 교회 내 성직주의의 타파는 모든 피차별집단들의 자각, 교육, 그리고 조직적 저항을 요청한다. 역사적으로 볼 때 자기 집단의 모든 특혜와 특권을 자발적으로 포기하고 스스로 다른 집단과의 평등의 길을 택한 집단이나 계급은 어느 곳에도 없다. 유감스럽지만 교회의 성직자들도 마찬가지다. 성직자들에게 기존의 모든 특권을 스스로 포기하고 스스로 정화하는 움직임을 기대하는 것은 비현실적이다. 역사의 모든 변혁이 그렇듯이 성직주의의 초극은 외부로부터의 압력을 요구한다. 이 점에 있어서 평신도들의 자각, 신학교육, 그리고 조직적 저항은 필수적이다. 또 차별면에 있어서 평신도들과 같은 입장에 있는 수녀들의 자각, 교육, 그리고 평신도들과의 연대를 통한 조직적 저항도 못지않게 중요하다 할 수 있다. 교회 내에서의 위치나 조직면에서 집합된 비판세력으로서의 수녀들의 힘은 어느 집단의 힘보다도 클 수 있다. 문제의 핵심은 평신도, 수도자, 성직자를 망라한 모든 교회 내의 집단들을 어떻게 교육시키고 어떻게 비판세력으로 조직하여 교회의 권위주의를 타파하고 진정한 봉사적 권위를 쇄신하는 데 서로 연대할 수 있도록 하느냐 하는 것이다. 교회 내에는 오랫동안 한국사회의 정의구현에

혁혁한 공로를 세운, 한국천주교회의 자랑인 정의구현전국사제단이라는 단체가 있다. 이제는 한국사회도 제도적인 면에서 많이 민주화되었고, 많은 시민단체들이 민주화를 위한 지속적 투쟁에 참여하고 있으며, 일반 시민들의 민주의식도 크게 제고되었다. 정의구현사제단도 이제는 사회의 정의구현에서 교회 내의 정의구현에 눈을 돌려 평신도의 해방과 사목자들의 권위주의 타파에 앞장서 주기를 바란다면 그것은 공허한 기대일까?

마지막으로 성직주의 초극에 필요한 것은 성직주의 문제점들을 부각하고, 평신도, 수녀들의 의식을 깨우치며, 교회 내 모든 개혁세력의 연대를 추진할 수 있는 독립된 홍보매체라고 할 수 있다. 한국천주교회 안에는 그 나름대로 많은 신문들과 정기간행물들이 출판되고 있다. 그러나 그 중의 얼마가 과연 교회 내의 다양한 의견들을 자유롭게 수렴하고 교회 내의 여러 사안들에 대하여 독립적 비판과 제안을 제공하여 왔는지는 의문이 아닐 수 없다. 많은 신문들은 교회 기관지의 성격을 띠고 있고, 따라서 교회 최고 권위들의 의견과 이해를 반영하지 않을 수 없을 것이다. 이 점에 있어서 교회의 권위로부터 자유로우면서 독립적으로 또 객관적으로 교회 내의 문제점들을 토론하고 여론을 형성하여 온 미국의 평신도 잡지 *National Catholic Reporter*나 *Commonwealth*와 비슷한 성격과 수준의 여론지가 뜻있는 수도자나 성직자들의 지지 아래 평신도들에 의하여 출판될 수 있다면 성직주의 타파에 크게 기여하리라 확신한다.

19세기 이탈리아의 철학자 안토니오 로스미니 신부는 1832년에 쓴 「교회의 다섯 가지 상처」라는 책에서 예전에서의 신자들과 성직자들의 분리, 성직자들의 교육 부족, 주교들간의 권력과 재물을 둘러싼 싸움, 세속 정권의 주교 지명권, 그리고 교회의 재산 사용에 대한 여러 가지 제한들을 중세 이후 천주교회의 다섯 가지 가장 큰 문제점으로 꼽았다. 특히 로스미니 신부는 성직자들이 자기들만의 이해, 법률, 그리고 관습을 가진 특수 선민계급으로 신자들로부터 유리되는 것을 크게 걱정하였다. 천주교 성직자들, 특히 한국 성직자들의 선민의식, 귀족의식, 계급의식은 어제 오늘의 문제가 아닌, 대단히 지구적인 문제라 할 수 있다. 어떻게 보면 성직자들의 권위주의는 봉건주의 사회나 일반 신자들의 교육수준이 낮았던 근대사회의 초기에는 불가피한 현상이었는지도 모른다. 그러나 지금 세계는 급격하게 변하고 있고 평신도들의 의식과 교육수준은 급속도로 높아지고 있다. 과거 유물인 성직자들의 권위주의를 평신도들이 얼마나 더 용납할지 두고 볼 일이다. 성직주의는 필연코 반성직주의를 요청한다. 구라파의 극단적 성직주의는 결국 프랑스 혁명의 반성직주의를 야기하는 참극을 겪었다. 미국 교회의 성직주의도 지난 몇 년 동안의 성직자 성추문 사건을 통하여 겸손을 배우지 않을 수 없었다. 한국의 성직주의는 무슨 참극을 겪어야 달라질까?

패널토의자 발제문 3

한국 가톨릭 교회 권위주의의 실태 및 여성 수도자들에게 미치는 영향

소희숙

 반갑습니다. 안녕하세요? 지금이 부활시기이니 조금 더 기쁜 말씀들이 오고가면 좋겠는데 힘든 현실을 말씀드리지 않을 수 없어서 죄송합니다. 그래서 우스운 이야기 하나 드리고 시작하려고 합니다.
 성부, 성자, 성령께서 어느 날 소풍가시기로 했습니다. 성부께서 성자께 물었습니다. "어디 가시고 싶소?" "성부께서는 어디로 가시고 싶으십니까?" 성부께서 "나는 예루살렘에 한번 가보고 싶은데 …" 성자께서 반대했습니다. "성부님, 저는 그 옛날 사건을 두번 다시 기억하고 싶지 않습니다." "그럼 어디로 가시고 싶으신가?" "저는 아메리카에 한번 가보고 싶습니다." 그랬더니 성부께서 "나는 그곳이 마음에 없어요. 너무 크고 복잡해서 이해할 수 없는 일들이 많아서요". 그래서 두 분이 성령께 물었습니다. "성령께서는 어디로 가시고 싶소?" "로마요." 왜 가고 싶으냐고 물었더니, 성령 왈, "저는 거기에 한 번도 가 본 적이 없거든요". 어쨌든 오늘 세 분께서 소풍을 이 자리에 오시기로 결정하셨습니다.
 이 자리는 마음을 열어야 하는 자리인 것 같습니다. 여러분들의 그 아름다운 마음이 열리지 않으면 이 자리가 필요없는 자리가 될 겁니다. 이 자리에서 "회개하자"는 말이지요. 저는 오늘 참 많이 기대했는데 …. 일단 오신 분들이 너무나 귀하지만 오셔야 할 분들이 거의 안 오신 것 같아 속이 상합니다.
 그리고 아까 서공석 신부님께서 발표하실 때, "화가 나면 칼 라너한테 가라"고 하셨는데, 만약에 지금부터 제가 드리는 말씀 중에 화나실 일이 있으시면 "성서"에다 하십시오. 저는 성서 말씀만 드리도록 노력하겠습니다. 그리고 재미있는 것은 민경석 교수님께서 발표하신 내용을 들으며 생각나는 것이 우리 한국교회 실상이 그대로가 미국으로 건너간 것이라는 것이죠. 아마 여러분들도 동감하시리라 믿으며 다시 한번 교회 내의 권위주의 문제가 큼을 의식합니다.

또 여기 수녀님들이 많이 오셨기 때문에 드리고 싶은 말씀 중 하나가 우리 수녀원 내에서의 권위있는 사람들은 장長 자字가 붙은 사람들인데, 그분들은 그냥 평수녀였다가 어느 한 순간 장長 자리에 오르면 그는 갑자기 모든 면의 전문가가 되는 거예요. 최고의 전문가이기 때문에 행정체에 참사위원들이 있습니다만, 남의 말을 잘 듣지 않습니다. 스케일이 좀 작다 뿐, 우리 현 교회의 축소판, 똑같습니다.

게다가 수녀는 본시 평신도입니다. 그런데 수녀들이 성품성사도 받지 않았는데 옷은 유별나게 입어 가지고, 일반 평신도보다는 "무슨 성직의 하급 대열에 끼지 않았나?"라는 착각을 본인 자신도 하고 일반 평신도들도 하게 만들고 있습니다. 본당에서 그 위치가 애매모호한 사람들이 수녀들입니다.

오늘 저에게 주어진 주제는 "한국 가톨릭 교회 권위주의의 실태 및 여성 수도자들에게 미치는 영향"인데, 그 권위주의의 병폐는 너무 많아서 드릴 말씀이 없습니다. 30여 년 수도생활을 하고 있는 한 수녀가 바라다보는 "한국 가톨릭 교회의 권위주의와 그 밑에서 일하는 여성 수도자가 받는 영향이 어떤가"는 말하지 않아도 다 아실 겁니다.

여기 수녀님들이 많이 계시니까, 제가 좀 수녀님들의 여러분들한테 전화를 해서 모아 봤습니다. 이 권위주의 밑에서 수녀들이 어떻게 영향을 받고 있는가? 잘 아시죠? 우리들 자신의 이야기니까. 말씀하신 것 다 기억하고 계시리라 믿습니다.

"가톨릭 교회와 권위"하면 즉시 "한국 남성인 사제들과 그 권위주의"가 떠오르고, 한국사회의 뿌리깊은, 역사와 전통을 자랑하는 가부장제도와 성차별이 지독히 심한 불교의 전통으로 교육된 한국 여성은 대부분 "여성은 열등한 존재, 울면 재수없는 암탉, 마~누라! 해서 아들 낳아주어 가문을 잇게 하는 씨받이" 정도로 뿌리깊이 세뇌되어 있습니다.

　게다가, 남성이라는 성적 우월의식에서 나온 권위주의에 맹목적인 신앙을 갖고 있는 수백 년의 유교사상이 우리네 의식세계는 물론 무의식 차원에 이르기까지 실생활의 모든 분야에 깊이 침투해 있는 한국사회인데, 그 위에 또다시 병적으로 성차별주의가 핵을 이루는 가톨릭 교회 현실에서 여성 수도자는 한마디로 남성세계에 기대어 사는 식객, 더 심하게 표현하면 여종입니다. 남종도 아니고 여종입니다. 종들 사회 안에서도 차별이 있죠.

여성 수도자들의 위상

교회 내부는 한국사회의 축소판입니다. 이러한 가부장제도, 불교의 전통, 유교의 사상이 뿌리깊은 한국사회 안에서의 보편적인 여성의 위치, 한국 가톨릭 교회 안에서 여성 수도자들의 위상은 한국사회에서의 여성의 위상 그대로, 아니 그보다 더 못하게 자리매김되어 있습니다. 성주城主인 사제 밑에서 여성 수도자들은 개개인의 실력이나 자질, 인격, 인품에 따라 조금은 달리 대우를 받겠지만 제도교회, 조직사회인 교회 안에서 일어나는 여성 수도자 인권에 관한 매일의 일상사는 "무엇 때문에 이 귀한 시간을 낭비해 가며 또 하나의 소음공해를 만들어야 하겠는가?" 하는 의구심이 들 정도입니다.

　예수님의 의도가 그랬다고는 생각되지 않는데, 이미 성차별주의가 극단적으로 만연되고 있는 제도권 교회 내의 기존 권위주의 아래, 성품성사로써 교회의 머리가 되어 있는 성직자들 밑에서 일하는 여성 수도자들의 위상은 불 보듯 뻔한 것 아니겠습니까?

　본당은 하나의 성城이고 사제는 성주입니다. 우리들은 백성도 아니고, 양입니다. 짐승이죠. 그리고 왕은 보이지 않는 하느님이시고 성주는 하느님의 대리자니까 실질적으로는 사제가 왕이죠. 만사를 하느님의 뜻을 식별하며 결정하겠지만 사실은 하느님의 뜻보다는 사제 자신의 생각, 판단이 많습니다.

"나 아니면 안된다"는 착각에 빠져 있는 많은 한국 가톨릭 교회의 성직자들 밑에서 일반적으로 여성 수도자의 존재는 하늘의 눈으로 보면 "그리스도께 온전히 봉헌된 정배"이지만 땅의 눈으로 보면 "상황에 따라 필요하면 꺼내 쓰고 필요없으면 눈에 안 보이는 창고에 집어넣고, 경우에 따라서는 사적으로나 공적으로 희생양이 되어야만 하는 하나의 필요악적 장식품" 정도입니다. 하고 있는 일이 그렇다는 말이 아니라, 교회의 권위주의 앞에 여성 수도자의 위치가 그러하다는 말입니다. 제2차 바티칸 공의회에서 "모든 차별은 하느님 뜻에 어긋나므로 극복, 제거되어야 한다"고 외치고는 있지만, 듣기 좋은 말. 말은 누가 못하랴! 저도 말은 잘 합니다. 사실, 지금 이렇게 외쳐도 여성들이 사제서품을 받고 교회 내에서 결정권을 갖지 않는 한, 수녀는 어쩔 수 없이 계층사회의 밑바닥에서 당할 수밖에 없는 처지입니다. 사제와 여성 수도자가 한 목적을 향해 순례하는 동반자라니! 동반자가 어디 있고 동반이 어디 있어요? 어림없습니다.

권 력

어떤 성직자들은 정치계가 아닌 순수한 교회 안에서 수하 사람이 복종하지 않으면 안되는 방법을 쓰죠. "이건 하느님의 뜻이다." "이건 그분 뜻이 아니다." 귀신같이 압니다. 마치 신들린 무당처럼 사람을 세뇌시키며 조종하고 타인의 행동에 자신의 의지를 부여하는 — 겔 브레이스 — 정치적 권력을 행사하고 있는데, 본인은 스스로 "하늘이 점지해 준 권위"가 있다고 착각하고 있습니다. 잘은 모르겠지만 권력과 권위의 차이는 하늘과 땅 차이일 것입니다.

예를 들어 클린턴과 마더 데레사를 비교하면 한눈에 알 수 있죠. 클린턴이 갖고 있는 권력은 세계를 제패하다시피 하고 있으나 권위는 땅에 실추

된 지 오래죠. 마더 데레사는 권력은 없었으나 하느님의 권위를 가지고 있었고 지금은 시성식 준비중에 있는 것으로 알고 있습니다.

성 서

성서 말씀은 참으로 신기합니다. 평상시에 그 말씀을 들으면 고개가 끄덕끄덕, 마음에 평화와 힘을 얻는 생명의 말씀인데, 어떤 경우에는 같은 말씀으로 수치심이 생기고 기분이 잡치고 분노도 납니다. 그것조차도 회개를 가져오는 은총의 힘이라는 생각은 듭니다만.

지혜서 6,3을 보면 "권력은 주님께서 주신 선물"이지만 웬일인지 권력을 가진 자에 대해서는 상당히 무겁게 심판하고 있습니다. 지혜 6,6과 시편 58을 보면 "권력자들은 엄한 벌을 받을 것"이라고 경고하는가 하면 그들을 저주하며 "죽음을 주십사"고 하느님께 간구하기까지 합니다. 마태오 20,25를 보면 그 이유까지 밝히고 있습니다. 권력을 가진 자들은 "섬기는 자가 되어야 하고 종"이 되어야 하는데 그 권력으로 "백성을 내리누르고" "남을 등쳐먹고"(아모 3,10; 미가 2,1-2) 게다가 루가 22,25에서는 "권력을 휘두르면서 강제로 다스리는" 주제에 "백성의 은인으로까지 행세하기 때문"이랍니다.

권력은 무서운 것이고, 권력과 권위주의와는 어떤 연관성이 있는 것 같습니다. 권위주의는 권위 있다고 착각하는 데서 피어나는 독버섯입니다. 하느님께서 고개를 돌리심을 우리가 다 보고 있는데 본인만이 자신에게 하느님의 권위가 있다고 착각하면 권위주의에 빠집니다. 권위주의에 빠지면 권력을 폭력적으로 휘두르게 마련입니다.

2고린 11장에 보면 권위주의에 빠진 자는 자기가 하는 짓이 무엇인지도 모르면서 하느님께서 하시고자 하는 일을 방해놓는 것은 물론 하느님 자체를 가리는 사탄의 하수인이 된다고 무서운 말씀을 하십니다. 실상, 권력이나 권위는 우리네 삶에서 필요조차 하지 않은 건지도 모르는데…. 권위는 없으면서 권력을 휘두르는 한국 가톨릭 성직자가 많은 현실이 너무나 안타깝습니다.

권위의 잣대

저는 오늘 권위와 권위주의의 근원적인 차원에서 그 핵심을 나누고 싶습니다. 성직자의 권위주의 아래서 여성 수도자들의 인권이 짓밟히는 사례들을 발표하는 주변적 이야기꾼이 아니라 하느님의 말씀을 선포하는 20분간의 예언자가 되고 싶습니다. 권위의 잣대를 정확히하고 싶어요. 티 한 점도 속일 수 없는 맑은 거울을 감히 여러분 앞에 들이밀고 싶은 거죠. 이 말은 제일 먼저 저 자신에게 하는 말입니다. 그리고 우리 한국 가톨릭 교회의 성직자들과 모든 수도회 장상들, 그리고 수도자들에게 하고 싶은 말이고 여러분 자신에게 드리는 말씀이에요. 왜냐하면 여러분 모두가 성직자이시기 때문입니다.

성직자는 누구인가? 저는 이렇게 생각합니다. 하느님이 거룩하시고 하느님과 연결된 것, 그분이 점찍으신 것, 그분의 일에 관계되는 모든 것은 거룩하다. 그리고 그분의 뜻이 거룩하고 그 뜻을 실천하는 사람들이 다 거룩하다면, 하느님의 일을 하고 있는 모든 사람은 거룩한 직분을 가진 성직자라고 말하고 싶습니다. 그러니까 이 자리에 오신 여러분 성직자 자신부터 회개하여 주변을 회개로 이끄는 불씨가 돼야겠다는 의미로 회개하자고 말씀드리는 겁니다. 본인들은 모르고 계신 것 같은데, 교회의 가장 중심점에 계신 평신도님들껜 그저 고마울 따름입니다.

품위와 권위

하느님께서는 보시기에도 좋은 삼라만상을 창조하신 후, 그 창조 정점에 당신의 넘치는 사랑으로 사람을 여자와 남자로 창조하시고 "보니 참 좋다"하시며 기뻐하셨습니다. "너희는 내가 손수 만든 나의 자랑거리"(이사 60.21)라고 기뻐하셨습니다. 하느님은 우리 각자를 당신 모상대로 만드시고 당신의 얼을 그 안에 넣어주시며 우리의 이름을 당신 손바닥에 새기시고 우리를 눈에 넣어도 아프지 않을 정도로 사랑하시는 우리의 어버이시며 (모성 = 이사 49,15-16) 주인님이시고, 우리 각자는 그분의 딸과 아들들이라고 성서는 말합니다. 우리 모두는 그분의 철모르는 어린 자식들이고, 그분의 사랑덩어리입니다. 그분의 분신입니다.

이렇듯, 사람은 누구나 태어날 때부터 하느님의 딸과 아들로서의 품위를 갖고 태어납니다. 누구나 평등하게 갖고 있는 "하느님의 딸과 아들로서의 품위", 이보다 더 좋은 것은 있을 수가 없습니다. 하느님께서도 "참 좋다"고 감탄하셨을 정도니까요. 말할 필요도 없지만, 이 품위야말로 그가 갖고 있는 순수한 권위라면 권위라고 할 수 있겠습니다. 그보다 더한 권위는 있을 수 없고, 또 필요도 없습니다. 그것으로 족한 것입니다. 하느님의 아들, 딸로서의 품위와 권위와 평등성. 이것이 바로 세례성사의 진정한 의미가 아니겠습니까? 이 이상 여러분들은 무엇을 더 바라십니까?

이 세상

하느님께서는 그토록 사랑하시는, 당신을 닮은 당신의 분신인 딸과 아들 한 명 한 명을 이 세상에 보내셨습니다. 왜? 행복하게 살라고. 이 세상이 무엇이기에? 이 세상은 그 자체로 차고 넘치는 은총의 바닥이고, 놀이 운동장입니다. 무엇 하나 부족함이 없는 놀이 운동장. 이 세상에 있는 모든 것은 다 놀이기구들입니다. 해, 달, 별, 비, 꽃, 나비, 구름, 바람, 나무, 흙…. 입을 것, 먹을 것, 작업할 것들 모두 다 우리 하느님께서 주신 놀이기구들입니다.

어버이시며 주인님이신 그분은 우리가 노는 데에 싫증이 나지 않도록 끊임없이 새롭게 창조까지 하시면서 배려해 주시니까, 우리는 그 놀이기구들을 가지고 그저 하느님께 감사하면서 기쁘게 노래하고 신명나게 춤추며 놀면 됩니다. 마치 아기가 엄마의 태중에서 놀기만 하면 되듯이. 성서 곳곳에 춤추며 노래하라는 대목이 얼마나 많이 나옵니까? 우리는 행복할 권리와 책임이 있어요. 하느님께서는 우리가 행복하라고 이 세상에 보내셨으니까요.

사회정의

너와 내가 함께 살기에 "어떻게 놀 것인가?"가 문제가 됩니다. 답은 아주 간단하지요. 함께 어울려 더불어 기쁘게 놀면 돼요. 함께 더불어 노는 것이 이웃 사랑, 저는 이웃 사랑이 사회정의라고 말하고 싶어요. 함께 더불어 신나게 노는 것이 사회정의입니다. 모든 놀이기구는 주님의 것. 그분이 아낌없이 주신 놀이기구들 — 먹을 것들, 입을 것들, 만들 것들, 여러 가지 재미있는 작업들 등등(일도 놀이 중 하나였을 것입니다. 아담이 죄 지은 이후 점차 경쟁사회가 되면서 생명 보호 위해 피땀 흘리는 노동으로 변한 것일 겝니다). 그 많은 놀이기구들을 사용하면서 우리는 손에 손잡고 신나게, 기쁘고 행복하게 놀다가 해가 뉘엿뉘엿 지면 집으로 돌아가면 됩니다. 보금자리인 집으로 돌아감, 그것이 이른바 죽음 아니겠습니까? 이것이 바로 하느님께서 의도하신 품위있는 인간의 행복한 모습이요, 삶의 모습이고 인간에 대한 하느님의 꿈이요 희망이요 우리를 바라보시는 그분의 기쁨이 아니겠습니까?

고통과 분쟁

하느님은 인간을 이토록 "단순하게 만드셨는데 인간이 문제를 복잡하게 만들어서"(전도 7,29) 혼돈 속에 방황하고 고통 속에 불행히 살고 있습니다. 하느님도 사람도, 그 누구도 원하지 않는 이 고통과 불행은 어떤 특종의 소수 인간들이 하느님의 꿈과 기쁨을 박살내면서까지 욕심스레 놀이기구들을 독점하고 먹거리와 일거리를 독점하면서 가진 자와 못 가진 자 사이에 벽을 만들고, 당연하다는 듯이 가진 자가 권력을 휘두르면서 계층이 있는 사회들을 만들어서 사랑과 정의의 평등 공동체를 갈기갈기 찢어놓은 결과입니다. 그 욕심자들은 사람은 물론 하느님의 꿈과 기쁨까지 박살시켰습니다.

이 아픔과 어둠, 불평등과 불공정의 악에서 노예가 된 수많은 사람들을 해방시키고자, 사회를 바로잡고자 나서는 소위 정치가들, 종교가들, 재벌

가들, 스스로 선생이라고 자처하는 이들은 많은데, 그들 대부분이 필요하지도 않았던 치료책 — 예방이 잘 됐으면 필요도 없는 악 — 으로서의 정치적 권력을 행사하면서 해결하고자 합니다. 정치적 권력으로는 뒤틀린 이 세상을 바로잡기가 애초부터 틀린 것 같습니다. 정치권을 보십시오. 두말 할 필요가 없습니다.

교회는 얼마나 많습니까? 불교, 개신교, 성공회, 가톨릭 … 수도 없는 교회들. 그러나 보십시오. 사회가 바로잡혔는가? 그래도 교회는 역시 하느님의 희망. 하느님께서 우리에게 희망을 갖고 계시는 이유는 우리가 언젠가는 세상의 누룩이 되리라고, 빛이 되고 길이 되리라고, 제 길을 걸으리라고 믿으시기 때문이겠지요? 희망은 교회밖에 없지만 물론 지금 이대로는 안됩니다. 회개해야죠.

권 위

무엇이 권위인가? 종교적으로 말할 때 권위는 하느님의 권위 하나뿐입니다. 로마서 13,1을 보면 권위는 주어지는 것입니다. 권위는 어떤 사람의 뒤를 받쳐주는 하느님의 힘입니다. 권위있는 사람은 하느님의 영광이 그 사람의 뒤를 받쳐주는(이사 61,8) 하느님의 심부름꾼입니다(로마 13,4). 하느님께서 뒤를 받쳐주고 있는 사람 — 자기를 내세우는 사람이 아니라 주님께서 내세워주는 바로 그 사람입니다(2고린 10,18). 제3자는 하느님의 권위가 그 사람에게 있음을 보고 확인하고 인정하는 것뿐입니다. 더 정확히 말하면 이미 하느님께서 부여한 권위가 그 사람에게 있는 걸 보고 하느님의 결정에 따르는 것뿐입니다.

권위는 애초부터 본인이 만들거나 취할 수 있는 것이 아닙니다. 어떤 이가 하느님의 참된 심부름꾼일 때 그의 권위는 사람들로부터 인정되며 그에게 저절로 복종하게 되고(로마 13,1), 그 권위를 거스르면 그땐 하느님을 거스른 것이 되는 것이 됩니다(로마 13,2). 역으로 그가 하느님의 참된 일꾼이 아닐 때, 하느님의 뜻을 거역할 때는 사도행전 5,29의 말씀대로 "사람에게는 더욱 하느님께 순명하라"는 사도 베드로의 명언이 흔들릴 수 없는 잣대가 됩니다.

성 직 자

성직자는 누구인가? 예수께서는 이미 이 세상에 오셔서 사랑과 정의 나라 = 하느님의 나라를 온 존재로, 삶과 죽음으로 가르쳐주셨고, 하느님의 자녀됨의 길을 보여주셨습니다. 하느님께서는 그 길을 가는 수많은 사람들 가운데서 "미천한 사람들", 일면 먼지 같은, 벌레 같은 사람을 간택하여 오로지 예수를 닮고 예수의 가신 길만을 걷도록, 그래서 사람들을 진리로 인도하는 빛이 되도록 교회의 성직자(= 거룩한 직분을 가진 자)로 세우셨습니다. 이들은 "이웃을 내 몸같이 사랑하라", "내가 너희를 사랑함같이 서로 사랑하라"는 예수의 유언과 그분의 유언적 행위인 "이웃의 발을 씻어주는 사람"(요한 13)들입니다.

이들은 거룩한 사람들입니다. 이웃의 발을 씻어주기 위해서 자신을 낮추는 사람, 남을 섬기는 사람들이기에 거룩한 사람들입니다. 이런 삶을 사는 사람들이야말로 성품성사를 받았든지 받지 않았든지 진정한 성직자들입니다. 그들의 행위가 그들의 말을 뒷받침할 때 하느님의 권위가 그들을 휘감을 것이고 그들의 말 한 마디 한 마디가 죽은 자도 살리는 생명의 말씀이 되는, 그들은 이 시대의 작은 그리스도입니다.

그런데, 한국 가톨릭 교회의 적잖은 수의 성직자들 — 수도자들 — 은 필요 이상으로 많은 것을 독점하고 있는 대표적 부류 중 하나일 것입니다. 그들은 교회 안에서 하느님의 권위를 가진 줄로 착각, 직책의 구별됨을 신분의 차별됨인 양 권위주의에 빠져서 정치적 권력을 행사합니다. 한 손으로는 하느님의 일을 하면서도 다른 한 손으로는 맡긴 이웃들을 진흙탕으로 인도하고, 때로는 인격과 생명까지 파괴하고 있는, 혹시 하느님 보시기에 역겨운 사람들은 아닐까요?

그들은 2고린 11,13의 말씀대로 겉은 하느님의 일로 위장하면서 속은 하느님을 거역하고 있는 거짓 사도들은 아닐까요? 혹시 "그리스도의 사도로 가장하여 사람을 속여먹는 사탄의 일꾼들"은 아닐까요?(2고린 11,14). 각자가 하느님 앞에서 자기의 셈을 바치게 될 것입니다(로마 14,12).

이렇게 성직자로 간택된, 은총받은 사람이 미천한 자기 본래의 신분 — 하느님께 몸 부쳐 사는 식객(레위 25.23)임을 잊어버리고 자기가 주인인 양, 하느님 노릇을 하면 그들은 하느님의 탈을 쓴 사탄이라고 할 수밖에 없습니다. 왜냐하면 참자아는 없고 가짜만 있으니까요. 가짜는 진실(= 하느님)을 죽이는 악의 힘. 그것은 하느님께서 하시고자 하는 일을 방해나 하는 사탄입니다(마르 8.33 = 교회의 반석이요 수제자인 베드로 성인께서도 들었던 말).

자신이 누구인지조차 모르는, 자기성찰이 없는, 자신이 허구인 사람이 어떻게 남을 구원하겠다고 하느님의 이름을 들먹일 수 있겠습니까? 자기성찰과 명상, 기도와 관상을 하지 않는 사람이 어떻게 스승이라고, 하늘의 일을 한답시고 바르게 돌아갑니까? 기도와 공부(학문)는 다릅니다. 기도(구도)하지 않는 사람은 "한 사람이라도 구원하기 위해 스스로 모든 사람의 종"이 되신 (1고린 9.19) 사도 바울로와는 너무나 거리가 멉니다. 이런 사람들이 주인 노릇을 하는 본당에서의 여성 수도자들은, 골프채의 발이나 씻어주는 그들이 내민 발을 씻어주어야 합니다. 안 씻어주면 오명이 붙습니다. 현대판 마녀로 굴절됩니다.

결 론

이제 미래를 위한 제안으로 끝내겠습니다. 회개해야 합니다. 그러기 위해서 깨달아야 합니다. 우리 모두 진정으로 깨달아야 합니다. 먼저 우리 자신의 신분 — 하느님의 심부름꾼임을! 하느님이 하시고자 하는 일에 온전히 자신을 내놓기로 하느님과 교회 공동체 안에서 이미 서원한, 하느님과 사람들의 종임을! 낮은 자임을 깨달아야 합니다.

하고자 하는 일, 갖고자 하는 모든 것을 다 내놓고 온전히 그분께 맡기며 하느님과 일치된 삶을 살아가지 않으면 오히려 하느님과 세상 앞에서 사탄이 되어버리는 이상한 존재임을 깨달아야 합니다. 여기에는 회색이 없는 것 같습니다. 하느님의 사람이 되지 않으면 사탄이 될 수밖에 없는, 중간이 없는 이상한 신분의 성직자, 수도자들과 하느님의 사람으로 간택된 수많은 사람들.

어떻게 할 것인가? 지금 이 자리에서부터 결심하는 것입니다. "놓아버리자!" 가지고 있는 것을 다 놓고 빈손이 되는 것입니다. 다 내놓아도 나 자신됨은 남습니다. 나 자신됨은 누구도 빼앗을 수 없는 영원불멸의 것입니다. 더 이상 무엇이 필요합니까? 다 내놓고 실제로 빈손이 되는 것입니다.

빈손이 될 때에야 비로소, 진정으로 하느님 앞에 나아가게 되고, 그러면 하느님 마음을 헤아려 알게 되고, 그러면 그때그때마다 무엇을 해야 할지를 확연히 알게 되고, 또한 그 일을 잘 할 수 있도록 당신께서 함께하실 것이고, 그것이 "다"입니다. 이런 사람이야말로 바로 권위있는 이 시대의 하느님의 사람이 아니겠습니까? 수도자, 성직자들이시여! 이 이상 무엇이 더 필요하십니까?

요람(구유)에서 무덤(남의 무덤)에까지 머리 둘 곳조차 없으셨던 빈자 예수님. 아무것도, 심지어 말씀조차도 하늘이 주신 말씀 외에는 하지 않으셨던 하느님의 꼭두각시인 예수님, 군인 정신으로 오직 외길을 걸으신 예수님 — 요한 복음 사상 — 같이 빈손으로 살아갈 때만은 우주를 다 주시는 하느님을 온 존재로 체험하며, 모든 사람이 하느님 안에서 살아갈 수 있는, 참된 의미의 인간개혁과 사회개혁을 이루어낼 수 있는 하느님의 종이 되는 것일 겁니다. 하느님의 사랑과 각자 안에 있는 하느님 자녀의 품위를 일깨워주고, 함께 더불어 섬기며 나누는 사회정의를 키워(2고린 10.8; 13.10) 인간성 회복과 인간사회 회복을 이루어내는, 참으로 큰 사람, 권위있는 사람이 되는 것일 겁니다.

빈손, 낮은 사람, 썩어 죽는 한 알 밀알이 되는 사람에게 하늘이 참된 권위를 내리실 것입니다. 빈손으로, 낮은 자로 죽어 부활하신 그리스도의 영으로만 온전히 살아가는 하느님의 권위를 가진 사람만이, 사람을 살리고 이 세상을 살리고 우주를 살리고 이 땅에 하느님의 나라를 당겨올 수 있을 것입니다. 그런 사람이 하늘이 주신 권위를 가진 참된 하느님의 성직자일 것입니다.

패널토의자 발제문 4

여성의 눈으로 본
한국 가톨릭 교회의 권위주의

강영옥

1. 들어가면서

한국 천주교회의 여성신자 비율은 약 60%를 넘는 것으로 통계수치에 나타나고 있지만, 실제로 교회활동에 참여하는 비율은 이보다 훨씬 높은 비율을 보여준다. 주일미사를 비롯하여 전례에 참석하는 여성신자 비율은 60~70%가 되고, 구반장 교육, 성서모임, 고해성사에 참석하는 여성신자의 비율은 더욱 높아 80~90%에 이른다. 그러나 정작 교회의 중요한 의사결정 과정에는 10% 이하의 여성들이 참여하고 있다. 신부님의 영명축일이나 기타 본당행사가 있는 날이면 각 여성단체들이 나서서 음식 장만과 뒷설거지 등 온갖 궂은 일을 담당하지만, 그 일은 가사노동과 마찬가지로 제대로 평가받지 못한다. 현재 한국 가톨릭 교회 안에서 평신도 여성의 지위는 피라미드 구조의 최하층을 이루고 있다. 열심히 기도하고 헌금 잘 내고 성직자의 말에 순종하는 여성신자들이 신앙심이 깊은 신자로 간주된다. 여성신자가 갖추어야 할 덕목은 순종과 인내와 겸손이다. 가톨릭 교회 안에서 성직자-평신도라는 구별과 남성-여성이라는 구별은 당연시되고, 그것은 단순한 구별의 차원을 넘어서서 차별의 벽을 두텁게 만들어놓았다.

가톨릭 교회의 권위주의가 오늘날 이처럼 뿌리깊게 자리잡은 배경에는 이러한 여성신자들의 순종주의가 신앙의 이름으로 포장되어 온 것과도 맞물려 있다고 생각된다. 교회를 하느님 나라와 동일시하고 성직자를 하느님, 혹은 예수 그리스도와 동일시하면서 하느님의 뜻과 인간의 뜻을 구분하지 못한 신자들의 무지가 오늘 한국 가톨릭 교회의 권위주의를 부추겨온 셈이다. 여성들 스스로 복음의 메시지를 올바로 알아듣고 참다운 신앙생활을 하지 않는 한, 한국 가톨릭 교회의 권위주의는 신앙이라는 미명하에 언제까지나 지속될 것이다.

남녀평등 사상과 민주적 사고방식으로 교육받은 젊은 여성들은 가톨릭 교회에 들어왔다가 많은 실망을 안고 교회를 떠나간다. 본당신부라는 한 남성을 중심으로 모든 일이 결정되는 비민주적이고 가부장적인 문화를 보고 그들은 놀라워한다. 외부에서 볼 때 사회정의를 열심히 부르짖는 가톨릭 교회가 실상 내부적으로는 일인 독재체제로 군림하는 행태를 보면서 그들은 혼란스러워한다. 아직까지는 순종하고 헌금 잘 내는 신자들이 성당에 가득가득 차기에 위기의식을 느끼지 못할지 모른다. 그러나 남성중심적인 가부장 문화가 가톨릭 교회 안에 지속된다면 다음 세대의 젊은이들은 더 이상 성당에 나오지 않을 것이다. 이 시대의 표징들을 올바로 알아보고 새로운 방식으로 가톨릭 교회가 거듭나지 않는다면, 하느님의 말씀은 그들에게 제대로 전달되지 않을 것이다. 복음의 진리가 없는 곳에 교회의 미래는 불투명하기만 하다. 이 글에서는 먼저 시대의 징표들을 읽어내고, 교회 여성들의 문제를 짚어내면서, 새로운 방향을 설정해 보고자 한다.

2. 시대의 징표

미래학자들은 삼천년기 특징 중의 하나로 인간관계의 수직구조가 해체되고 대신 수평구조가 형성될 것이라고 전망한다(C. Gilligan). 피라미드 구조의 사회체제가 원형의 그물망 조직으로 변하고 있다고 진단한다. 수직구조 속에서는 다른 사람보다 앞서기 위한 경쟁의 논리가 지배적이고, 아랫사람이 윗사람에게 순종함으로써 그 체제가 유지되었다. 그러나 수평구조에서는 경쟁의 관계보다 협력의 관계를 중시한다. 개인의 능력과 창의성이 중시되고 개인의 기능들이 얽혀서 공동의 목표를 추구해 나갈 것이다. 정보화 시대에는 수직적 구조보다 이러한 수평적 구조가 훨씬 효율적이라고 한다. 왜냐하면 한 사람이 독점한 정보는 왜곡될 위험이 있지만, 정보를 함께 공유한 사람들이 서로 상의하면서 일을 해나갈 때 공동체에 더 유익하기 때문이다.

정보화 사회를 또한 3F의 시대라고 명명하기도 하는데 3F란 Fiction(가상), Female(여성), Feeling(감성)을 말한다. 첨단 기술을 이용한 가상의 공간(fiction), 그물망으로 짜여진 수평구조 속에서 잘 발휘될 수 있는 여성의 능력(female), 다른 사람에 대해 배려할 줄 알고 협력할 줄 아는 감성(feeling)이 중요하다는 뜻이다. 흔히 여성과 남성이라는 도식적 구조 속에 고정관념으로 담아두었던 특성들이 있다. 여성은 부드럽고 섬세하며 감성적이고, 남성은 강하고 이성적이고 용감하다고 말해져 왔다. 그러한 생각들은 우리 세대가 지닌 고정관념이다. 그러나 다가오는 21세기에는 그런 고정관념들이 더 이상 통용되지 못할 것이다. 여성의 특성으로만 생각되었던, 남을 잘 돌보아주고 감수성이 풍부하며 자애로운 성격을 갖춘 사람이 이 사회를 이끌고 나갈 것이다. 남성과 여성의 구분을 떠나서 인간이면 갖추어야 할 덕목으로서 그러한 특성들이 고려되어야 할 것이다. 세기가 바뀌고 천년기라는 거대한 물결을 넘기면서 우리의 시대는 격변하고 있다. 이천년기를 마무리짓는 이 시점에서 수직구조가 무너지고 새로운 질서가 요청되는 사실을 주의깊게 보아야 하겠다.

3. 여성 문제

최근까지 한국 여성들은 유교적 가부장제 문화 안에서 "훌륭한 어머니, 사랑받는 아내, 순종하는 며느리"를 자신의 이상적인 모델이라고 교육을 받아왔다. 유교적 사고방식에 따르면, 여성은 홀로 설 수 없고 어려서는 아버지에게, 시집가서는 남편에게, 그리고 늙으면 아들에게 의존하는 존재로 그려지고 있다. 그러나 오늘날 현대 여성들은 자신의 이상형을 현모양처라고만 규정짓는 것에 대해 무언가 부족하다고 느낀다. 현대 여성들은 "나는 도대체 누구인가?"라는 물음을 가지고 스스로의 정체성을 찾아나서기 시작하였다. 자신의 삶을 소중하게 여기기에 결혼을 하더라도 직업을 포기하고 싶어하지 않는다. 가정과 직장을 병행하면서 부딪치는 어려움들을 어떤 방식으로든지 해결해 나가고자 노력한다. 남성에게 빌붙어 사는 존재가 아니라, "소리에 놀라지 않는 사자와 같이, 그물에 걸리지 않는 바람과 같이, 무소의 뿔처럼 혼자서 갈 수 있는" 존재이길 희망한다.

오늘날 새롭게 등장하는 여성 문제란 "여성이 단지 남성과 다른 성性을 가지고 있다"는 이유 하나만으로 사회적으로 부당하게 차별받고 억압받는 문제를 말한다. 여성학을 연구하는 학자들은 자본주의의 발달에 따라 여성의 지위가 변화되었고, 이에 따라 여성 문제는 사회경제적 조건과 더불어 발생하는 문제임을 지적한다. 자본주의 사회에서 여성은 남성에 비해 상대적으로 낮은 지위와 불평등한 상태에 놓여 있다. 여성은 각종 공공분야에의 참여가 실질적으로 제한되고 취업과 승진의 기회에서 소외당하며 차별적 저임금을 받는다. 그리고 신체적·지적으로 열등하다는, 여성을 비하하는 왜곡된 성차별 문화와 이데올로기로 여성들은 억압받는다. 이와같이 불평등한 사회제도, 이데올로기는 가정과 사회에서 여성이 담당하는 역할과 경제적 활동을 무시하고 평가절하하는 것으로 연결된다. 가정에서 남성과 동등한 지위를 인정받지 못하고 가사노동은 올바르게 평가받지 못한다.

4. 교회 안에서의 여성 문제

교회 역시 사회 속에 존재하기에 일반적인 여성 문제가 교회 안에 그대로 반영되어 나타나고 있다. 여성신자들은 루가 복음에 나오는 마르타의 모습을 참 많이 닮았다(10,38-42). 교회 안에서 우리 여성들은 마르타의 역할을 참으로 충실히 해내고 있다. 만일 성당을 새로 지어야 할 본당이라면 그때부터 여성단체들은 바쁘게 움직이기 시작한다. 성전건립 모금운동이라는 목표가 세워지고 세부적인 실천사항들이 정해진다. 수익성 있는 각종 판매사업과 바자회가 열리고 혼배 국수를 열심히 말아서 생긴 수익금들이 차곡 차곡 쌓여간다. 이러한 피땀어린 정성과 더불어 개인 혼자서는 도저히 이룰 수 없는 일을 함께 이루어냈을 때, 여성신자들은 자긍심을 느낀다. 어떤 건물과 같은 형태로 눈에 드러나는 결과가 나타나면 자신의 노력이 결실을 맺는 것 같아 뿌듯함마저 느끼게 된다. 그러나 그러한 여성신자들의 노력은 공적으로 인정받지 못한다. 그 모든 성과는 성직자의 능력으로 평가된다. 오랫동안 여성단체장을 맡아온 여성 평신도들의 한맺힌 소리는 우리의 마음을 아프게 한다. "아무도 알아주지 않지만, 하느님만은 내가 한 일을 아시겠지!"라고 스스로를 위로하면서 그 여성들은 눈물을 삼킨다. 또한 본당 내의 단체들은 자율권이 없다. 무조건 봉사하고 희생할 것만을 강요당한다. 여성 평신도들은 인격을 지닌 성인으로서 정당한 대우를 받지 못한다.

오늘날 교회 안에서 우리는 예수님의 발치에 앉아 말씀을 경청하던 마리아의 모습을 찾아볼 수 없다. 당시 예수님은 전혀 교육의 대상이 되지 못했던 여성을 가르쳤고 마리아는 그녀가 늘 담당해야 했던 온갖 일을 젖혀 두고 하느님 나라에 대해 들었다. 어떻게 보면 마리아는 최초의 여성 신학자라고 말할 수 있겠다. 마리아에게 예수님이 전해주는 것은 마리아가 여성이라는 이유만으로 지금까지 전혀 접해 보지 못했던 세계, 자신에게는 두터운 담으로 막혀 있다고 느껴왔던 세계이다. 말씀을 듣는 일은 정신과 관련된 일로서 남성들이 담당해야 하고, 그것이 여성이 하는 살림살이보다 우월하다는 식의 고정관념 같은 것은 예수님에게 아예 없었다. 하느님 나라는 누구에게나 열려 있고 하느님 나라의 일은 남자만 하는 것도, 여자만 하는 것도 아니라는 가르침이다. 예수님은 하느님 나라에 대한 가르침이나 여타 봉사활동 사이의 대립, 혹은 그 중 하나의 우월성을 주장하지 않으셨다. 예수님은 마르타의 불평으로 부끄러워진 마리아의 얼굴을 세워주었으며, 두 사람의 일이 모두 중요하고 가치가 있는 일임을 일깨워주었다. 예수님에게서 놀라운 사실은 여성들에게 새로운 역할, 새로운 위치, 새로운 일들을 열어주었다는 점이다.

그러나 오늘날 많은 경우 한국 천주교 여성신자들에게 그리스도교의 복음은 제대로 전달되지 않고 있다. 유교적인 신분제, 가부장제적인 이념이 사회보다도 교회 안에서 더욱 강화되고 있다는 인상을 받는다. 예수님께서 세워주신 마리아의 몫을 오늘날 교회 여성들은 잃어버리고 말았다. 남자나 여자나 아무런 차별이 없이 예수 그리스도 안에서 한 몸을 이루어야 할 교회 공동체 안에 오늘날 남성의 일, 여성의 일이 구분되어 있고 여성들은 마르타의 일에만 전념하도록 내몰리고 있는 실정이다.

현재까지 한국교회에서 여성신자들에 대한 가르침들을 살펴보면, 주로 가정 안에서의 여성신자의 역할을 강조해 왔다. 가정의 중요성을 부각시키고, 여성신자는 신앙 안에서 어머니, 아내로서의 역할에 더욱 충실할 것을 요청하고 있다. 어떤 주교님은 "이 땅의 모든 어머니들은 성모님을 본받아 '가정의 쓰레기통'이 되어야 한다"고 역설한다(「가톨릭신문」, 1997.5.25일자). "처녀로서 어머니가 된 마리아처럼 모든 멸시와 지탄을 한꺼번에 받으면서도 하느님의 뜻에 순종했던 성모님처럼 오늘의 어머니들이 성가정을 꾸미기 위해 모든 것을 다 담고 받아들이는 가정의 쓰레기통이 되어줄 것"을 그 주교님은 권장한다. 그러나 오늘날 여성 문제에 비추어본다면, 어머니, 아내로서의 역할을 강화시키기 이전에 여성 자신의 존엄성을 찾아주고 신앙 안에서 자신의 정체성을 되찾아주는 일이 우선시되어야 함을 알 수 있다. 현대 여성들은 사회의 변화와 더불어 스스로의 가치를 상실하고 있으며 자신의 정체성을 상실함으로써 존재의 근거를 잃어버리고 있기 때문이다. 이에 그리스도교 신앙의 관점에서 여성의 존엄성을 되찾고 그리스도교 신앙 안에 뿌리내린 그리스도인으로서의 정체성을 살려냄으로써 현대사회의 위기 안에서 여성신자들이 세상의 빛과 소금의 역할을 다할 수 있어야 하겠다.

공의회 문헌은 다음과 같이 말한다. "여성들의 소명이 완전히 인정되는 시기가 도래하고 있고 또 실제로 도래하였다. 이제 여성들은 세상에서 자신들이 여태까지 획득한 적이 없었던 지대한 세력과 영향력과 능력을 행사하고 있다. 따라서 인류가 매우 심각한 변화를 겪고 있는 이 시기에 복음의 정신으로 무장된 여성들이 인간성의 상실을 막는 데에 대단한 공헌을 할 수 있다고 본다"(교황 요한 바오로 2세의 서한, 「여성의 존엄」 1항에서).

　그리스도교 신앙 안에서 여성의 존엄성은 원천적으로 하느님의 모상과 모습대로 남녀 인간이 창조되었다는 창조신앙에 그 뿌리를 두고 있다. 여기서 남자와 여자라는 구별은 있되 차별은 없다. 우리 사회 안에 만연해 있는 남녀차별은 창조신앙에 위배된다. 성서는 인간의 죄된 상황을 "남편을 마음대로 주무르고 싶지만, 도리어 남편의 손아귀에 들리라"(창세 3.16)는 말로써 구사하고 있다. 즉, 남녀의 인격적 관계가 파괴되고 상대방을 소유하고 지배함으로써 남녀 모두 구원을 필요로 하는 죄의 상황에 떨어졌음을 말한다. 한 인간이 다른 인간을 지배하거나 소유물로 간주할 때, 지배하는 편이나 지배당하는 편 모두가 하느님의 모상을 망가뜨리게 된다. 다시 말해 성서는 남녀차별의 상황이 원천적으로 하느님의 뜻에 어긋남을 말해주고 있다.

　그리스도교 신앙은 예수 그리스도에게서 구원이 실현되었음을 선포한다. 바울로 사도는 예수 그리스도 안에서 신앙으로 말미암아 모두 하느님의 자녀가 되었다고 선포한다. "그리스도로 세례받은 이들은 유대인도 없고 헬라인도 없으며, 노예도 없고 자유인도 없으며, 남성이랄 것도 여성이랄 것도 없습니다. 여러분은 모두 그리스도 예수 안에 하나이기 때문입니다"(갈라 3.28). 예수 그리스도 안에서 남녀차별은 무너져 버린다. 그리스도교 신앙은 여성이 하느님의 자녀로서 하느님의 모상을 지닌 존엄한 존재라는 사실을 일깨워준다. 이 땅에 복음의 씨가 전해졌을 때 유교문화권 안에서 남녀차별로 말미암아 신음하던 당시 여성들은 그리스도교 복음에 의한 구원과 해방의 기쁨을 맛보았고, 한국 그리스도교의 기틀을 닦아주었다. 오늘 우리 교회 안에서도 과연 여성의 존엄성이 인정되고 그리스도 복음으로 말미암은 구원과 해방의 기쁜 소식이 계속해서 전달되는지 생각해 보아야 하겠다.

　세례를 통한 존엄성으로 인해 여성 평신도는 성직자들, 수도자들과 함께 교회의 사명을 공동으로 책임진다. 그리스도 안에서 세례받은 모든 이들은 동등하며 존엄성을 지니기에, 그리스도와 교회 안에서는 인종이나 민족,

사회적 조건이나 성차별에서 오는 차별성은 없다. 여성신자들은 세례와 견진성사에 힘입어 사제요 예언자요 왕이신 예수 그리스도의 삼중 사명에의 참여자가 되고, 그리하여 교회의 근본 사도직, 즉 복음화를 수행할 수 있는 능력을 부여받아 복음화에 투신해야 함은 의심할 여지가 없다. 교회의 70%를 차지하는 여성신자들이 변화할 때, 한국 천주교회는 변화될 수 있다. 변화란 항상 아래로부터 시작되기 때문이다.

5. 전 망

수직적 사회구조 속에서 당연시되던 원리들이 오늘날 물음에 부쳐지고 교회 안에서도 그러한 물음들이 터져나오고 있다. 서구사회에서는 여성 사제직 문제까지 거론되고 있는 실정이다. 변화하는 시대의 표징을 제대로 읽어내고 복음의 정신으로 무장하지 않는다면, 다가오는 세기에 여성들은 가톨릭 교회를 떠나고 말 것이다. 삼천년기를 맞이하기 위해 우리는 복음의 정신에 뿌리를 둔 새로운 전망들을 그려보아야 하겠다.

1) 교회 안에서 일어나는 모든 형태의 남녀차별은 철폐되어야 한다.

가톨릭 교회의 권위주의는 남성 성직자가 모든 권한을 독점하면서 여성신자들을 억압하는 형태로 나타난다. 여성신자에 대한 차별과 억압이 사라질 때 가톨릭 교회의 권위주의도 그 자취를 감추게 될 것이다. 그러므로 의사수렴 과정이나 결정 과정에서 여성신자들을 배제해서는 안되고 민주적 절차에 따른 참여가 요청된다. 여성신자를 교계의 하부구조로서 보는 것은 그리스도의 세례 안에서 모두 하나라는 복음의 말씀에 어긋나기 때문이다. 전체 여성신자들의 목소리를 담아낼 수 있는 통로가 마련되어야 하겠고, 평신도들을 대표할 수 있는 구성원으로 대표기구가 설치되어야 하겠다. 성직자, 수도자, 남성신자들은 여성신자들을 무시하는 언어, 행동은 삼가야 하고 서로의 인격을 존중해 주는 상호관계를 만들어나가야 한다. 또한 여성 자신도 스스로를 비하하거나 성직자, 수도자에게 굴종의 자세로 임하는 것을 고쳐나가야 한다.

2) 여성의 존엄성을 일깨우기 위한 신앙교육이 필요하다.

하느님의 자녀로서 지니는 여성의 존엄성을 일깨워주고 여성이 지닌 가치를 복음의 빛으로 새롭게 이해할 수 있도록 복음의 메시지가 제대로 전달되어야 하겠다. 그리하여 현대사회에서 일어나는 여러 문제들을 그리스도교 신앙 안에서 새롭게 바라볼 수 있는 시각을 열어주어야 한다.

3) 교회 내 여성 지도자들을 길러내야 한다.

앞에서 보았듯이 다가오는 삼천년기의 특성으로 미래학자들은 수직적 사회구조가 해체되고 수평적 사회가 건설될 것이라고 전망하였다. 그들은 피라미드 구조의 사회체제가 원형의 그물망 조직으로 변하고 있다고 진단한다. 교회도 이제는 한 사람의 지도력으로 통제할 수 있는 시대가 지나가고 있다. 교회가 대형화됨에 따라 젊은이들이 교회에 등을 돌리고 냉담자 수가 늘어난다는 사실은 성당수가 모자라서가 아니다. 한 사람의 지도력으로 대중을 움직이는 시대가 아니기 때문이다. 사람들은 자신이 직접 참여하고 체험함으로써 의미를 찾는다. 21세기의 교회는 소공동체가 활성화되는 생동하는 교회가 될 것이며, 여기서 여성 지도자들의 역할은 참으로 중요하게 부각될 것이다. 그러므로 여성 지도자를 양성하는 일은 앞으로의 세기를 준비하는 것이다.

진정으로 교회를 생각한다면, 그리고 진정으로 예수님을 따르길 원한다면, 이제 여성신자들이 교회의 쇄신과 사회의 복음화에 앞장서야 할 때이다. 성직자, 수도자, 평신도라는 차별의 벽이 무너지고, 남성과 여성 사이에 놓인 차별의 벽이 철폐될 때, 가톨릭 교회의 권위주의도 사라지게 될 것이다.

〈질의응답〉

정양모: 그러면 민경석 교수님 발표하십시오. 간단간단하게 답변을 해주시면 감사하겠습니다.

민경석: 간단히 하겠습니다.

◆ 먼저, 선생님의 발제문은 저에겐 너무나도 큰 감동이었습니다. 항상 제가 머릿속으로만 막연히 생각했던 내용이었는데, 선생님의 발제를 통해 감동과 함께 앞으로 제가 해야 할 큰 숙제를 얻었습니다. 한 가지 선생님께 질문드리고 싶은 것은, 교회의 교계제도, 권위주의, 성직주의 등으로 모든 사람들이 억압받는데, 그 안에서 여성들은 여성이라는 이유로 또 한 번의 억압을 받게 됩니다.
　선생님께서는 이 문제를 생각해 보신 적이 있는지요? 있다면 그에 대한 선생님의 생각은 어떤지요? 선생님의 그 구체적이고 날카로운 시선으로 교회 안에서의 여성차별과 그 문제점, 대안점을 말씀해 주십시오.
　저에게 문제점들을 올바로 직시할 수 있는 시선과 의식과 장기적으로 해결할 숙제를 주심에 큰 감사를 드립니다. (김태은. 가톨릭대학교 종교학과 대학원생 가톨릭 신학 전공)

민경석: 거기에 대해서는 이미 강영옥 박사님께서 좋은 말씀을 많이 하셨기 때문에 저는 그냥 그것을 다시 한번 강조하는 의미에서 말씀드리겠습니다. 어떻게 보면 교회 안에서의 개혁운동이라는 것을, 모든 사람의 의식이 다 바뀐 후에 자연적인 변화처럼 오기를 기대하는 것은 무리입니다. 언제나 교회 안에는 예언자적인 소수가 단합하고 연대해서 항의도 하고 교육도

하고 또 그런 것만이 결국 변화의 하나의 촉매제가 되지 않겠습니까? 그래서 저는 다시 한번 여기서 뜻을 같이하는 사람들의 연대를 강조하고, 특히 수녀님들과 평신도 여성들간의 그런 연대를 강조하고 싶습니다.

또 제가 개인적으로 거기에 대해서 생각해 봤느냐고 물으셨는데 저는 물론 많이 생각해 봤습니다. 해방신학적 입장에서 여성 문제에 크게 관심을 갖고 있고 모든 강의에 여성들의 시각을 포함하려고 노력하여 왔습니다. 하지만 저로서는 역시 남성이니까 저 자신도 성차별주의로부터 벗어나려고 노력하는 사람이지, 완전히 벗어났다고 생각하지는 않습니다.

◆ 교회의 권위주의를 없애기 위해서는 우선 신자들이 변해야 할 것 같습니다. 자신은 그러고 싶지 않은데 권위적인 신부를 원하는 신자들과 다른 신부님들의 압력 때문에 원치 않지만 자신도 권위적인 신부가 되어 버렸다는 어느 보좌신부님의 말씀을 들으면, 사제들도 교회 권위주의의 피해자란 생각이 듭니다.

스스로 생각하지 않고, 사제들이 다 알아서 해주고 자신은 분부만 기다리는 신자들에게도 큰 문제가 있다고 여겨집니다.

신자들의 각성을 위해서는 어떤 노력을 기울이는 것이 효과적일지, 또 그것이 사제와 신자간의 대립 양상을 띠지 않고 진행될 수 있는지 궁금합니다. (정주영, 대구 윤일본당)

민경석: 신부들도 권위주의의 피해자라는 말에는 저도 동감입니다. 이것은 다시 말하여 권위주의가 어느 신부 개개인의 행동만을 지칭하는 것이 아니고 제가 발제강연에서 지적한 것처럼 권위주의적 풍토 또는 문화를 이루고 있다는 말입니다. 아무리 비권위주의적인 신부도 일단 권위주의적 풍토에서 일하게 되면 자연히, 거의 무의식적으로 그 풍토에 물들게 됩니다. 신학교 때는 그렇지 않던 분들이 사제생활 5년이면 달라진다는 것도 그 이유이겠습니다.

이것은 동시에 그러한 풍토를 개선하기 위해서는 신부 개개인의 노력만으로는 부족하고 새로운 풍토와 문화를 창조하려는 집단적·공동체적인 노력이 필요하다는 것을 의미하며, 이러한 심포지엄을 통하여 공동체 전체의 관심을 환기시키는 것도 그러한 노력의 일환입니다. 그리고 이러한 공동체적 노력 가운데 실제로 교회의 공권력을 행사하고 있는 주교들과 사제들의 노력은, 특히 그들의 지위가 높으면 높을수록 더욱 필요하고 저들의 책임은 더욱 막중하다 하겠습니다. 그리고 신자들도 물론 변해야 합니다. 성직자들의 동역자로서 공동체 일에 참여하려면 신자들이 수동적 태도를 버리고 평등의식, 공동 사명의식, 적극적 참여의식을 획득하여야 할 것입니다.

신자들의 각성을 위한 효과적인 노력이란 결국 평신도들의 조직화를 말합니다. 그런 조직을 통하여 한편으로는 평신도들을 교육하고 또 한편으로는 필요에 따라 항의도 하고 홍보매체를 통하여 교회 내외의 여론도 환기시키는 것입니다. 그리고 이러한 항의와 홍보 노력에 실제적으로 참여하는 것도 교육의 대단히 필요한 부분임을 지적하고 싶습니다. 교회 내의 권위주의적 비리를 직접적으로 경험하고 그러한 비리에 대한 비판과 항의에 참여한다면 평신도들의 의식은 달라질 수밖에 없습니다(평신도들의 조직 문제에 관하여는 미주 한인 가톨릭 평신도연합과 Call to Action에 관한 다음의 토의를 참조하시기 바람). 그리고 유감스럽게도 권위주의적 사목자들과 권위주의를 비판하고 저항하는 평신도들간의 어느 정도의 대립은 불가피하다고 생각합니다. 물론 저항하고 비판하는 방법에 있어서 최대의 존중과 사랑을 잊어서는 안될 것입니다.

◆ 성직자와 평신도들의 모든 "계급적" 차별행위나 관습은 타파되어야 한다고 하셨는데요. 개개인들 — 평신도, 성직자, 수도자 — 의 개별적인 노력을 이끌어낼 수 있는, 동기를 부여할 수 있는 (어떤) 방법이 있다면 어떤 것이 있을까요?

그리고 그를 위해서 교회 안에서의 움직임을 주도할 수 있는 어떤 장치가 있다면 어떤 것이 있을까요?

민경석: 이건 결국은, 아까 말씀드린 대로 예언자적인 소수가 조직을 하고 연대하고, 그렇게 함으로써 교회 안에서 좀 소란을 떠는 방법, 아마 그 방법밖에 없다고 저는 생각을 합니다.

◆ 인간사회에서 제도와 권위는 필요하다고 봅니다. 한계는 있게 마련, 올바른 제도, 권위를 지향하는 한, 방편으로서 교황도 일정 기간 내에, 주교도 선거를 통한 일정 기간 내에 직무 기간을 한정시킬 필요가 있다고 생각하곤 합니다. 성서적으로 이 문제를 어떻게 보시는지요? (문인숙, 까리따스 수녀회)

민경석: 이게 원래 정양모 신부님한테 간 건데, 어떻게 제 이름이 여기에 적혀 왔습니다.

정양모: 사회자는 말을 아껴야 되거든요. (웃음)

민경석: 그래요, 제가 간단히 말씀드리면, 성서 자체에는 주교직이나 교황직에 대한 자세한 훈령이 없습니다. 성서에는 예를 들어 베드로 사도에 대한 말이 많이 있습니다. 우리가 잘 아는 대로 예수께서 베드로에게 "형제들에게 힘이 되어주시오"(루가 22.32), "내 양들을 잘 돌보시오"(요한 21.17), 또 "당신은 베드로(반석)입니다. 이 반석 위에 내 교회를 세울 터인데 …"(마태 16.18) 하신 말씀 등이 그것입니다. 그리고 이러한 말씀들은 초대교회에서 베드로 사도의 위치가 그만큼 컸다는 것을 말하고 있습니다. 그러나 그 자체만 가지고 베드로에게 전권이 주어졌다, 무슨 권한이 있다고 얘기할 수는 없습니다. 초대교회도 그렇게 생각지 않은 것이 분명합니다. 예수를 배

반한 유다의 후계자를 선출하는 모임에서도 베드로는 모임의 사회를 보았지만 지금의 교황이 주교를 임명하듯 후계자를 임명하지 않고 공동체의 제비뽑기에 맡겼으며(사도 1장), 또 초대교회의 가장 큰 문제였던 이방인들의 입교 조건 문제에 있어서도 베드로는 야고보와 함께 지도력을 행사한 것이 사실이지만 혼자서 또는 사도들만이 문제의 해결책을 결정한 것이 아니고 "전 공동체와 함께"(사도 15.22) 결정하였으며, 또 일곱 명의 봉사자들 — 소위 "부제" — 을 뽑는 과정에서도 베드로나 사도들이 독단으로 결정하지 않고 공동체가 뽑은 이들에게 저들은 안수만 했다고(사도 6장) 기록되어 있습니다. 마태오 복음 16,18도 4,5세기에 가서 로마의 주교가 각광을 받기 시작할 때에야 처음으로 로마 교황의 수위권 주장의 근거로 각광받기 시작한 그런 구절입니다. 그전에는 그렇게 해석하지 않았단 얘깁니다. 그래서 교황직이나 주교직에 대한 자세한 세부사항은 성서만 가지고는 우리가 얘기할 수 없는 것입니다. 주교직이나 교황직은 많은 시대의 변천 과정을 통해서 생겨나고 발전된 것이기 때문에 시대 변천에 따라서 성서의 가르침, 신학적·교회적 전통, 그리고 시대의 요구와 새로운 지평에 비추어 그 행사나 한계를 고칠 수도 있다는 말입니다. 어쨌든 교황직에 대한 문제는 교의신학적으로 해석되어야 하는 문제지만, 원칙적으로 제가 보기에는 교황이나 주교의 직무기간을 예를 들어 10년으로 한정시킨다든지 하는 것은, 비록 어렵기는 해도 후대 교회가 할 수 있다고 생각합니다.

◆ 1. 평신도 사목회의의 활성화 내지 교구 사목회의의 필요성을 말씀하신 바 있습니다. 현실적으로 이 문제는 내용상 이미 한국교회에서는 어느 정도 실행되고 있다고 봅니다. 다만 본당에서는 사목회의로 교구에서는 특정 신심단체의 사무국 형태로 그 역할이 실행되고 있습니다. 왜냐하면 교구 평협과 신심단체의 구성원이 사실상 중복되기 때문입니다.

    그런데 사목협의회도, 평협도, 시노두스도 ○○○ 사무국으로 불리는 신심단체 조직도 개방성이 없고 의사결정이 올바르게 이루어지고 있지 아니한 것으로 보이고, 그 구성원의 의식수준이나 영성이 우려할 만큼 낮은 수준이고 오도된 특권의식으로 교회의 전례, 다른 신심활동에 바람직하지 않은 역할을 맡고 있습니다. 이들은 스스로를 "지도자"라 착각합니다. 이런 상황에서 평신도 활동이 더 활성화된다면 가뜩이나 지도신부 없이, 혹은 낮은 영성의 지도사제에 의해 방임 상태의 파행 조직을 형성한 평신도 사목협의회는 더욱 오도될 가능성이 있습니다. 어떻게 생각하십니까?

◆ 2. 평신도 수준의 권위주의에 관해 언급해 주십시오(○○회장, ○○간사, ○○장, 경우).

위 질문 (1) 평신도의 영성은 여하히 끌려올려질 수 있을까요? (진윤영, 대건 안드레아)

민경석: 1. 지도신부 폐지에 대한 문제는 어떻게 보면 어느 정도까지 신자들의 성숙함이나 그런 것을 전제했다고도 볼 수 있고, 따라서 성숙하지 않은 상태에서 무조건 지도신부제를 없앤다면 거기에 문제가 없지는 않을 겁니다. 그러나 제가 강조하고 싶은 것은, 모든 것을 지도신부에 자꾸 의존하려는 의존 심리 그 자체부터 없어져서 신부들은 평신도를 교육할 때 되도록 자립하도록, 스스로 생각하도록, 그래서 신부에 대해 점점 의존하지 않게 되도록 해야 한다는 겁니다. 착한 선생은 누가 착한 선생입니까? 바로 제자로 하여금 스승 없이 스스로 공부할 수 있도록 만든 사람이 진짜 훌륭한 선생입니다. 목자도 마찬가지입니다. 사목자도 자기 없이 스스로 사목할 수 있는 독립된 그런 평신도를 양성하고, 그렇게 독립된 평신도들이 다른 사람을 사목할 수 있게 가르쳐줄 수 있는 분이 진정한 사목자라고 생각이 됩니다. 그런데 권위주의 문화 밑에서는 그러한 사목이 불가능하고 모든 것을 자꾸 권위에 집중시키고, 성직자들한테 의존하는 교육을 시키게 되는데 그것이 더 큰 문제일 겁니다. 그러나 제가 말하는 지도신부제의 철폐와 아울러 동시에 그만큼 평신도들에 대한 교육이 더 필

요하다는 것도 저는 동시에 강조하고 싶습니다. 평신도들의 진정한 교육, 성숙함이 없이 무조건 독립만 요구하는 것도 거기에는 많은 무리가 있을 것이기 때문이에요.

2. 여러분들도 많이 경험하신 것 아니겠습니까? 특히 이민교회에서는 사람들이 일반 세속사회에서 만족을 못 찾기 때문에 교회 안에서 인정받기를 바라는 마음이 간절합니다. 그렇기 때문에 그 안에서 무슨 회장을 한다, 무슨 구역장을 한다 그러면 그게 큰 벼슬이나 되는 것처럼 여기는 경우가 많이 있습니다. 거기에는 문화적인 문제도 더해져서 문제를 더 심각하게 만듭니다. 결국은 교육밖에 해결책이 없다고 할 수 있습니다. 교회에서 회장을 하든지 구역장을 하든지, 근본적으로 교회 안의 모든 권위는 봉사를 위한 수단이라고 하는 것, 공동체를 위한 것이라고 하는 것, 또 따라서 그와 같은 권위를 올바로 행사하기 위해서는 우선 겸손한 마음으로, 다른 사람의 의견을 물어가면서, 또 여론의 비판을 감수해 가면서 행사해야 된다는 점을 강조하는 것입니다.

그 다음에 "평신도의 영성은 어떻게 그려볼 수 있겠는가?" 대단히 큰 질문인데, 두 가지만 말씀드리겠습니다. 한 가지는, 평신도들이 교회 안에서 모든 역할이나 직분의 차이 없이, 평신도들도 똑같은 하느님의 구원사업에 평등한 동역자라고 하는 그런 의식을 가지고, 또 거기에 맞는 일을 할 수 있도록 스스로 노력하고 교육을 하는, 그러한 영성이 필요합니다. 그 다음에 교회 밖에서는, 결국 아까도 말씀드렸지만, 교회 자체가 목적이 아니지 않습니까? 교회는 바로 이 세상에서 역사하시는 하느님의 나라를 증거하고 재촉하는 것을 목적으로 합니다. 그런데 평신도들의 삶의 장은 바로 그 세상이 아니겠습니까? 따라서 어떻게 보면 평신도들은 구원의 사업과 내용에 있어서 가장 실천적으로 더 직접적인 관계를 가지고 있다고 할 수 있습니다. 평신도의 영성의 한 부분은 바로 이와같이 우리가 사는 삶 자체를 어떻게 성화시킬 것인가, 거기에는 개인적인 차원도 있고 또 종교적인, 사회적인 차원도 있겠지만, 우리가 사는 세상의 삶 자체 속에서 우리의 성화의 길을 찾고, 그 속에서 하느님의 뜻을 완성하게 하는 그러한 영성, 그 두 가지가 저는 필요하다고 생각합니다. 감사합니다.

정양모: 예, 그럼 서 신부님, 계속하시지요.

◆ 현대 다원사회 안에서 각 종교가 지닌 특수성은 다양한 문화양식의 표출일 뿐이며, 교회가 집행 권한을 가진 "성사"의 권위조차 그런 식으로 상대화된다면, 가톨릭 교회의 정체성은 어떻게 찾을 수 있을까요?
　열리고 개방된 사고는 좋습니다. 하지만 현대사회에서 신자 개개인이 종교의 역할을 어떻게 생각하고 있을까요? 실제로 상당수의 신자들이 종교에 귀의하는 이유가 평화, 평안함을 얻기 위해서라고 말합니다. 이들이 교회의 사회적 의식과 영향력을 볼 때, 혼란을 겪지 않겠습니까? 결국 교회도 하나의 사회단체라는 의식을 갖게 되고 이들은 교회를 떠나지 않겠습니까? (연승희, 가톨릭대 성심, 종교학과)

서공석: 성사의 권위를 절대화하지 않는다는 말은 그리스도 신앙언어 전승 안에서 성사가 지닌 의미를 상대화하겠다는 말이 아닙니다. 가톨릭 교회의 성사를 타종교인들 앞에서도 절대화해서 강요하지 않는다는 말입니다. 성사들은 그리스도 신앙언어 안에서 고유하고 절대적 중요성을 지닙니다. 그러나 타종교 언어전승 안에서는 이해되지 않는 것입니다. 오늘의 세상은 중세 유럽과 같은 단일종교 사회가 아닙니다. 종교다원 사회입니다. 각 종교의 언어와 문화적 배경이 다른데 그 차이들을 무시하고 하나의 언어가 다른 언어전승에 대해 횡포를 하지 말아야 한다는 말입니다. 서로가 다르다는 것을 인정하고 내 스스로를 비우는 노력을 할 때만 서로의 우호적 관계와 대화가 가능할 것입니다. 이 점에 있어서 그리스도인들은 바울로 사도가 필립비서(2,6-11)에서 말씀하신 그리스도는 "자신을 비우시어 종의 모습을 취하셨으니 … 자신을 낮추시어 죽음, 곧 십자가의 죽음에 이르기까지"라는 말씀

을 실천해야 할 것입니다. 스스로를 비우고 낮추지 않는 신앙언어는 그리스도 신앙의 언어가 아닐 것입니다. 초자연적 지식을 소유하고 구원을 혼자 독점한 것같이 기고만장하거나, 그리스도교적인 것을 타종교에 대한 척도로 강요하는 독선적 자세는 전혀 그리스도적인 것이 아닙니다.

그 다음 질문에 답하겠습니다. 신자들이 교회에 나오는 이유가 평화 혹은 마음의 평안을 얻기 위한 것이고, 교회가 그 요구에 영합하여 그런 것을 약속한다면 교회는 하느님을 빙자하여 사람들을 속이는 것입니다. 그뿐 아니라 교회는 사람들을 절대적 이기주의자로 만드는 나쁜 단체일 것입니다. "무조건 믿어라, 지켜라, 바쳐라", 그러면 "하느님이 평화와 평안을 주실 것이다"는 말이지요. 이것은 그리스도 신앙언어가 아닙니다. 사람들의 이기심과 기복(祈福)적 욕구를 악용하여 사기를 치는 피라미드식 다단계 판매회사와 다를 것이 없습니다. 그 사기성이 일찍 노출되지 않는 것은 내세까지 끼고 드니까 현세에서 그 권위를 판가름하지 못한다는 이점이 있기 때문입니다.

그리스도 신앙은 마음의 평안함을 주기 위한 종교가 아닙니다. "여러분은 내가 세상에 평화를 베풀러 온 줄로 여기지 마시오. 평화를 베풀러 오지 않고 오히려 칼을 던지러 왔습니다"(마태 10.34)는 말씀도 있고, "자기 십자가를 받아들이지 않고 내 뒤를 따르지 않는 사람도 내 제자로 마땅하지 않습니다"(10.38)는 말씀도 있습니다. 물론 "우는 사람은 행복하다" 또는 "수고하고 짐을 진 여러분은 모두 내게로 오시오. 그러면 내가 여러분을 쉬게 하겠습니다"(마태 11.28)는 말씀도 있습니다. 그러나 신앙은 이기적 평안함을 얻기 위한 것이 아닙니다.

이 세상에는 신앙인이 부정하고 투쟁해야 할 일이 많습니다. 사람들을 불행하게 만드는 것들, 병고, 여러 가지 재해, 모든 종류의 불평등 등을 숙명적인 것으로 체념하지 않고 살리시는 하느님의 힘에 의지하여 극복과 해방의 노력을 하는 사람이 신앙인입니다. 이런 노력을 하는 교회는 물론 하나의 사회단체로 보일 위험뿐 아니라 실제 하나의 사회단체적 성격도 지니고 있습니다. 그러나 교회는 사회단체만은 아닙니다.

교회라고 말하면서 성당이나 크게 또 화려하게 짓고 헌금을 많이 모아들이는 일만을 하느님의 영광이라 생각하면 그야말로 교회의 정체성은 사라집니다. 하느님이 성전을 필요로 하지 않고 하느님이 헌금을 필요로 하지 않습니다. 우리의 예배를 위해 교회 건물이 필요하고 공동체를 운영하기 위해 또 불우한 이웃을 돕기 위해 헌금이 있는 것이지요. 사람들은 무거운 짐을 지고 허덕이고 있습니다. 여러 가지 불평등이 지배하고 있는 세상입니다. 이런 곳에서 하느님으로 말미암아 사람이 위로받고 행복하고 평등할 수 있다면, 또 사랑받고 자유로울 수 있다면, 그것이 교회 공동체의 정체성을 찾는 일일 것입니다.

교회가 예배를 본다고 혹은 미사를 드린다고 교통 혼잡과 소음으로 그 주변의 모든 주민을 불편하게 한다면, 그 교회의 정체성은 사라진 것입니다. 교회가 선교를 한다고 대중교통 매체 안에서 혹은 혼잡한 길에서 "지옥"이라는 단어까지 사용하면서 가히 협박으로 들리는 외침을 하면 구원의 공동체로서의 정체성을 잃은 것입니다. 교회가 가까이 있어서 그 지역 주민들에게 도움이 될 때 비로소 교회의 정체성을 살리는 것입니다. 주변의 주민들을 모두 불편하게 해놓고 그것을 항의하는 주민들에게 "하느님을 예배하는데 그만한 불편도 참아내지 못하면서 어떻게 문화인이라고 말할 수 있느냐"는 식으로 말하면 "그렇게도 하느님이 소중하면 하느님께 가거라"라는 말을 들을 것입니다. (웃음) 교회의 건물이 얼마나 화려하냐, 얼마나 멋진 예배와 미사를 바치느냐가 중요한 것 아닙니다. 하느님이 구원하신다는 사실을 믿는 신앙인들의 모임이라면 주변 사람들에게 구원의 공동체가 되도록 노력하는 것이 그 정체성을 살리는 일일 것입니다.

◆ 예수님은 하느님을 어떻게 인식하고 있습니까?

서공석: 이것은 정양모 신부님의 분야인데 오늘 정 신부님이 사회본다고 말씀을 아끼신다니 제가 대신 말씀드릴 수밖에 없습니다.

예수님은 하느님에 대한 새로운 교리를 가르치시지 않았습니다. 하느님 나라를 선포하신 분입니다. 하느님의 함께 계심을 삶으로 실천하는 사람 안에 하느님 나라가 현재 있고 미래에 충만히 있다는 말씀입니다. 당신 스스로 그 하느님의 일을 실천하신 분입니다. 그렇다면 그분의 실천들 안에 하느님이 어떤 분으로 나타나는지를 보아야 합니다. 유대 종교 기득권층은 인간의 모든 불행이 죄로 말미암아 하느님이 주신 벌이라고 가르쳤습니다. 예수는 사람들의 병을 고치고 마귀를 쫓습니다. 하느님은 고치고 살리시는 분이라는 것입니다. 요한 복음서는 이 점을 지적하여, 예수께서 베짜타 못에서 병자를 고치신 이야기를 전한 다음, "아직까지 내 아버지께서 일하고 계시며 나도 일하고 있습니다"(5.17)라는 예수의 말씀을 알려줍니다. 예수가 사람들에게 "당신의 죄는 용서받았습니다"라는 말씀을 자주 하신 것, 예수가 사람들을 "불쌍히 여겼다, 가련히 여겼다, 측은히 여겼다"는 복음서들의 지적, 예수가 하느님 아버지의 뜻이 이루어지기를 빌면서 스스로를 내어주고 쏟음이라는 죽음의 운명을 감수하신 것 등에서 하느님에 대한 예수의 생각을 읽어야 할 것입니다. 앨벗 놀런이 쓴 『그리스도교 이전의 예수』(분도출판사)라는 책이 있습니다. 읽어보시면 이 문제에 대해 많은 정보를 받으실 것입니다. 하느님은 인간을 불행하게 만드는 놀부 같은 분이 아닙니다. "하느님이 아니 계시는 곳 없이 다 계시다"는 교리를 말할 때 흔히는 하느님이 우리의 잘못을 낱낱이 보고 계시다는 뜻으로 이해합니다. "자라 보고 놀란 가슴 솥뚜껑 보고 놀란다"고 이 세상의 높다는 사람들에게서 겪는 일을 하느님에게 투사하여 두려우신 하느님을 상상하는 것입니다. 하느님이 아니 계시는 곳 없이 다 계시기 때문에 우리는 행복해야 합니다. 예수의 이야기 안에 나타나는 하느님은 우리의 해방이시고 구원이십니다. 죽음의 한계선을 넘어서도 살리시는 분입니다. 그래서 그분에 대한 이야기는 우리에게 기쁜 소식입니다.

◆ 권위주의가 강한 우리나라 교회에 성소가 많다는 사실을 어떻게 이해해야 하겠는지요? (박 아가다 수녀, 거룩한 말씀의 회)

서공석: 이거 참 어려운 질문입니다. 남성 수도원에도 성소가 많다고는 말하지 못할 것 같습니다. 수도원에서는 장상이 되기까지는 권위주의를 행사하지 못합니다. 장상이라는 것이 되기 전에는 계속해서 장상의 허락을 받아서 행동합니다. 어려운 일입니다. 특히 한국 남자들에게 어려운 일이라는 생각이 듭니다. 한국 남자들은 어느 한 구석에서는 제 마음대로 할 수 있어야 산다는 말이 있습니다. 불교의 스님들은 안거安居 기간이 있고, 그것이 끝나면 운수행각雲水行脚의 자유스런 기간이 있습니다. 그러나 가톨릭 수도원들에는 이런 자유스러움이 없지요. 한국 남성들은 외강내허外强內虛(웃음)하지 않나 생각이 됩니다.

그에 반해서 여성 수도회에는 지원자들이 아직 많습니다. 아주 피상적으로 본 것을 말씀드립니다. 어떤 수녀원은 창설 이념이나 영성도 두드러진 게 없는데도 지원자들이 있습니다. 이상한 현상이라는 생각을 할 때도 있습니다. 좀 심하게 말하면 어떤 경우에는 무임금 노동력 착취에 지나지 않는다는 인상도 받습니다. 은혜로운 하느님의 일이라고 감탄하기 전에 먼저 한국 여성의 사회적 여건과 관계가 있다고 보아야 할 것입니다. 여성의 사회 진출 기회가 많아지면 큰 변화가 일어날 것입니다. 어떤 분들은 벌써 어떤 변화를 느낍니다. 남성에 비해서 여성 수도자들이 장상의 권위 밑에서 수도생활을 잘 해내는 것은, 눈 막고 삼 년, 귀 막고 삼 년, 입 막고 삼 년의 석삼년을 외유내강外柔內剛하게 잘 살았던 전통이 있었기 때문이 아닌가 하는 생각도 해봅니다.

그러면 신학교는 지원자가 왜 아직도 많은가? 신학교는 바로 이 외강내허한 남성들이 보장된 어떤 신분을 얻을 수 있는 곳입니다. 결혼문제만 포기하고 6년 정도 엎드려서 살면 신부라는 신분을 얻습니다. 방학해서 집에 가면 본당에서 학사님이라 불러주지요. 신부가 되어서 본당에 부임하면 열심히 떠받들어 주는 신자들 있지요. 이것 살기 괜찮은 것입니다. 조금 횡포를 해보아도 신부라고, 목자라고, 혼자 산다고 신자들이 잘봐줍니다. 물론 신자들을 위해 겸손하게 열심히 봉사하면서 사는 분들이 있습니다. 그러나 일부 권위주의에 빠진 사람들은 신부가 되지 않았더라면 세상에서 먹고살기도 힘들었을 것이라는 생각이 들게 만드는 것도 사실입니다.

◆ 미사통상문에서 전구 부분의 "주님, 온 세상에 널리 퍼져 있는 교회를 생각하시어 교황(　)와 저희 주교(　)와 모든 성직자와 더불어 사랑의 교회를 이루게 하소서" 부분에서 평신도를 지칭하는 단어, 예컨대 "당신의 백성들과"라는 문구가 들어가지 않는데, 여기에도 성직자 중심의 교회관이 반영된 것이 아닌지요?

서공석: 사실 전례문들은 많이 고쳐져야 합니다. 전례학 공부를 하신 분들이 창의력을 발휘해야 합니다. 전례기도문들을 읽으면서 신앙 내용과 너무 다르다고 느낄 때가 많습니다. "이 제물을 받으시고 마음을 푸시라"는 표현이나 "우리가 원하는 바를 이루어달라"는 표현 등은 그리스도 신앙의 표현이 아닙니다. 기도는 믿음에 준하는 것(lex orandi, lex credendi)인데 왜 그런 표현들이 아직도 사용되는지 모르겠습니다. 한국교회는 얼마 전에 미사 전례문들을 바꾸었어요. 그렇게 큰 비용을 들여서 바꾸었는데 개선된 것이 별로 없습니다. 예수를 예수님으로, 그리스도를 그리스도님으로, 나를 저로, 우리를 저희들로, 형제자매를 형제로 바꾸었습니다. 정말 바꿔야 할 내용들은 그냥 두었다는 인상을 받습니다. 이 수정은 하느님의 권위 앞에 우리 자신을 더 낮추고 여성은 남성에 준해서 살라는 메시지를 지닌 것 같습니다. 지금 질문하신 기도문이 "사랑의 교회"를 위한 것이라면 "교황, 주교, 모든 성직자"와 더불어 모든 신자들도 당연히 포함되어야 할 것입니다. 신자 없는 교회는 있을 수 없는 것 아니겠습니까? 그 기도문을 만든 분들이 깜빡해서 단어 하나를 잊은 것이겠지요. 저는 개인적으로 "모든 신자들"이라는 표현을 첨가하여 그 기도문을 읽습니다.

질문이 또 있습니다. 이것도 정양모 신부님께 한 질문입니다. 정 신부님이 저에게 답하라고 말씀하십니다. 사회를 보는 분은 말씀을 아끼신다고 …

◆ 개인 고해성사에 대해서 궁금증과 의문이 있습니다. 우리 교회에서 실천되는 개인 고해성사는 신자들의 자유를 구속하는 게 아닐까요? 스스로 회개하고 단체로 하는 참회예절을 활성화하여 신자들이 그것에 참여하도록 하면 충분하지 않을까요? 신부님의 고통 — 일거리 — 을 줄여 드릴 수도 있고요. (신계희 루시아, 충남 서천군 서천읍 서천본당)

서공석: 아주 당연한 말씀입니다. 사실 판공성사라고 하면서 봄·가을로 한 번씩 고해성사 실천 여부를 교적에 기록하는 교회는 우리 한국교회밖에 없는 것으로 압니다. 십여 년 전, 어느 교구의 신부 총회에서 이 관행을 폐지하자는 제안이 있어서 토의된 일이 있었습니다. 그러나 그것조차 없으면 신부가 신자들을 "통제할 수 없다"는 의견에 밀려서 그 제안은 부결되고 말았습니다. 제가 알기로 사목은 통제가 아니고 하느님으로 말미암은 기쁜 소식을 사람들에게 알리는 봉사인데, 그 "통제하는" 관행이 봉사와 어떤 관계 안에 있는지를 아직도 모르겠습니다. 예수님 시대에 율사들이 율법으로 사람들을 "통제"하고, 제관들이 제사의례로 사람들을 "통제"하는 데 반발하면서 하느님의 함께 계심, 곧 하느님 나라를 선포한 인물이 예수님입니다. 우리는 율사와 제관들을 따르는 사람들이 아니라 예수님을 따르는 사람들입니다. 그렇다면 "통제"라는 단어는 우리와 관계없는 것입니다. 생각해 보아야 할 문제입니다.

　개인 고해성사의 실천은 어제 정양모 신부님이 잠깐 설명하신 대로 개인고백도 좋고 단체로 하는 공동 참회예절도 좋습니다. 하느님이 용서하시고 구원하신다는 사실을 체험하게 해주는 것이면 어떤 형태이든 상관없이 좋다고 생각합니다. 그러나 우리 한국교회에서는 아직 제약이 있습니다. 한국 주교회의가 공동으로 하는 참회예절에는 반드시 개인고백이 있어야 한다는 조건을 붙여 놓았습니다. 하느님이 용서하시지 않을까 걱정이 된 모양입니다. 앞으로 바뀌겠지요. 그러나 교회 초기부터 교회 안에는 여러 가지 참회양식이 있었습니다. 성서 독서, 자선, 기도, 미사, 성지순례 등이 모두 죄의 용서를 위한 참회 양식이었습니다(『한국 가톨릭 교회 - 이대로 좋은가? 』 [분도출판사 1998] 169 참조). 초대교회가 공개적 참회를 요구한 죄는 배교, 살인, 간통뿐입니다. 이런 죄는 공동체 전체에 피해를 주었거나 공동체에 알려진 죄이기 때문이었습니다. 현재 우리가 사용하는 미사 통상문의 성찬 축성문에도 "죄를 사하여 주려고"라는 문구가 명기되어 있습니다. 이렇게 죄 용서의 길은 넓게 열려 있습니다. 따라서 과거 한 시대의 관행이던 개인고백을 위주로 한 고해성사 형식에 너무 구애받지 마시고, 신부님들의 짜증도 들어드리는 애덕도 실천할 수 있으면 좋겠다는 생각입니다.

◆ 도도한 시대의 흐름 속에서 여성 사제직 금지가 언제까지 갈 것으로 보시는지요? 그리고 신학적 배경으로 볼 때, 여성 사제직이 그렇게도 문제가 되는지요? (황경옥, 까리따스 수녀회)

서공석: 여성 사제직 금지가 언제까지 갈 것인가? 이 일을 누가 알겠습니까? 철학관에 가서 물어볼 수도 없고. (웃음)

　신학적 배경에서 볼 때 여성 사제직이 그렇게도 문제가 되느냐? 안됩니다. 유대교가 남성 위주의 종교였고 그 유대교를 모태로 한 그리스도교는 남성 위주로 이천 년의 세월을 살아왔습니다. 오랜 타성에 젖은 교회의 제도이고 관행입니다. 20세기 후반부터 불어닥친 남녀평등의 생활 형태는 교회의 제도에 대한 깊이있는 재고를 요구하는 현상입니다. 모든 것을 하느님으로 포장해 놓았기에 재고한다는 일 자체가 어려워진 것입니다. 그러나 하나의 집단이 오랜 세월 동안 살아서 그 실효성을 발휘하려면 그 집단이 발생한 기원의 체험으로 돌아가서 오늘의 현실을 보고 새롭게 해석하는 노력을 해야 합니다. 그리스도 신앙의 기원은 초대교회가 우리에게 전해준 예수로 말미암아 발생한 그들 실천의 변화입니다. 이 기원의 체험에는 봉사직무는 있어도 주교·신부·부제라는 삼원三元적 형태는 아닙니다. 따라서 이 기원의 봉사직무 성격으로 돌아가서, 남녀가 평등하게 사는 오늘을 위한 봉사직무 형태를 새롭게 생각하는 노력을 하지 않으면 이 문제는 해결되지 않을 것입니다. 이천 년을 늙은 교회이지만 교회 안에 일하시는 성령에게 충실하고, 교회의 기득권층이 스스로를 "비우고 낮추는" 노력을 한다면 그런 근본적 개혁도 할 수 있지 않겠습니까? "비우고 낮추는" 일은 임의의 선택사항이 아닙니다. 그리스도 신앙의 본질을 실천하는 일입니다. 어떻든 기원의 체험으로 회귀回歸하여 건강한 개혁을 하지 않는다면, 교회의 정체성은 퇴색하고 교회는 새로운 세상에서 운신의 폭이 점차 좁아지고, 급기야는 그 설자리를 잃을 것입니다. 기원으로 돌아가서 새로운 제도와 새로운 활력을 찾음으로써 오늘의 세상에 복음을 전하는 교회가 될 것입니다. 바울로 사도는 이렇게 말씀하십니다. "나는 … 율법이 없는 이들을 얻기 위하여 율법이 없는 이들에게는 율법이 없는 몸이 되었습니다. 허약한 이들을 얻기 위하여 허약한 이들에게는 허약한 몸이 되었습니다. 나는 모든 이에게 모든 것이 되어 … 나는 복음을 위해서 이 모든 일을 합니다"(1고린 9.21-23). 우리도 남녀평등의 현대인들을 위해서는 남녀평등의 교회 조직을 갖도록 노력해야 합니다. 우리도 그 일을 복음을 위해서 해야 합니다.

여성과 대등한 입장에 절대로 설 수 없다고 생각하는 독신 남성들이 교회 안에는 아직 있는 모양입니다. 오늘의 교회 현실은 기원의 신앙체험으로 돌아가기보다는 현재의 제도와 관행을 고수하기 위해 급급한 모습입니다. 어느 여성 수도 공동체가 그 공동체의 책임자를 중심으로 모여 성찬을 거행하는 것은 지극히 자연스런 일이라 생각됩니다. 새벽부터 신부를 모셔오고 모셔가고 하지 않아도 될 일이 아니겠습니까? 현행 제도 덕분에 우리 남성 신부들은 아직도 어느 수준의 주가를 유지하고 삽니다만 …. (웃음)

◆ 한국교회 내에서 성직자들의 권력 남용과 권위주의를 개선하기 위해 가장 우선적으로 해야 하는 노력이 무엇이라고 생각하십니까? (남혜경 아눈시아따 수녀, 천주교 세검정교회, 예수성심전교 수녀회)

◆ 주교, 사제, 평신도들 모두가 함께 한국교회의 가부장적 권위주의 현실을 문제시하지 않는 한 이 문제는 해결되지 않을 것입니다. 이 문제를 제기하고 함께 토의할 수 있는 자리는 어디겠습니까? 예를 들면 주교회의, 신학교 교육 과정, 수도자 영성교육 과정, 꾸르실료와 같은 평신도 교육 과정 등.

◆ 교회의 권한 행사는 민주화되어야 함에도 불구하고 교회의 기득권층인 성직자들 일부는 독선적이고 권위주의적입니다. 그들은 평신도들의 인권을 무시하고 순종만 요구합니다. 교회의 기본 정신에 벗어난 이런 성직자들의 의식을 바로잡기 위해 평신도로서 어떻게 처신하는 것이 현명하겠습니까?

서공석: 세 질문이 공통점을 가졌기에 합해서 말씀드립니다. 첫째로, 신자들이 무엇을 해야 하는가? 서로 인격을 존중하는 관계를 유지하도록 노력해야겠지요. 신자들은 말 못하는 양떼도 아니고 무조건 성직자가 옳다고 믿는 찬양대도 아닙니다. 성직자와 신자들 모두가 성숙한 인간관계를 지녀야 할 것입니다. 이 일은 어느 한 쪽에서만 노력해서 될 일은 아닐 것입니다.

그 다음에, 권위주의를 청산하기 위한 문제제기와 토의의 장소가 어디라야 하겠는가 물으셨는데 나열하신 대로 주교회의, 신학교 교육 과정, 수도자 양성 과정, 평신도 교육 과정 등 모든 것이 권위주의 청산의 장이 되어야 하겠지요. 그러나 실제로는 어려울 것입니다. 권위주의에 물든 사람은 스스로 그 기득권을 포기하려 하지 않습니다. 하느님과 예수님에다 성령까지 동원해서 잔뜩 포장한 권위주의입니다. 유럽 중세 일천 년이 넘는 세월 동안 공고하게 다져서 쌓아올린 것입니다. 다른 토론자들도 이 문제에 대해 말씀들을 하셨으니 저는 별다른 실천적 대안이 없다는 말씀만 드리고 이 정도로 끝내겠습니다. 감사합니다.

정양모: 인천교구 간석 2동 성당 김재일 베드로 형제께서 제3차 심포지엄에 바라는 주제를 몇 개 적어 오셨습니다.
- ▶ 한국교회의 질적인 향상을 논해 달라.
- ▶ 가톨릭 교회제도의 개선을 논해 달라.
- ▶ 한국 성령기도회, 이대로 좋은가.
- ▶ 신앙과 신학은 유리되어서 되겠는가.

이 네 가지 주제를 주셨습니다. 아울러서 김재일 형제께서 발언 청구를 해주셨는데요. 세 가지 문제에 대해서 좀 발언을 하고 싶다. 권위주의, 마리아론, 고해성사. 이것은 이제 저희가 한 20분간 쉬고 난 다음에 김 베드로님께 발언 기회를 드리겠습니다. 3시 15분에 다시 모입니다.

— 휴식

정양모: 우선 김재일 베드로님, 간석 2동 성당. 어디 계시는가요? 일어서시면 고맙겠습니다.

김재일: 간석 2동의 김재일 베드로입니다. 저는 17년 전 개신교 목사의 길을 가도록 권고받았던 사람입니다. 지금 저는 마르틴 루터를 생각합니다. 그분이 가톨릭 교회에서 뛰쳐나가지 않고 교회 내에서 개혁을 했더라면 사도 시대 바울로보다 못하지 않은 인물이 되지 않았을까 생각합니다.

 사제의 권위에 대해서 신부님들과 박사님들의 말씀들을 들었습니다만, 저는 사제의 권위는 절대적으로 보장되어야 한다고 믿습니다. 왜냐하면 사제의 권위가 땅에 떨어지면 평신도들은 혼란을 겪을 것입니다. 예를 들어서 사제의 권위가 떨어지면 평신도들이 본당 공동체 안에서 자기들의 욕심을 충족시키기 위해 본당 사제를 축출하는 일이 발생할 수 있습니다. 지금 현재에도 평신도들이 교구 주교님들께 편지와 진정서를 보내서 본당신부를 쫓아내는 추태를 연출하는 일이 종종 있습니다. 따라서 전통을 무시하는 개혁이 아니라 전통 안에서 이루어지는 개혁이라야 한다고 생각합니다. 예수님의 말씀을 대신할 권위는 없습니다. 따라서 우리 사제들이 절대군주나 바리사이파의 권위주의적 자세를 버리고 겸손한 마음으로 스스로 낮은 자가 되어서 봉사의 빛을 발하는 사람들이 되어주기 바랍니다. 본당신부가 권위주의적이면 그 밑에 일하는 수녀님도 그렇게 되고 사목회장을 비롯하여 구역장과 반장 등 모두가 권위주의적이 되는 것을 봅니다. 평신도들의 자질 문제도 있습니다. 성서 공부도 좀더 해야 하겠고 교회 안에 성직자가 잘못한 일이 있으면 무조건 감추려 하지 말고 잘못된 일을 모두가 함께 반성할 수 있는 계기로 삼아야 할 것입니다.

그 다음은 성모 마리아에 관한 질문입니다. 마리아는 한국 천주교의 대명사같이 되었습니다. 예수님은 은폐되고 마리아만 부각되었습니다. 외부에 주는 인상이 천주교는 마리아를 믿는 종교라는 것입니다. 실제 신부님들이 새로 세례를 받은 사람들에게 마리아를 많이 강조하십니다. 마리아의 구원 계획과 구원 사역을 많이 말하는데, 저는 그 의미를 잘 모릅니다. 구원의 중재자는 예수님 한 분뿐이라고 생각합니다. 9일기도, 100일기도 해서 아파트가 당첨됐다는 등 신자들의 기복신앙을 자극하는 말들이 많습니다. 그리고 신자는 본당 레지오 마리애 활동을 해야 한다고 말합니다. 묵주기도에 대한 기원도 알고 싶고 마리아에 대해 제대로 알 수 있는 자료는 없는지 묻고 싶습니다.

다음은 고해성사에 대한 의문입니다. 고해성사는 신자들에게 제도적으로 올가미를 씌워놓은 것이라는 생각을 하게 합니다. 고해성사 중 사죄경 부분에서 신부가 "나도 이 교우의 죄를 용서합니다"라고 말하는데, 이 말은 뺐으면 좋겠다는 생각입니다. 왜냐하면 죄의 용서는 하느님이 하시는 일인데 사람인 신부가 용서한다고 말하는 것은 좀 이상합니다. 이런 표현이 교회 권위주의의 온상이 되지 않나 생각합니다.

정양모: 예, 감사합니다. 제가 아주 간단하게 답변을 하겠습니다.

권위주의에 대해서는 누누히 여러 사람들이 발설을 했으니까 생략하고요. "마리아론"의 경우 가톨릭 대사전에 서울 신학교의 아무개가 쓴 긴 글이 들어 있고요. 그분이 400페이지가 넘는 엄청난 책을 하나 쓴 것으로 압니다. 그보다는 「역사의 마리아와 신앙의 성모님」이라고, 역사와 신앙을 구분을 해서 그 상관성을 규명한 괜찮은 논문이 있어요(『종교신학연구』 제8집 [분도출판사 1995] 277-96쪽). 정양모라고 하는 사람이 쓴 겁니다. (웃음) 이것을 보는 게 좋을 겁니다.

그 다음에 고해성사에 대해서는요, 바로 저 문 나가면 로비에서 『한국 가톨릭 교회 - 이대로 좋은가?』 제1집을 팔고 있지 않습니까? 그 속에 엄청나게 좋은 논문을, 바로 제 옆에 계신 서공석 신부님이 발표하셨습니다. 그것을 보시면 정답을 얻을 겁니다.

자 이제, 여러 사람들이 발언을 요청하고 있는데요, 인천교구 만수 1동 임동환 요셉님, 어디 계십니까? 될 수 있는 대로 요지를 간략하게 압축해 주십시오.

임동환: 제 질문이 여섯 가지입니다. 신부님들과 교수님들 각자에게 질문 하겠습니다. 권위주의에 대한 개혁은 어디에서부터 이루어져야 된다고 생각하십니까? 민 교수님이 답변을 해주십시오.

서공석: 질문을 다 하시지요.

임동환: 개혁 프로그램은 어떤 것이 지금 준비가 돼 있는지, 정 신부님이 좀 답해 주시기 바랍니다. 오늘 소 수녀님이 말씀하신 내용은 저에게 충격이었습니다. 오늘 주제로 다루는 권위주의적 현실을 개혁하기 위해서는 성직자도 반성을 해야 하겠지만 우선 평신도들이 변해야 한다고 생각합니다. 이것을 위한 어떤 복안을 갖고 계신지 서 신부님이 답변해 주십시오. 이런 충격적 현실 앞에 관계되는 수녀님이나 성직자가 근원적인 해결책을 마련

하지 못하고 계속 그렇게 끌려만 다니는지도 이해가 되지 않습니다. 이런 현실을 개선하기 위해서는 많은 사람들이 의식을 새롭게 해야 한다고 믿습니다. 몇 사람이 할 수 있는 일은 아닙니다. 그렇다면 오늘과 같은 심포지엄이 여러 교구에서 개최되어야 한다고 믿습니다. 아니면 순회 강연회라도 하시면 좋겠습니다. 어떤 복안이 있는지 정 신부님이 답해 주시기 바랍니다. 감사합니다.

민경석: 그럼 제가 먼저 하겠습니다.
  교회개혁은 어디서부터 이루어져야 하느냐, 그런 말씀이시죠? 제가 강의할 때 앞으로 해야 할 일로서 다섯 가지를 제안했습니다. 제일 먼저는 성직자들에게 집중되어 있는 모든 권한을 분산시켜서 평신자들에게도 참여할 수 있는 기회를 주라. 둘째로 평신도를 통제하는 모든 제한을 철폐하라. 셋째로 직분 수행상 필요한 차별을 제외하고는 성직자, 평신도, 수도자를 구별하는 장벽을 허무는 것이 필요하다. 그리고 넷째로 평신도들의 집단적인 자각, 교육, 조직적 저항, 이러한 것을 말씀드리고, 그 다음에는 여론을 위한 홍보매체가 있어야 된다, 그러한 것을 말씀드렸는데, 그럼 이제 문제는 이와 같은 것을 성취하기 위해서 어떤 조치를 취해야 되느냐는 문제겠지요.
  이것은 대단히 큰 문제이기 때문에 당장 뾰족한 수는 없고, 여러분들에게는 우선 많은 인내가 필요하고 많은 희망이 필요하다는 것부터 강조하고 싶습니다. 그전에 누가 그런 얘기를 했죠. 정치가나 개혁자들에게 필요한 덕행은 사랑이나 믿음보다도 희망이라고. 무한한 희망, 무한한 인내가 우선 필요합니다. 다음에 구체적인 방법으로는 조직을 하여야 할 것입니다. 제가 1992년 미국에서 다른 많은 분들과 함께 가톨릭 평신도연합이라는 것을 조직했습니다. 그것은 독립적인 기구로서 교육과 홍보를 통한 평신도 쇄신을 목적으로 창설됐습니다. 한국에도 가톨릭 평신도연합과 같은, 완전히 평신도 중심의, 또는 제가 아까 말씀드린 대로 평신도만 하지 말고 뜻있는 모든 수녀님이나 평신도들이나 신부님들이 함께할 수 있는, 미국의 Call to Action 같은 단체를 만들어서 거기서 교육도 하고 홍보매체를 만들고, 그렇게 해서 조금 소란을 피우는 수밖에 없어요. 지금 말씀하신 것들을 보면 사실, 가만히 생각하면 뜻있는 사람들의 울분을 자아내기에 충분한 얘기들이 너무나 많습니다. 지금 어떤 분은 미사 때 사람들이 왜, 죄도 고백하기 전에 그냥 빨리빨리 미사를 진행하는가, 또 고백성사의 문제가 많다, 상담이 어렵다, 또 무슨 사목위원이 되려면 순명선서를 하여야 된다고 불평들을 많이 하셨습니다. 이러한 문제를 여러분들이 여기서 말만 할 것이 아닙니다. 우선 조직을 만들어 교회 내의 문제점들이 무엇인지 연구하고, 그 문제점들의 원인 제공자들과 교회의 지도층과 우선 대화를 통하여 문제를 해결하도록 노력하며, 그래도 안되면 주교님들에게 공개서한으로 만들어 신문에 내기도 하고 또 주교관에 가서 데모도 해요. 더욱이 주교회의가 1년에 두 번씩 있지 않습니까? 그럼 그때 가서 플래카드 들고 신문기자들 와서 사진 찍게 하고 해보세요. 앞으로 한 10년, 15년 동안 계속 소란을 부리면, 아마 조금은 달라질지도 모르죠. (웃음) 그러면서도 무엇보다 교회를 사랑하고 교회를 위하여 기도하는 것을 잊어서는 안될 것입니다.

서공석: 신자들의 의식개혁을 위해 어떤 복안이 있느냐고 저에게 물으셨습니다. 없어요. (웃음) 이 자리는 해결책을 찾아서 실행하기 위한 것이 아닙니다. 현재 우리가 처한 상황과 문제점을 진단해서 현실을 바로 보자는 것입니다. 심포지엄의 순회 개최 혹은 순회 강연도 언급을 하셨는데 각 지역에서 개최하고 우리를 부르면 가서 참여할 생각은 있지만 우리 스스로 그런 것을 전국적으로 개최할 생각은 없습니다. 서울에서 1년 혹은 2년에 한 번 개최하기도 저희들에게는 힘듭니다. 이런 일을 하라고 누가 사명을 준 것도 아닙니다. 교회는 이천 년을 살아온 오래된 조직입니다. 하루아침에 변하지 않을 것입니다. 성급하게 생각하실 일이 아닙니다. 의식을 새롭게 하는 분들이 조금씩 생겨나고 조그마한 구석이 변하면서 차차 새롭게 보는

사람들이 생길 것입니다. 우리에게 불가능하게 보이는 일들이 다음 세대에 가서는 차차 좋아지지 않겠습니까? 이상입니다.

정양모: 예. 또 발언 요청이 있습니다만, 우선 소희숙 수녀님이 답변을 하시고 그 다음에 강영옥 선생님이 답변을 하신 다음에 여러분들에게 발언 기회를 드리겠습니다.

소희숙: 재미있는 질문들이 좀 나왔습니다. 먼저 쉬운 것부터.

◆ 수녀들을 포함, 여성 자신들의 가부장적 의식과 성차별을 어떻게 풀어 나가야 한다고 생각하시는지요. (박 아가다 수녀, 거룩한 말씀의 회)

소희숙: 앞에서 나왔던 질문하고 비슷한데, 반만년 역사와 전통을 자랑하는 이 가부장제도와 성차별을 어떻게 잘 풀어야 하는가 하면, 우리 자신의 의식개혁부터 저는 해야겠다. 각자의 의식을 개혁하는, 그러기 위해서는 아는 것, 신학을 공부하고 성서를 공부하는 것도 필요하지만 성찰을 해야겠다. 자기 내면세계로 들어가야겠다. 정말 하느님 말씀이 뭔지 알아야겠다. 아주 근간, 아주 가까운 예로, 하느님의 모상대로 창조된 여자와 남자, 하느님이 창조하실 때 하느님의 모상을 남자들에게는 80%를 주고 여자들한테는 20%를 줬겠느냐. 정말 당신이 사랑하는 그런 나와 너라면, 나를 사랑하는 자긍심이 있고 너를 존경하는 존경심이 있다면, 하느님 안에서 서로는 서로에게 주는 어떤 선물이라는 기쁨 속에서 살아야 하는 너와 나일 겁니다. 이런 깨달음들을 통한 의식개혁만이 언젠가는 성차별 문제를 해결할 수 있는 것이 아닌가 생각해 봅니다.

◆ 여기 온 수녀들 대부분 그러한 — 수도 공동체 권위주의 — 것을 문제시하고 무엇인가 수도 공동체도 권위주의로 평수녀들이 존재 자체를 무

시당하고 있음을 의식한 수녀들이 왔다고 봅니다. 장상연합회 자체 명칭도 의문을 제안하고 싶은 저는, 수녀님께서 연합회 때 장상들에게 그 권위를 말로 행위로 행사하고 짓누르지 않도록 오늘과 같은 강의(?)를 할 수 없나요? 이런 학술회에 참석해도 전달할 장도 바탕도 없는 수녀이기 때문에 이런 의견을 드립니다. 실은 참석하는 것조차도 1년 수녀회 예산이 뿌리째 흔들린다는 말로 상처받고 왔지요.

장상연합회 — 여성 수도자연합회로 하고 각 분야별로 수도자들이 가고 싶은 모임에 1년 한 번 참석할 기회 주면 어떨까요? (김영숙 수녀)

◆ 이 자리에 수도자들이 많이 와 계신데 성직자들의 권위주의만 질타하며 통쾌해할 게 아니지 않을까 싶습니다.

본당에서나 교회단체 기관에서 일하는 수도자들도 항상 언제나 평신도 위에 군림하고 또 꼭 대접받으려 드는 의식구조에 대한 자기성찰적 고백 또는 개심을 위한 진솔한 충고의 말씀을 듣고 싶습니다.

자기성찰적 고백 또는 개심을 위한 변을 듣고 싶습니다, 소 수녀님!

소희숙: 저는 수녀들이 다 잘 살고 있다고 생각하지 않습니다. 현재 전국 15개 교구에서 본당사도직에 종사하는 여성 수도자들이 2,169명입니다. 약 25%가 본당사도직을 담당하고 있습니다. 각 수녀회에서 본당사도직에 종사하는 수녀들을 위한 참사위원들이 있고 그들의 모임 명칭이 "본당사도직 연구위원회"(이하 본사위)입니다. 본사위에서 본당사제들과 여성 수도자들을 대상으로 설문조사를 한 결과를 분석·종합한 것을 보면, 본당사제들께 바라는 제언들도 있지만 여성 수도자 자신들의 다짐도 있습니다. 복음선교에 대한 의식을 강화하고, 자기성취를 위한 노력을 지양하고 소극적인 자세에서 탈피하여 적극적이고 열성적인 자세로 사도직을 수행해야 되겠다; 세속주의를 깨치고, 권위주의적인 자아에서 벗어남으로 수도자로서의 정체성을 재정립한다; 기도에 충실한다 등등. 사실 제가 이미 말씀드린 대로

오늘의 말씀은 제 자신에게, 그리고 여기 계신 수녀님들께도 드린 말씀입니다. 제도교회 내의 성직자들만을 대상으로 드린 말씀은 아닙니다.

◆ 교회의 권위주의를 발생시키고 유지하게 하는 데는 평신도와 수도자도 공동의 책임이 있다고 생각합니다. 성직자에 대한 비판뿐 아니라 우리에 대한 자성의 목소리도 높아야 하지 않을까요? 평신도와 수도자가 교회의 권위주의를 초극하기 위해 쇄신되어야 할 점은 무엇이며 중점적으로 해야 할 일은 무엇이라고 생각하십니까? (김영숙, 가톨릭 교리신학원)

◆ 주제 말씀 잘 들었습니다.
　권위주의가 팽배한 현재 가톨릭 교회는 참으로 깨닫지 않으면 개혁은 불가능할 것 같다 — 도대체 뭘 추구하기에 그토록 복잡하고 그렇게 바쁩니까. 진정으로 필요한 것은 무엇이라고 생각하십니까? (전소현)

소희숙: 사실 서양사상으로 포장되어 있는 가톨릭 교회는 일단 대단히 바쁩니다. 서서 움직입니다. 많은 것을 밖에서 찾고 있습니다. 서양과 동양 사상 둘 다 중요합니다. 동양사상이 느긋한 구도로라면 서양사상은 고속도로이고, 동양사상이 땅, 뿌리, 내면이라면 서양사상은 하늘이고 밖이고 바쁩니다. 뿌리가 떠 있는 상태라고나 할까요. 정말 땅의 일, 근원적인 일, 우리 자신의 일, 인간의 일은 허술히하면서 하늘의 일을 먼저 한답시고 바쁘게 돌아가니 일이 되겠습니까? 그래서 이 문제의 해결 방법도 간단하게 생각해 보았습니다.
　진정으로 필요한 것이 무엇이냐? 우리 각자가 정말 개혁할 것은 무엇이냐? 여유입니다. 쉼이 필요합니다. 정말 하느님 앞에서 물처럼, 흙처럼 철저하게 내려앉는, 고요한 시간을 갖고 하느님 앞에서 깊이 내면의 세계로 들어가서 우리 안에 계신 하느님과 일치하는 관상의 기도가 필요합니다. 일을 하면 한 만큼 하느님 앞에 앉아 있는 시간이 필요한 것입니다. 그 맑

디맑은 영혼으로 하느님을 만나 뵙는 여유, 그 쉼, 그 시간이 필요합니다. 우리가 어떤 처지에 있든지 우리 자신이 먼저 깨달음으로 변해서 우리 자신을 온전히 하느님 앞에 바치지 않은 한, 그분께서 우리를 그분의 온전한 도구로 쓰시긴 어려울 게 아니겠습니까. 마음을 보시는 그분이신데 …. 마음을 맑게 닦아내는 그 관상기도 시간을 갖는 것보다 더 귀한 것은 없을 것 같습니다.

둘째로, 장상 수녀님들은 장상으로 계시는 그 기간 동안 실적 위주로 나가지 마시고 수하, 아니면 동료 수녀들이 이런 길을 갈 수 있도록 내·외적인 여건을 마련해 주는 것을 최우선 과제로 삼아야 할 것입니다. 이럴 때 변화가 오지 않겠는가 하는 생각을 하고 있습니다.

마지막으로, 진 안드레아 씨께서 큰 느낌표 하나를 딱 찍어서 보내셨습니다. 제가 이 느낌표를 보면서 많은 것을 느끼는데, 일단은 이런 하느님의 메시지로 받아들여 봅니다. 관상 속에서 더 깊이 느끼고 느껴서 하느님 안에 그 느낌표마저 녹아내리는 작업이 중요하다고. 이렇게 생각하면서 끝을 맺겠습니다. 감사합니다.

정양모: 감사합니다. 강영옥 선생님 말씀해 주십시오.

◆ 교회의 권위주의에 대한 발제문에 제기된 많은 문제가 마치 저의 본당의 이야기를 그대로 옮겨놓은 것 같아 놀랍기도 하고 우리 외에 많은 다른 본당에서도 이러한 문제가 있다는 사실에 착잡한 마음입니다.

성전을 지으면서 본당사제의 강론이 기복적으로 흐르는 것에 대해 우려의 말씀을 한마디 했다가 왕따당하고 있는 중입니다.

영성체 때 "그리스도의 몸"이란 말씀을 빼고 성체를 던지듯 손 위에 놓아주시는 사제를 어떻게 생각해야 할지 모르겠습니다. 제 신앙고백 — 아멘 — 은 하고 돌아 들어오기는 하지만 뭔가 안타깝고 개운치 않습니다. 제가 성체를 모독하고 있는 것은 아니라고 생각합니다만, 사제가 성체를 모독하는 것을 방조하는 것 같아 마음이 무겁습니다. 제가 성체를 모시러 나가지 않아야 할까요?

강영옥: 이러한 문제는 본당신부님께 직접 말씀드려야 하지 않을까 싶습니다. 예전에 제가 다니던 본당에서도 이런 일이 있었거든요. 신부님께서 "그리스도의 몸"이라고 말씀하시면서 손바닥 위에 성체를 얹어주면 우리는 "아멘"이라고 응답하면서 성체를 받아모시지 않습니까? 예수님의 몸을 받아모시면서 나도 예수님처럼 살아야 하겠다는 각오를 하거든요. 그런데 신부님께서 성체를 주시면서 아무 말씀도 안하세요. 그러면 아멘을 언제 해야 할지 신자들은 그때 굉장히 당황합니다. 신부님께서는 무엇인가 신자들에게 불만이 있다는 표시로 성체시간에 그렇게 하시는 것 같습니다. 이런 경우 누군가 용기있는 사람이 신부님한테 찾아가서, "신부님 저희들 그럴 때 대단히 분심이 듭니다. 성체를 주시면서 '그리스도의 몸'이라는 말씀을 안하시는 것은 혹시 성체에 대한 모독이 아닌가요?"라고 아주 솔직하게 말씀드려야 한다고 생각합니다. 그런 이야기를 하는 신자는 물론 신부님께 미움을 받게 되겠지요. 신부님과 얼굴 마주하기 어려운 상황이 된다면, 다른 본당에 가서 미사를 드려도 되지 않을까요? 신부님이 잘못된 행동을 고친다면 다른 신자들은 계속해서 그런 일을 안 당할 것입니다. 그러니까 어떤 용기있는 분이 희생을 각오하고 가서 말씀드리고, 그러고는 그 신부님 보기 미안하고 껄끄러우면 다른 본당 가서 성체 모시고. 그래서 함께 잘못된 부분을 고쳐나가는 것, 대단한 용기가 필요하지만, 그러한 일을 평신도가 해야 한다고 생각합니다.

◆ 교회 내, 특별히 본당 내에서 평신도, 여성 평신도 교육과 지도자 양성을 위한 구체적 방법을 제시하신다면 어떤 것을 제시하시고 싶습니까?

강영옥: 벌써 이런 문제들을 조금씩 느끼면서 신학을 공부한 여성들이 모

여서 2년 전부터 작업을 시작했습니다 장상연합회 내에 가톨릭 여성신학회라는 것을 조직했어요. 조직이 중요하다고 그러셨죠? 저희들이 벌써 조직에 착수한 지가 2년이 지났습니다. 그래서 그곳은 신학을 공부한 평신도 여성과 여성 수도자가 함께 모여서, 우리 문제를 신학적으로 어떻게 정립할 것인가, 이론적인 바탕을 어떻게 구축해 나갈 것인가에 대해 고심하고 있습니다. 다른 한편으로는 신학한 사람들끼리만 모여앉아서 일을 하게 되면 일반 여성들에게는 너무 기회가 없지 않느냐라는 생각 때문에 가톨릭대학교 성심 교정에 계시는 최혜영 수녀님이 중심이 되어 가톨릭 여성연구원이라는 것을 또 2년 전에 조직했습니다. 그곳은 가톨릭 내의 전문직 여성들이 모여서 교회 내의 여성들을 어떻게 하면 조직하고 교육을 시키고, 그리고 이것을 하나의 운동으로 만들어나갈 것인가 고민하면서 계속 모임을 가지고 있습니다. 작년 일년 동안 가톨릭 여성연구원이 전국 여성 수도자들에 대한 실태조사도 했습니다. 방대한 작업이었습니다. 실태조사를 하면서 현재 여성 수도자들의 현주소를 더듬어 보았고, 주목할 만한 결과들이 많이 나왔습니다. 그 자료집을 여러분들, 수도자들이 한번 보시면 도움이 될 것입니다. 우리가 지금 어느 위치에 서 있는가라는 문제에 대해 여성의식을 가지고 여성학자들, 사회학자들, 신학자들이 함께 참여해서 평신도, 수도자가 공동으로 한 작업입니다. 여성들을 위한 프로그램을 계획하기 위해서 벌써 씨앗을 심었는데요. 그 싹을 틔우기가 대단히 힘이 듭니다. 전혀 지원이 없습니다. 여성들이 뭘 하겠다 그러면 아무도 돈을 안 줍니다. 미덥지가 않은가봐요. 작년에 수행한 그 실태조사는 여자 수도자 장상연합회가 주관하고 각 여성 수도회들이 거금을 내서서 일년 동안 프로젝트를 진행한 것입니다. 저는 성당 짓는 데 자꾸 돈을 갖다 바치지 말고, 정말 교회를 위한 일이 무엇인가를 생각한 다음, 참로 교회를 위해서 평신도들이 돈을 썼으면 좋겠어요. 그러한 의식을 높이기 위해 여성 교육이 필요하다고 봅니다. 우선 교구 차원에서 여성들을 위한 여성 사목국이 설치되어야 한다고 생각합니다. 여성 사목국을 중심으로 여성신자들을 위한 다양한 프로그램을 전개할 수 있을 것입니다. 여성신자들을 위한 신학공부, 성서 공부, 상담교육 등 교회의 쇄신과 사회의 복음화를 일깨울 수 있는 여성신자 재교육이 실시되어야 할 것입니다. 그래서 여성 단체장들이 그냥 막 일하는 데 시달리지 말고 참된 복음의 정신에 입각해서 열정적으로 신앙생활을 해나가야 할 것입니다. 또 다른 한 가지는 어머니들이 제일 힘들어하는 부분이 자녀들의 사교육입니다. 본당에서 유능한 여성들을 인력으로 활용하여 본당에서 그 지역 주민, 어린이를 위한 여러 가지 교육 프로그램을 실시해 보는 것도 좋을 것 같습니다. 비용은 실비로 받고 지역을 위해서 봉사하는 마음으로 자녀교육을 공동으로 하는 것이지요. 어느 시골 교회에서 바이올린을 가르치는 예를 보았습니다. 저는 그런 예를 보면서 여성 인력들을 활용해서 본당에서 이런 프로그램을 하면 참 좋겠다고 생각했습니다. 본당이 그 지역의 문화 센터가 되고, 그 센터를 본당이 지원해 주는 겁니다. 그러면 그것이 사회 복음화도 되고, 교회쇄신도 되고, 여성 신자들이 그저 허드렛일 하는 게 아니라 자기 재능도 살리고, 자신의 달란트를 좋은 일에다 봉사할 수 있지 않겠습니까? 요즈음 학교에서는 자원 봉사자들을 받아서 방과 후에 여러 가지 다양한 교육들을 실시하고 있습니다. 저는 학교보다 본당에서 이런 걸 하면 효과적이지 않을까 생각합니다. 신앙교육도 동시에 시킬 수 있거든요. 그래서 뭔가 여성사목을 전담할 수 있는 교회 내 공식 통로가 필요하다고 봅니다. 그리고 신학대학을 사제들만을 양성하는 곳으로 묶어두지 말고 평신도를 위해서 문을 개방해야 된다고 생각합니다. 엄청난 돈을 들여 신학교를 지어놓고 소수의 신학생들만을 위해 활용하는 것은 복음적이지 않습니다. 저는 신학교 건물들이 사제들만 양성하는 어떤 특수기관으로 전락해서는 안된다고 생각합니다. 그것은 누구에게도 도움이 안됩니다. 신학생들은 그 속에서 굉장한 특권의식을 기르게 되고, 사회와 자꾸 단절되고, 여성들을 어떻게 대해야 하는지 배울 기회를 박탈당합니다. 그래서 저는 신학대학도 여성 평신도들을 위해서 좀 개방했으면 좋겠다는 생각을 가지고 있습니다.

◆ 1. "평신도"라는 말을 들을 때마다 거부감이 생깁니다. "평신도"가 있다면 "특별신도"도 있다는 말인가요? 평신도라는 말 대신 그냥 "신도"라는 말은 어떨까요?

강영옥: 서 신부님과 함께 신학 세미나를 할 때 저희들은 "평신도"라는 단어보다 "그리스도 신앙인"이라는 단어를 즐겨 사용하였습니다. 그리스도 신앙인 하면 평신도, 성직자, 수도자 다 포함될 수 있습니다. 예수님을 그리스도라고 고백하면서 따르는 사람은 누구나 그리스도 신앙인이라고 할 수 있겠지요. 구태여 "평신도"라는 단어를 강조하기보다는 "그리스도 신앙인", "그리스도 신자" 이렇게 바꾸는 것이 좋을 것 같습니다. 이미 신학 안에서는 그렇게 사용하고 있습니다.

◆ 2. 성모 마리아는 가톨릭 교회에서 존경의 대상을 넘어서서 모든 여신도의 우수 모델인 것 같습니다. 모든 여신도들이 마리아처럼 순종하고 모성애를 발휘할 것을 강요당하고 있습니다. 그래서 저는 마리아 공경에 대한 말이 부담스럽고, 성모몽소승천 대축일이나 천주의 모친 대축일은 미사에 나가지 않습니다.

가톨릭 교회에서 마리아의 진정한 위상은 무엇입니까?

강영옥: 성모 마리아에 대한 잘못된 이해는 여성을 대단히 억압하는 기제로 작용하게 됩니다. 성모 마리아를 본받으라 하면서 마리아는 성가정을 이루기 위해서 헌신적으로 노력한 어머니인 양 묘사하는 것은 성서를 제대로 모르는 말입니다. 성서에서 마리아는 그렇지가 않습니다. 마리아에 대한 성서 보도에 동정녀 탄생설이 들어온 것은 성서의 전승에서 무엇인가 의미를, 곧 메시지를 전달하기 위함입니다. 구약성서에는 아기를 낳지 못해서 고통받는 여성들의 소리에 하느님께서 귀기울이시어 아기를 낳게 해주셨다는 하나의 구원사 전승이 있습니다. 예를 들면, 아브라함의 아내 사

라가 이미 나이가 많아서 아이를 낳을 수 없는 처지였지만 아기를 낳게 되거든요. 그건 하느님의 은총입니다. 그 다음에 이사악의 아내 리브가도 마찬가지였어요. 또 사무엘의 어머니 한나. 아기를 낳지 못해서 엄청 설움을 당했어요. 남편의 사랑은 받았는데 아들이 없어서 브닌나로부터 핍박을 당했습니다. 가부장제 문화권에서 여자가 아들을 못 낳으면, 오늘날에도 상당한 위기의식을 느낍니다. 가정 안에서 여성은 아들을 낳아서 대를 이어줘야 하는데, 물론 오늘날 그것이 많이 깨어지긴 했지만, 아직까지도 여성들에게 상당한 부담으로 작용하는 것 또한 사실입니다. 그런 여성들이 아들을 낳게 되면 하느님의 구원이 역사 안에서 이루어지는 것으로 여겨졌습니다. 그러한 구원사 전승이 신약성서에도 이어져서 엘리사벳이 먼저 아기를 낳을 수 없는 처지, 석녀였는데 아기를 낳게 됩니다. 그 다음에 곧이어서 마리아 이야기가 나옵니다. 그런데 마리아는 아직 결혼을 안한 처녀입니다. 결혼을 하고 아들을 못 낳으면 대단한 핍박을 받습니다. 그런데 결혼을 안했는데 아기를 가졌다면 더한 핍박을 받게 됩니다. 오늘날에도 미혼모는 설 땅이 없습니다. 그런데 마리아가 그런 처지에 처한 거지요. 그랬을 때 그것은 이사야 예언서에 나타나듯이 "하느님의 놀라우신 구원역사가 지금 이 세상 역사에서 이루어진다"라고 하는 메시지를 그 속에 담고 있습니다. 석녀가 아니라 아예 남자를 알지 못하는 처녀가 아들을 낳으면 메시아의 표징이 될 수 있었습니다.

성모 마리아에 대해 저는 이렇게 해석하고 싶습니다. 즉, 인간적인 문화와 관습, 억압과 차별의 벽, 이러한 것들을 두려워하지 않고 하느님의 뜻이라면 "당신의 뜻을 따르겠습니다"라고 자기 자신의 존재를 다 내놓았던 한 여성으로 보고 싶습니다. 인간 역사와 문화 안에서 용납되지 않는 일일지라도 하느님의 일이라는 확신만 있다면 어떤 두려움이나 억압과도 맞설 수 있는 용기있는 여성 말입니다. 우리 언어의 "순종"이라는 단어보다는 "참으로 용기있는 여성"이라는 이미지가 성모님께 더욱 적절하다고 생각합니다. 성모 마리아는 하느님의 뜻이 이루어지도록 당신 자신을 내놓을 줄 알았던 여성이었습니다. 그래서 마니피캇에서 "비천한 자를 주님께서 들어 올리셨다"고 노래합니다. 저는 바로 거기에 마리아의 진정한 의미가 들어 있다고 봅니다.

◆ 성직자의 권위주의는 현재 젊은 신부님들에게도 별다른 점이 없다고 생각됩니다. 신앙과 인격 그리고 기도 중심의 교육보다 권위적 교육방식이 신학생들을 시대착오적이고 권위적인 사고를 갖게 한다고 생각됩니다. 의견을 듣고 싶습니다. (고 가우디아 수녀, 포교 성 베네딕도 수녀회)

강영옥: 저는 신학교를 개방해야 한다고 생각합니다. 신학교에서는 시대와 대화를 나누면서 고민하는 신학 토론이 이루어져야 할 것입니다. 우리가 사는 역사와 사회 안에서 복음이 무엇인가를 찾아주는 역할을 신학이 해야 한다고 봅니다. 그런데 사회와 세상과 역사와 담을 쌓고 그 안에서 상아탑처럼 신학을 하겠다고 하면, 그럴수록 점점 더 복음의 메시지가 실종되지 않을까요? 권위적인 교육방식과 그러한 분위기 안에서 신학생들에게 특권의식을 심어줄 때 사제의 권위주의는 더욱더 강화되는 것이 아닌가 생각합니다.

◆ 하느님은 유일하신 진리이시지 아버지인지 어머니인지 모르지 않습니까? 하느님 아버지란 지칭은 남성 권위에서 오는 모순 아닙니까? (정아라 정혜 엘리사벳, 충남 서천군 서천읍 서천본당)

강영옥: 정 신부님께 드린 질문인데, 질문지가 저한테 왔습니다. 하느님 아버지라는 칭호는 예수님께서 하느님을 "아빠 아버지"라고 부른 데서 나온 것 같습니다. 예수님이 "아빠, 아버지"라고 부를 때 하느님과 대단히 친밀한 관계를 나타냅니다. 우리가 그냥 아버지라고 부르는 권위적인 아버지가 아니라, "아빠, 제 뜻이 아니라 당신의 뜻대로"라고 고백할 때의 그 아

버지입니다. 예수님이 하느님을 아버지라고 부를 때는 하느님의 뜻에 자신을 온전히 일치시키면서 자신의 인간적인 것을 모두 다 하느님의 뜻에 맞추는 모습이 들어 있습니다. 오늘날 말로 하면 하느님의 시선으로 이 세상을 바라보면서 당신 스스로를 변화시켜 가는 예수님의 모습이 담겨 있다고 생각됩니다. 그럴 때 역시 우리가 일반적으로 말하는 권위적이고 가부장적인 아버지와는 그 의미가 다르지 않나 생각됩니다. 구약성서 안에는 하느님을 꼭 아버지, 남성적인 이미지로만 표상하지 않습니다. 오히려 여성적인 이미지, 예를 들면 모태, 자궁, 연민이라는 단어가 하느님과 연결되기도 합니다. 또 신약성서에서 예수님이 하느님에 대한 비유를 들려줄 때, "은전을 찾아헤매는 여인과도 같다"라고도 합니다. 돌아온 탕자 비유에서 아들이 돌아왔을 때 아버지가 뛰어나가서 맞아들이잖아요? 그랬을 때 우리 사고방식으로 그 아버지는 어머니의 모습에 더 가깝습니다. 우리 어머니들은 아들이 아무리 못된 짓, 정말 죽을 죄를 지었어도 아들이 돌아오기만 기다리고, 혹시 굶을까봐 밥을 떠놓고 기다립니다. 성서에 등장하는 하느님 아버지의 표상은 저 멀리 작은아들이 오는 걸 보고는 버선발로 뛰어나가 안아주는 분입니다. 그 장면을 화가 렘브란트Rembrandt(1606~1669)는 그림에서 한 손은 아버지의 손으로, 다른 한 손을 어머니의 손으로 표현하고 있습니다. 저는 이 화가가 대단한 감각을 지니고 있다고 생각합니다. 하느님을 나타내는 데 아버지라고 해서 항상 남자만을 지칭하는 것은 아니라는 겁니다. 그 속에는 남성적인 모습, 여성적인 모습이 함께 녹아 있습니다. 아버지라는 인간적인 단어를 넘어서서, 아버지라는 하나의 상징적인 표현을 넘어서서, 하느님을 지칭하고 있다고 봅니다. 그랬을 때 하느님에 대한 언어는 그 상징성을 넘어가는, 다시 말해, 아버지 · 어머니의 차원을 넘어가는 어느 지점에서 하느님을 표현한다고 생각합니다.

◆ 1. 예수님께서는 여성차별의 모습을 찾기 어려운데 바울로 위서인 사목서간 디모테오 전서 2,8-15에서는 "여자는 공석에서 가르쳐서는 안된다",

"여자는 자식을 낳음으로써 구원받습니다" 등의 여성차별의 모습을 볼 수 있습니다.

예수와 다른 초기 기독교 공동체의 여성차별의 모습은 어떻게 형성된 것입니까? 또 가부장적 가족제도와 교회와 가부장적 권위제도는 교회사 안에서 어떤 관련성을 가지고 있습니까?

강영옥: 성서 공부를 하다보면 시대적으로 여러 다양한 층이 성서 안에 엮어져 있음을 알 수 있습니다. 아주 초창기 예수님과 함께했던 공동체의 모습이 들어가 있는가 하면, 후기 그리스도교 공동체의 신앙 해석들도 많이 섞여 있습니다. 바울로 위서에 가면 이미 시대적으로 상당히 후대의 문서임을 알 수 있습니다. 교회가 틀을 잡아가면서 그 시대의 문화에 상당 부분 적응을 한 단계입니다. 문화와 지나친 충돌을 일으키게 되면 신앙을 선포하는 데 걸림돌로 작용했던 것 같습니다. 초대교회 당시 바깥 사회에서는 여성차별이 엄청나게 컸는데, 교회 안에서 너무 평등을 부르짖다 보니 교회에 대한 오해가 생길 수 있었습니다. 복음을 전파하려면, 그 시대 문화 속으로 파고들어야 합니다. 그래서 여성들에게 좀 잠잠해라, 밖에서 외인들이 와서 봤는데 여자들이 너무 설치니까 복음전파에 역효과를 주더라 하는 식입니다. 이 문제는 거꾸로 "오늘날 우리가 왜 자꾸 여성문제를 얘기하느냐, 그것이 왜 복음선포와 연결되어야 하는가"라는 문제와도 연결됩니다. 오늘날 바깥 사회에서는 여성차별의 현상이 점차 개선되어 나가는데 교회 안에서 유독 여성차별이 심화되어 있다고 한다면 아마 젊은 세대의 여성들은 교회를 떠나게 될 것입니다.

당시의 시대적인 배경에 따라서 상대화될 수 있는 요소들은 문화가 바뀌면 또다시 변화할 수 있어야 합니다. 여성 억압의 본문들이 당시 일반사회의 여성차별적 상황을 반영하는 것이라고 한다면, 오늘날 우리의 상황에서는 여성들을 억압과 차별의 굴레에서 해방시켰던 예수님의 본래 모습을 다시 살리는 방향으로 전개되어야 한다고 봅니다. 문화가 바뀌면 교회 안에서도 복음에 맞추어서 문화적인 요소들을 자꾸 바꾸어 나가야만 그 안에서 복음이 살아 움직일 것입니다.

◆ 2. 창세기 3장에서 뱀의 유혹에 빠진 하와에 두고 있는 뿌리깊은 여성에 대한 "마녀" 인식을 어떻게 여성신학적 차원에서 새롭게 바라보아야 합니까? 여성차별적 성서 본문을 일반 신자로서 어떻게 바라보아야 하는지 (일반적인 이야기로) 들려주시면 감사하겠습니다. (김원자, 서강대학교 수도자 대학원)

강영옥: 피오렌자E. S. Fiorenza는 성서를 주로 여성신학적으로 해석한 분인데, 여성해방론적인 열쇠를 가지고 여성의 시각으로 성서를 다시 비판적으로 읽어나가야 한다고 주장합니다. 왜? 성서 자체도 남성들의 손에 의해서 남성들의 눈으로 씌어졌기 때문에 그 속에는 여성들을 억압하는 요소가 들어 있다는 겁니다. 성서 안에 복음의 진리를 담으면서 그것이 남성의 시각으로 해석되니까 잘못 전달될 수 있다는 겁니다. 그래서 여성의 눈을 가지고 새롭게 벗겨내면 그 속에서 복음의 의미가 새롭게 살아날 수 있다고 합니다. 그동안 남성 위주의 학문적 외피를 벗겨내고 성서적 표상의 신학적 의미를 새롭게 찾아내는 것을 여성신학의 과제로 삼습니다.

창세기 3장에서 뱀의 유혹, 하면 이것을 자꾸 여자하고 연결시켜서 여자가 모든 악의 원천이며 죄의 근본인 양 잘못 해석하는 경우가 많습니다. 이것은 대단히 남성중심적인 시각에서 보는 해석입니다. 오늘날 창세기 설화를 성서학자들은 역사적인 사실을 그대로 기록한 것이라고 보지 않습니다. 신앙인들이 가지고 있는 하느님에 대한 해석이죠. 그리고 구약성서 학자들은 창세기 설화가 원인론적 설화라고 말합니다. 즉, "하느님이 창조하신 이 세상은 참으로 선하고 좋은데, 왜 인간들의 삶은 이다지도 고통스럽고 불행한가?"라는 물음에 대한 신학적 답변이 창세기 설화에 담겨 있다고 합니다. 우리가 고통중에 사는 것은 하느님이 우리에게 불행하게 살도록 벌을 주신 게 아니라, 우리 인간이 원초적으로 무엇인가 잘못한 것이라는 신학적 해석이 담겨 있다는 것이지요. 우리가 하느님을 삶의 울타리에서 배제시키고 우리 스스로 제 주인인 양 하느님처럼 살기 때문에 불행하다는 것입니다. 또한 우리 삶의 고달픔은 온전히 개인의 잘못만이 아니라 사회 안에서 인간들을 악의 경향으로 기울게 하는 세력이 있는데 그것을 뱀이라는 상징을 통해 묘사한다고 풀이합니다. 이를 폴 리꾀르P. Ricoeur는 「악의 상징」에서 잘 풀이해 주고 있습니다. 이러한 해석에 따르면 여성을 악의 기원이나 원천으로 보는 것은 참으로 왜곡된 해석이라 하겠습니다.

성서 전반에 걸쳐 나타나는 여성 억압적인 본문들은 많은 부분 그 시대의 문화적 상황과 결부되어 있습니다. 따라서 성서를 무비판적으로 받아들이기보다는 문화적으로 상대화시킬 수 있는 요소들을 벗겨내면서 오늘 우리 시대에 복음의 진리로 다가올 수 있도록 해석해 내야 하겠습니다.

정양모: 민 교수님, 질문 하나 받으셨는데요.

◆ 아시는 데까지 유럽과 북미에 있는 WE ARE THE CHURCH 운동에 대해서 말씀해 주십시오. (안광훈)

민경석: 이 운동은 공의회 이후 구미에서 일어난 평신도 자립운동인데, 북미에서 일고 있는 활동에 한정하여 말씀드리겠습니다. 1970년대에 교회에 많은 개혁 바람이 불고, 그래서 1975년에 주교단의 결정에 의해서 각 교구마다 대표단을 보내서 디트로이트에서 "행동에로의 부름", Call to Action 이라는 전국적인 개혁대회를 했어요. 많은 개혁세력이 모이고, 분과토론도 하고, 함께 미사도 드리고 또 수천 명이 모였으니 열기가 오죽 높았겠습니까? 이것을 계기로 개혁세력이 조직화되다 보니 개혁에 대한 요구도 더욱 커지게 되었고, 주교들도 호랑이를 키웠다는 우려에서 더 이상 이 모임을 지지하지 않기로 결정하게 되었습니다. 1976년 이후로 이 모임은 교회의

권위로부터 완전히 독립된, 개혁을 원하는 수도자, 평신도, 사제 그리고 몇 분의 주교들의 자발적인 모임으로 계속되면서 성장해 왔습니다. 이 모임의 주제가 "We are the Church", 즉 교회는 주교나 신부에 국한된 것이 아니고 "우리가 바로 교회다"라는 것입니다. 해마다 11월초에 디트로이트와 밀워키에서 번갈아 모이면서 3,4천 명이 함께 모여 분과 토의, 혁신적인 예전, 각종의 강연과 행사를 통하여 그동안의 한도 풀고 교회 내외의 여론도 일으킵니다. 전국적인 조직으로서 지금은 35개 주에 40개의 지부와 19,000명의 회원이 가입되어 있습니다. 지부들도 지부 나름의 활동을 하고 있습니다. 교회 내에 문제가 있을 때마다 서명운동도 하고 『뉴욕 타임스』 같은 신문에 성명서도 발표합니다. 한국에도 이러한 조직이 있어서 교회개혁을 위한 교육과 연구를 수행하고 때로는 서명운동과 성명서 발표 같은 단체행동도 할 수 있었으면 좋겠습니다.

정양모: 서 신부님, 답변해 주시죠.

◆ 현재 한국 가톨릭 교회의 심각한 문제인 성직자들의 권위주의는 신학교 교육 과정에서부터 원인이 있다고 생각합니다. 이런 관점에서 앞으로 신학교 교육이 어떻게 시정되어야 하는지를 말씀해 주십시오.

서공석: 여러 가지 이유에서 말씀드리기 어려운 질문입니다. 현재 일곱 개 신학교에서 교편을 잡고 계시는 신부님들이 계신데, 그들에게 폐가 되지 않는 범위 내에서 말씀드립니다. 개방된 분위기 안에서 신학교 교육이 이루어져야 한다고 생각합니다. 지금은 격리된 교육입니다. 신부가 되겠다는 사람은 자기 나이 또래의 남녀 젊은이들과 어울려도 보고, 자기가 왜 신앙인인지 또 왜 신부가 되려고 하는지를 자유스럽게 말해 보아야 합니다. 신약성서에 이런 말씀이 있습니다. "여러분이 품은 희망에 대해서 누가 여러분에게 그 사연을 묻든지 언제나 해명할 준비를 갖추시오"(1베드 3.15). 남녀

공학의 분위기 안에 두면 신학생들 다 잃어버릴 것이라 생각하는 분들이 있습니다. 여성을 알게 되어 떠나는 사람은 일찍 떠나는 것이 낫겠지요. 여성을 전혀 보지도 만나지도 못해서 신부가 되면 그 사람 어디다 쓰겠어요. 어차피 인구의 반은 여성인데 …. 남녀인 사람들과 동등한 입장에서 어울려 본 사람이 인격적으로 올바른 대인관계를 맺으면서 일할 수 있을 것입니다. 옛날 중세 유럽 사회는 사실 난폭하고 야만적 사회였습니다. 그 시대 무언가 인간적이고 문화적인 것이 있다면 수도원 안에서 찾을 수 있었다는 증언이 있을 정도였습니다. 그런 시기에는 문화적인 교양인을 육성하기 위해서는 사회에서 격리해야 했습니다. 그러나 오늘과 같은 문화적 수준이 높고 정보가 다원적으로 공급되는 사회에서 사람을 격리하면 현실에 대한 정보 부족으로 착각하는 바보를 만들고 말 것입니다. 격리수용만 하면 영성이 솟아난다고 생각하는 것은 현대 사회를 외면하고 유럽 중세가 남긴 폐기물에 오염된 사고방식입니다. 물론 현실과 격리되어 잠심하고 고독하게 스스로를 발견하는 시기도 필요하지만 그것만으로 영성이 생기지는 않습니다. 『공자가 죽어야 나라가 산다』라는 책이 있습니다. 과거에서 진리의 원형을 보면서 확인되지 않는 과거를 미화하고 상하 수직관계만 중요시하는 유교적 유산을 폐기하지 않으면 우리는 현대 지구촌의 세계에서 낙오자가 될 것이라는 내용입니다. 신학교 교육에서도 과거 형이상학적 신학이 죽어야 신학이 산다고 말할 수 있을 것입니다. 형이상학적 이분법이 죽어야 한다는 말입니다. 초자연과 자연, 하느님 나라와 세상, 하느님과 악마, 신에 대한 초자연적 지식과 이 세상의 사악한 지식, 이런 식으로 구분하여 신학생들을 현실에서 격리하는 것은 세상에 대해 착각하는 사람을 만드는 것입니다. 현대인이 사용하지 않는 형이상학적 언어로 신학을 배워서는 안될 것입니다.

 1975년도에 광주신학교에 근무하던 한국 신부가 모두 사표를 제출하고 물러난 일이 있었습니다. 여기 계시는 정양모 신부님도 그 중 한 분이었습니다. 주교님들과 갈등을 빚게 된 원인은 여러 가지 있었습니다. 지금 질문하신 것과 관련된 것으로는 그때의 교수진이 신학생들을 너무 많이 가르치려 한다는 것이었습니다. 어느 대주교님은 "수단 입을 줄 알고, 미사 드릴 줄 알고, 순명할 줄 알면 된다"고 말씀하셨습니다. 물론 한 분의 말씀을 일반화할 수는 없지만 주교님들의 마음 저변에 흐르고 있는 신학교 교육관의 한 단면을 노출시킨 것 같은 말씀이었습니다. 오늘의 사회에 그렇게 가르쳐서 내보내면 무엇이 되겠습니까? "순종"은 유럽 중세 사회에서 무식한 사람이 유식한 사람의 지시에 따름으로써 자기 실효성을 높이는 수단이기도 했고, 다스리는 자 밑에서 다스림을 받는 사람이 생존하는 방법이기도 했습니다. 성서에 순종이 나오지만 그 순종은 인간이 인간에게 하는 것이 아닙니다. 하느님의 뜻에 순종하는 것입니다. "여러분 가운데서 첫째가 되고자 하는 사람은 모든 이의 종이 되어야 합니다"(마르 10,44)는 예수의 말씀입니다. 교회 조직상 상위에 있는 사람은 그 하위에 있는 사람과 함께 하느님의 뜻을 찾고 식별하는 섬김을 실천해야 합니다. 가톨릭 교회 안에는 순종을 하느님이 주신 기본 질서인 양 말하는 사람들이 있는데, 이 현상은 한편으로는 유럽 중세를 벗어나지 못한 지진아遲進兒들의 사고방식이고 또 한편으로는 집단적 열등의식의 발로입니다. 사람들과 대등한 입장에서 의논하고 합의를 도출할 능력이 없는 열등의식이지요. 자기 뜻에 순종할 것을 요구하는 사람은 하느님의 자리를 찬탈하는 일이기도 합니다. "선과 악을 알 수 있는 나무열매"를 먹은 것이지요. 선악의 기준을 자기 안에 두는 일은 "탐스러울 뿐더러 사람을 영리하게 해 줄 것 같았고"(창세 3,6), "하느님처럼"(3,5) 되는 것으로 생각하는 것이지요. 새롭게 서품된 사람들에게 "양떼들이 목자인 너희들을 기다리고 있다"는 의미가 함축된 말을 잘 합니다. 그런데 실제로 사목 일선에 나가보니까 양떼와 말이 잘 통하지 않습니다. "나는 내 양들을 알고 내 양들도 나를 압니다"(요한 10,14)고 배웠는데 실제로 접촉해 보니까 문제가 있는 양들입니다. 말 못하는 양들도 아닙니다. 사목에 임하는 사람들은 신앙인들과 대등한 입장에서 함께 복음의 말씀을 듣고 반성하는 훈련은 전혀 받지 않았습니다. 목자는 양들의 일을 알아서 결정하면 된다고 생각합니다. 그러니까 비장의 무기가 나오는 것입니다. 하느님과 예수 그리스도의 후광으로, 또 하느님 나라를 담보물로 양떼가 말을 듣게 해야지요. 이것이 권위주의 발생의 계기가 되는 것 아니겠습니까?

우리가 함께 살아야 하는 현대인들이 그 의사소통의 회로回路에서 사용하는 언어, 의견수렴 방식, 인격을 존중하는 인간관계 등에 익숙한 사목자가 되어야 합니다. 최근에 신학교는 교구 주교님들의 장식물과 같은 것이 되었습니다. 신학교 교육의 질에 대한 연구는 없고 교구마다 경쟁적으로 신학교를 설립하다 보니 지금은 한국에 일곱 개 신학교가 있습니다. 우리가 1975년도에 신학교를 떠나면서 광주신학교가 발간하는 『신학전망』 28호에 그때 갈등의 내용과 한국 신학교 교육의 전망에 대해 좌담회 양식으로 기록해 놓았습니다. 25년 가까운 세월이 흘렀습니다만 그때 우리가 염려하던 것이 오늘 일어나고 있다고 생각할 때가 종종 있습니다.

◆ 현재 교회가 가진 7성사는 12세기 이후에 정해진 것으로 압니다. 그 이전에는 더 많은 성사가 있었다고 합니다. 그러니까 오늘의 성사에 이르기까지 역사적 변천을 거쳐왔는데 신부님께서는 오늘의 7성사를 어떻게 생각하시는지요. (최정희 수녀, 살레시오 여자 수녀회)

서공석: "우리 주님이신 예수 그리스도께서 일곱 가지 성사, 곧 세례, 견진, 성체, 고해, 병자, 신품, 혼배 성사를 설립하셨다"고 정의한 것은 트리엔트 공의회(1545~1563)였습니다. 일곱 성사라는 말이 언급된 것은 제2차 리용 공의회(1274)에 제출된 「미카엘 황제의 신앙고백문」과 피렌체 공의회(1439~1445)의 「아르메니아인들을 위한 결정문」 두 문서에서 확인됩니다. 트리엔트 공의회가 일곱 성사를 강도높게 정의한 것은 그 시기 종교개혁을 부르짖는 사람들이 성사 자체를 부인하거나 그때까지의 성사 관행을 공격하기 때문이었습니다. 일곱 성사라는 말이 나타나는 것은 13세기 이후입니

다. 성사를 의미하는 라틴어 sacramentum이라는 단어는 신약성서의 그리스어 "신비"*mysterion*를 번역한 것입니다. 교부들도 성사라는 단어를 신비라는 뜻으로 사용하고 있습니다. 트리엔트 공의회가 "일곱 성사를 예수 그리스도께서" 세우셨다고 말하는 것은 예수가 지상 생애중 세우셨다는 뜻이 아니라 주님이신 예수 그리스도는 "세상 종말까지 어느 날이나 항상"(마태 28.20) 교회와 더불어 살아 계시고, 그 교회가 예수 그리스도의 구원을 실천하는 가운데 제정한 일곱 개의 성사라는 뜻입니다. 교회가 일곱 성사로 정의했다고 해서 일곱 성사를 같은 수준에 두고 같은 중요성을 부여한 것으로 생각할 필요는 없습니다. 트리엔트 공의회 시기에 이미 교회 안에 정착되고 실천되는 일곱 성사의 관행을 손상시키지 않겠다는 뜻입니다. 일곱 성사 중 가장 원천적인 중요성을 지니는 것은 성체성사일 것입니다. 이 성사를 중심으로 다른 성사들의 의미를 보아야 할 것입니다. 세례는 성체성사 신비에 입문하는 통과의례일 것이고, 혼배성사는 인류 역사 안에 있는 결혼제도의 구원적 의미를 표현하고, 신품성사는 교회 안에 어떤 공적 사명을 수여하는 수임授任식 정도의 중요성을 지니는 것일 테지요.

◆ 성령기도회가 여러 가지 문제점을 안고 있지만 그 순기능도 무시할 수 없다고 여겨집니다.

첫째, 성령기도회 운동은 평신도 스스로가 가장 능동적으로 참여할 수 있는 교회 내 신심운동입니다. 이 운동은 삶의 여러 가지 문제를 신앙적으로 해결할 수 있도록 도와주는 역할을 하고 있습니다.

둘째, 딱딱하고 엄숙한 가톨릭 교회의 분위기와는 다른, 체험적이고 감성적 신앙을 이 운동에서 맛볼 수 있습니다.

셋째, 이 운동은 신학과 성서를 공부할 기회가 적은 일반 신자들이 그 바쁜 가운데서도 하느님을 잊지 않고 찾을 수 있는 길이 될 수 있으며, 각종 봉사에 염증을 느낀 신자들이 선택할 수 있는 대안이라고 여겨집니다.

넷째, 이 운동에서 남녀는 비교적 평등하게 활동하고 봉사자가 됨으로써 신자 스스로가 다른 신자들에게 도움을 줄 수 있습니다. 다만, 성서 공부가 다소 부족하고 봉사자들의 자질이 문제될 때도 있습니다. 기복적 언행을 가미하는 경향도 있습니다. 그러나 이런 부작용이 있음에도 불구하고 앞으로의 신앙을 위해 반드시 필요한 운동으로 여겨집니다. (정주영, 대구시 서구 윤일본당)

서공석: 지적하신 점에 대해 저는 전적으로 찬성합니다. 저는 성령운동이 기도, 성서 독서, 봉사 등을 권장한다는 의미에서는 이 운동이 훌륭한 그리스도 신앙운동이라 생각합니다. 특히 평신도들의 적극적 참여를 전제로 한 운동이라는 점에 있어서 현대 신앙운동으로 긍정적 평가를 하고 싶습니다. 그러나 흔히 보면 성령운동은 심령기도와 병고침의 실천이라고 생각하는 분들이 있습니다. 이런 오해는 없도록 해야 할 것입니다. 현대인은 관찰할 수 있는 실효성을 중시합니다. 이런 사고방식에 편승한 일부 성령운동가들이 그 운동을 성령으로 말미암은 심령기도의 실효성과 병고침의 실효성으로 제한하여 와전하는 경우도 있습니다. 바울로 사도는 이렇게 말씀하십니다. "내가 여러분에게 가서 이상한 언어를 말한다 한들 … 내가 여러분에게 무슨 도움이 되겠습니까?"(1고린 14.6). "집회에서만은 이상한 언어로 일만 마디의 말을 하느니보다 다섯 마디라도 내 정신으로 알아들을 수 있는 말을 하고 싶습니다"(14.19). 심령기도와 병고침을 위한 목소리를 조금 낮춰준다면 저는 형제님이 지적하신, 그 운동의 긍정적 평가들에 대해 전적으로 동감합니다.

◆ 어제, 오늘 여성 사제직에 대한 신부님의 말씀을 들었습니다. 그런데 신부님의 답변을 들으면서 가톨릭 교회가 여성 사제직을 수용하는 데 있어서 모든 장애 요소가 성직자에게만 있는 것처럼 들립니다. 물론 제도는 시대에 따라 다를 수 있다는 관점에서 여성 사제직을 긍정적으로

생각합니다만, 이를 위해서는 평신도를 포함한 교회 구성원 모두의 의식전환이 요구된다고 생각합니다. 예를 들어 사제의 고유 권한이었던 성체 분배권이 평신도에게도 주어졌지만, 이왕이면 신부님께 영성체를 하기 위해 신부님 앞으로 줄을 서려는 일부 신자들이 있습니다. 이런 모습은 여성 사제직을 허용했을 때의 부작용(역작용)을 미리 보는 것 같습니다. 그렇다면 성직자들 못지않게 평신도들에게도 여성 사제직 수용을 위한 의식 전환이 필요하지 않을까요? (백남일 요셉 수사, 복자수도회)

서공석: 교회 구성원 모두의 의식전환을 필요로 한다는 점에는 저도 동의합니다. 저도 서울 시내 어느 본당에서 매주일 미사를 드리고, 보통은 수녀님 한 분과 함께 성체를 분배합니다만 지금 지적하신 현상은 전혀 보지 못했습니다. 사제가 하는 일 중 성체 분배는 아주 작은 일입니다. 무엇이라도 새로 시작하면 부작용이 따르게 마련입니다. 부작용만 겁을 내면 새로운 시도는 있을 수 없습니다. 어린아이를 키우는 부모가 아기가 넘어질 부작용만 생각하면 그 아기는 걷지 못할 것입니다. 여성 사제직이라는 것은 사실 문제가 많습니다. 현행 교계제도 자체를 전면 재조정하지 않고는 불가능하다고 저는 개인적으로 생각합니다. 남녀평등의 현대사회에 어울리는 새로운 봉사직무 조직으로 개편될 때 가능한 일이라 생각합니다. 그러나 언제 이 가톨릭 교회가 그런 개혁을 하겠습니까? "절이 싫으면 중이 떠나라"고 하겠지요. 그러나 수사님, 이렇게 염려를 해주신 것 이 자리를 빌려서 감사합니다.

◆ 지금 우리 사회에는 해결되어야 할 문제들이 많습니다. 경제 위기로 인한 실업자 문제, 노동 문제, 여성 문제, 노인 문제, 장애인 문제, 환경 문제, 왕따 문제 등등 문제들이 수없이 많습니다. 그러나 가톨릭 교회는 이런 문제들보다는 성전 건립으로 본당과 신자들을 늘리는 데에 더 치중하고 있는 인상입니다.

성당도 이왕이면 크고 화려하게 건립하고자 합니다. 이렇게 많은 비용을 들여서 성당 건물을 짓지만 그 건물이 미사 시간 외에는 전혀 이용되지 않습니다. 성전은 신성한 곳이라는 이유만으로 이 현상을 지속해야 하는지 궁금합니다. 지금 이 시간에도 잠자리가 없어 떠도는 사람들이 많습니다. 하느님의 나라는 성전과 신자수와 관련이 있는 것으로 생각되지 않습니다. 하느님 나라는 소외당한 이들, 고통받는 이들과 함께할 때 오는 것이라 생각합니다. 잠자리가 없는 사람이 있다면 신성한 성전이라도 개방하여 그들에게 잠잘 수 있는 공간을 제공해야 하지 않나 생각됩니다. 신학적으로 성전 건물은 그런 사람들을 위해 개방할 수 없는지 신부님의 생각을 듣고 싶습니다.

우리 천주교회가 이제는 사회 문제에 조금 더 관심을 가져야 하지 않을까 생각합니다. 성서 한 구절을 더 외우고 교리 지식에 해박하다고 해서 하느님 나라가 오지 않는다고 봅니다. 어려운 이웃들을 위한 현실적 문제 해결에 더 적극성을 보여야 한다고 생각합니다. 신학적 입장은 어떤 것인지 알고 싶습니다.

서공석: 저도 질문하신 분과 동감입니다. 오늘 대도시에서 성당을 필요 이상으로 크게 또 화려하게 짓는 경향이 있습니다. 옛날 유럽 중세사회에서 대성당들을 건축할 때는 각 도시 혹은 교구의 자존심 경쟁이었습니다. 백년, 이백 년 걸려서 지었지요. 오늘날 성전 건물이 화려하다고 감탄할 사람 아무도 없습니다. 성당은 신자들의 집회를 위한 공간입니다. 그 지역 신자들이 모두 대리석으로 치장한 집에서 살면 성당도 대리석을 깔아야 하겠지요. "하느님의 집을 짓는다" 혹은 "성전 건립을 위해 하느님께 돈을 바치자"는 구호를 자주 보고 듣습니다. 이사야서는 이렇게 말합니다. "야훼께서 말씀하신다. 하늘은 나의 보좌요 땅은 나의 발판이다. 너희가 나에게 무슨 집을 지어 바치겠다는 말이냐? 내가 머물러 쉴 곳을 어디에다 마련하겠다는 말이냐? 모두 내가 이 손으로 지은 것이 아니냐? 다 나의 것이 아니

냐? 그러나 내가 굽어보는 사람은 억눌려 그 마음이 찢어지고 나의 말을 송구스럽게 받는 사람이다"(66,1-2). 성당을 짓지 말자는 말이 아닙니다. 하느님을 위해 짓는 것이 아니라 우리가 필요하기에 짓는 것입니다.

질문하신 분이 지적하신 대로 성당을 지어놓고 이것은 우리 성당이고 거룩한 곳이라고 말하면서 대부분의 시간을 잠궈놓고 있는 것도 문제입니다. 성당 건물은 그 지역 주민들을 위해 활용되었으면 합니다. 지역 주민들을 위해 구원의 공동체라는 사실을 실천으로 보여야 할 것입니다. 주민들이 결혼식장 혹은 전시장 등으로 사용할 수 있으면 좋겠지요. 성당이 있는 지역의 특성에 맞게 소외당하고 고통받는 이들과 함께할 수 있는 일이 무엇인지 신자들이 사목자와 함께 생각하고 자율적으로 결정하여 창의적 노력을 해야 할 것입니다.

과거 6·25 때의 일입니다. 부산 지역으로 피난민이 대거 밀려왔습니다. 집집마다 피난민으로 북새통을 이루었습니다. 성당은 범일동성당과 중앙성당이 있었습니다. 범일동성당에는 이미 고인이 되신 정재석鄭在石(요셉) 신부님이 계셨고, 중앙성당에는 현재 부산교구에서 은퇴하여 계시는 장병룡張丙龍(요한) 신부님이 계셨습니다. 이 두 분은 성당을 이북에서 온 피난민들에게 개방하셨습니다. 미사 시간에는 피난민들이 그들의 침구와 취사도구를 성당 벽에 붙여 쌓아서 신자들이 앉을 수 있는 공간을 만들어 주었습니다. 성전을 그렇게 지저분하게 만들었다고 불평하는 사람들이 없었던 것도 아니었습니다. 지금 생각해 보면 그 두 분 신부님이 복음적 결단을 그 시대로서는 파격적으로 하신 것이었습니다. 이 질문을 하신 분도 복음적 반성을 하신 것입니다. 성당이 지역 주민들을 위해 구원적 역할을 해야 한다는 점에 전적으로 동의합니다. 어떤 방식으로 또 무엇을 해서 그렇게 될 수 있느냐는 문제는 각 지역 공동체가 결정해야 하겠지요.

◆ 익명의 매체라는 인터넷이 기세를 떨치는 요즘, "정보의 독점은 힘의 독점"이라는 구호는 의미심장합니다. 교회 안에서는 더욱 그렇다고 생

각합니다. 아까 지적되었듯이, 외국이나 개신교의 경우와는 달리 우리나라 가톨릭 신학교는 평신도 신학자 양성을 지향하지 않습니다. 평신도들에게 신학을 강의한 분은 드뭅니다. 신학을 공부하고 싶어하는 사람에게 그동안 평신도들에게 신학을 가르치신 신부님의 경험에 비춰서 무엇이라고 말씀해 주시겠습니까?

지금 신학을 공부하고 싶어하는 평신도들에게 열린 공간은 신부님들이 강의하시는 교양강좌들 외에는 거의 없습니다. 이런 강좌를 통해서 진지한 신학공부는 어렵습니다. 학비 한 푼 내지 않고 숙식까지 제공받으면서 10년 가까이 공부하다가, 원하면 유학 보내주고 돌아오면 일할 자리까지 마련되어 있는 신부님들의 상황을 보면 "평신도도 신학을 공부해야 합니다!"라는 말씀은 이해하기 힘듭니다. 월급이 없어도 좋으니 일하게 해달라는 실직자 앞에서 "일하지 않는 자는 먹지도 말라!"고 외치는 꼴이 아닙니까?

기본적인 교양 수준의 지식만이 아니라, 본격적인 평신도 신학교육에 대해 어떻게 생각하십니까? 평신도와 성직자, 수도자가 함께 모여 우리의 시대와 장소에 맞는 교리서를 만들기 위한, 진지한 토론을 하는 자리는 사자들이 어린양과 뛰놀 수 있을 때나 가능하겠습니까? 어려움에도 불구하고 시작하지 않는다면 그런 날이 올 수는 있을까요? 고견을 듣고 싶습니다.

서공석: 저도 동감입니다. 언제 그런 날이 오겠습니까? (웃음) 어떤 여성 한 분이 대학에서 박사학위까지 받았는데 신학을 공부하고 싶었답니다. 그래서 집까지 어느 신학교 근방으로 이사하여 신학교에 등록하고 다녔는데 한 학기를 해보니까 그곳은 신학공부를 하는 데가 아니고 신부 만드는 데라는 결론에 도달했다는 것입니다. 그것이 현재 우리의 실태입니다.

정양모: 수고하셨습니다.

수원교구 하우현 본당에서 오신 진윤영 님, 어디 계신가요? 제안을 하셨습니다.

◇ 심포지엄 주제와 관련이 없는 발언은 무시합시다.
그리고 지금 요지로 발언을 하고 싶습니다.

정양모: 요점만 간단하게 좀 해주세요.

진윤영: 오해의 소지가 많은 글을 신부님께서 읽어 주셨습니다. 그런데 실제로 잘 진행이 되고 있으니까, 문제는 우리가 지금 여기서 바로 하느님 앞에서 어떻게 조금이라도 더 낫게 나가고자 하는 것을, 그런 방향으로 돼가야 된다 하는, 그걸 얘기하고 싶었습니다. 이상입니다.

정양모: 감사합니다.
저쪽에, 연세가 지긋하신데도 시인 선생님 한 분 오셨습니다. 이정옥 선생님, 일어서시지요. 발언해 주십시오.

이정옥: 용훈 본당에서 온 이정옥 데아따입니다. 제가 발언 신청을 하지도 않았는데 정 신부님께서 이런 시간을 마련해 주셔서 감사합니다. 97년 심포지엄도 제가 와서 이틀 동안 들었고, 이번 심포지엄도 이틀 동안 들었습니다. 이것을 들으면서 제가 느끼는 개인적인 의견이랄까요, 신학대학에서 철학을 가르치면서 왕따를 당하신 어느 신부님이 말씀하시기를, 우리나라에는 교회는 있는데 그리스도가 없다, 이런 말씀을 하셨어요. 근데 오늘 주제가 "그리스도론과 교회의 권위주의"라고 돼 있습니다. 그래서 제가 느끼는 것은 결국 그리스도가 없기 때문에 오늘 우리가 이 권위주의라는 주제를 여기서 논하게 되지 않았는가 생각됩니다. 지금 교회라는 그릇은 있지만 그리스도가 우리로부터 달아나셨는지, 아니면 우리가 꽁꽁 묶어서 장

롱 속에 가두어 놓았는지 모르겠습니다. 대안으로 그리스도를 찾아서 교회라는 그릇에 담아야 되지 않겠습니까? 지금 강 박사님께서 아래로부터의 운동을 주장하시고, 민 교수님께서는 예언자적 연대라는 말씀도 하셨는데, 저는 그 구분하는 것이 오히려 우리 사회에 있어서 문제가 아닌가 생각됩니다. 여성신학, 여성단체라는 식으로 여성과 남성을 구분하지 말고 평신도, 수도자, 사제도 구분하지 말았으면 합니다. 이렇게 두 차례에 걸쳐서 좋은 심포지엄을 하셨지만, 서 신부님도 말씀하셨듯이, 하루 이틀 사이에 교회쇄신은 오지 않습니다. 이게 우리 세대가 끝나고 백 년 후에 와도 좋습니다. 지금 여기서 두 분 신부님께서 발벗고 이렇게 나서셨으니까, 이 심포지엄을 계기로 신부님, 수도자, 그리고 평신도, 지금 발제를 해주셨는데, 계절별로 한 번도 좋고 이런 대단히 돈이 많이 드는 심포지엄이 아니라도 우리의 영성을 일깨우고 우리가 잃어버린 그리스도를 찾을 수 있는 어떤 계기의 장이 이 심포지엄을 통해서 만들어졌으면 좋지 않겠나 바라기 때문에 한말씀 드립니다. 감사합니다.

정양모: 세 분이 건의 또는 질문을 하셨는데 간단하게 답변하겠습니다.

◆ 1. 심포지엄 날짜를 정하는 데 있어서 모든 사람이 올 수 있도록 최대한 배려하시면 좋겠습니다.

　　오늘은 주일이라 사제들이 참여하기 어렵고 성소주일 행사 때문에 신학생들과 수녀님들이 오기 어려운 분이 많은 것 같습니다. 어제는 신학생과 부제님이 왔었는데 오늘은 성소주일 행사 때문에 참여하지 못하는 것을 아쉬워했습니다. (김영숙, 가톨릭 교리신학원)

정양모: 주일이 아니라도 사제들은 좀처럼 이런 모임에 오지 않습니다. 제가 퍽 존경하는 김병상 신부님이 어제 오셨어요. 역시 김병상이로구나 하는 느낌이 들었어요. 여기 오늘 예수회 소속 수련자나 신부님 오신 분 있

으면 한번 손들어 주세요. 역시 예상대로 없지요. 오늘 성소주일 행사 때문에 수녀님들이나 신학생들이 많이 못 오신 게 사실입니다. 저희는 작년에 이런 것을 구상을 했는데요, 달력을 미처 보지 못했어요. 그래서 앞으로는 이런 잘못을 범하지 않도록 주의하겠습니다.

◆ 2. 자료집 15쪽(이 책 29쪽)에 언급되어 있는 내용 가운데 예수님이 정치·경제 문제에 대한 관심을 드러내지 않으셨다는 부분에 관한 것입니다. 그에 대해 신부님께서는 당시 최대의 사회 문제인 노예제도에 대해 예수님이나 바울로 사도가 그 철폐를 거론하신 적이 없다는 것을 예로 드셨습니다. 노예는 사람으로서 취급받지 못하고, 타고날 때부터 인간으로서의 모든 권리를 인정받지 못하던 당시 사회 속에서 "노예를 학대하지 말고 사람으로서 아껴야 한다"는 말씀이나 "그리스도로 세례받은 이들은 유대인도 없고 헬라인도 없으며, 노예도 없고 자유인도 없으며, 남성이랄 것도 없고 여성이랄 것도 없습니다. 여러분은 모두 그리스도 예수 안에 하나이기 때문입니다"라는 말씀은 충분히 노예제도에 대한 거부를 지적하셨다고 볼 수 있지 않을지요. 예수님이 노예제도 철폐를 직접적으로 거론하신 적이 없다고 해서 그 제도를 인정했거나, 별 관심이 없었다고 하면, 해방된 자유를 말씀하시는 예수님의 말씀이 그 시대의 제도 — 노예제도라는 — 틀 안으로 국한되는 것은 아닌지요.

정양모: 서양 윤리 속담에 "어느 누구도 불가능한 일을 할 의무는 없다", 그런 것이 있습니다. 노예제도라는 것, 이런 것을 지금부터 160년 전에 미국의 제16대 대통령 에이브라함 링컨이 처음으로 없애지 않습니까. 없애고서 총 맞아 죽었죠. 우리나라에서는 1894년 갑오경장 때 법적으로나마 처음으로 노예제도가 철폐가 됐죠. 그 이후에도 실질적으로 노예제도가 오랫동안 계속이 됐지만요. 예수님조차 시대의 아들이죠. 그러니까 예수님이 노예제도 철폐를 부르짖지 않았다고 해서 우리가 노예제도를 지속할 권리

가 있느냐. 절대로 그렇지 않죠. 예수에게서 계시가 멈춰진 것이 아니라 인지의 발달과 더불어, 사람들의 의식수준의 발달과 더불어 새로운 계시가 내리는 겁니다. 노예제도를 철폐할 수 있는 가능성이 예수 시대에는 전무했고 지금은 있잖습니까.

◆ 또한 예수님 또는 신약성서에 근거해서 정치신학, 경제신학, 사회신학, 문화신학을 전개하는 것은 번지수가 벗어났다고 하셨는데, 그렇다면 성서를 통해 세상을 바라보고, 세상을 바라보는 잣대로 복음을 선택하는 그리스도인들은 정치, 경제, 사회구조 문화에 대한 문제는 아예 외면하거나 초월해서 살아야 한다는 말씀이신지요. 보통의 사람들 삶이 정치, 경제, 사회구조, 문화와 동떨어져 생각할 수 없는 것인데, 삶과 동떨어져 신성화되고 율법만이 강조되던 당시 유대교에 비해 삶에 대해 관심을 보이셨던 예수님께서 그런 문제들에 무관심하시지는 않았을 거라 생각합니다.

남녀불평등에 대한 혹은 여성을 억압하는 제도의 철폐를 직접적으로 거론하지 않으셨지만 행적으로서 보이셨듯이, 앞의 문제들도 그분의 행적 속에 관통하고 계시지는 않는지요.

포도원 농장 주인의 일꾼들에게 품삯을 주는 내용의 성서 말씀에 대해서 임금이나 노동에 대한 예수님의 관점으로 보는 해석이 있는데, 신부님은 어떻게 보시는지 궁금합니다.

경제나 정치에 대해 신부님의 삶이 상대적으로 자유로울 수 있기 때문에 신부님께서 무관심하신 것은 아닌가 하는 생각이 듭니다. 그리고 사회 문제에 대한 예수님의 태도에 관한 신부님의 언급으로는 좁은 의미의 복지를 벗어난 사회의 불평등한 구조에 대항하거나 경제정의를 지향하는 많은 이들에게는 예수님의 말씀이 실제적으로 복된 말씀으로 다가오지 못한다는 느낌을 갖게 됩니다. (김정욱, 가톨릭 노동사목 전국협의회)

정양모: 예수님에게서 영감을 받아서 우리 그리스도인들이 창조적으로 해결책을 모색해야 된다고 봅니다. 신약성서에서 정치, 경제, 사회, 문화에 대한 직접적인 답변은 없습니다. 딱 한 가지만 예를 들어보겠습니다. IMF가 터졌잖습니까. 우리 나라 개신교 신학자들이 성서에 근거해서 IMF를 수습하는 데 답을 제시를 해야지, 『성서의 경제윤리』라고 하는 책을 한 여섯 달 전에 냈어요. 전국의 목사님들 숫자만 하더라도 한 6만 5천 명 되거든요. 그러니까 경제 문제가 우리 민족이 안고 있는 가장 큰 문제 중의 하나인데, 성서에서 답변을 준다, 성서의 경제윤리라 하니까 목사들만 사더라도 6만 5천 부가 팔릴 것이다. 거기다 개신교는 기업인들이 가톨릭보다 훨씬 많잖습니까. 하면 10만 부는 안 팔리겠느냐 기대했던 모양입니다. 그러나 제가 소문 듣기로는 몇 천 부도 안 팔렸다고 합니다. 어느 누구도 성경에서 IMF 해결책을 찾지를 않는 거예요. 성경에서 영감을 얻어야겠지만, 거기에서 직접적인 답을 찾는 것은 무리입니다. 또 현 대통령이 정치판을 완전히 새로 짤 생각을 하는 모양인데요. 그분이 천주교 신자 아닙니까. 그러나 그가 성경에서 답변을 찾지는 않을 것입니다. 성경에서 사람이 사는 도리, 기본적인 영감은 받을지언정, 우리 스스로 창조적으로 답을 찾아야 되는 것이죠.

◆ 3. 지금의 미사는 늘 거룩함과 형식을 지나치게 요구한다고 생각됩니다. 작은 기침도, 조용한 나눔도 주위의 눈을 의식합니다. 이런 엄숙한 분위기 때문에 미사에 참여하는 신자들은 때론 경직된 상황에서 한 시간을 보냅니다.
　원래 미사의 목적과 1세기 교회의 미사 모습은 어떠했는지 궁금합니다. 바른 미사의 모습은 어떠해야 하는지도 말씀해 주십시오. (방승재 다니엘, 인천교구 부평 4동 본당, 젊은이의 모임 "햇살")

정양모: 요즘은 우리 천주교회 교우들은 열심이어서 매일미사를 지내지요.

여기 수녀님들도 많이 오셨습니다만, 평일미사 한 번 거르면 야단나는 줄 압니다. 그래서 여기저기에서 신부를 모셔오려고 애를 쓰지요. 또 어떤 수녀원에서는 미사 참례 안하는 날은 밥을 굶는다고 합니다. 영신의 양식을 굶었으니까 육신의 양식도 취하질 않는다는 것입니다. 1세기에 목숨을 걸고 복음을 전한 사도들은 평일미사는 몰랐어요. 주일미사 딱 하나만 알았지요. 주일미사, 주님의 날에 드리는 미사이지요. 주 예수께서 부활하신 날을 기념하는 것 아닙니까. 주일은 매주일 예수 부활을 기념하는 주간축제이지요. 예수 부활 주간 축제. 그리고 일년에 한 번 대짜배기 부활 대축제를 지내고. 초창기에는 토요일 밤에 주일미사를 지냈지요. 110년경부터는 일요일 아침에 주일미사를 지냈습니다. 성당이 없으니까 집집마다 돌아가면서 미사를 지냈습니다. 밀라노 칙령이 반포된 313년 전에는 전 유럽에 성당이 하나도 없었습니다. 313년 콘스탄티누스 대제가 밀라노 칙령을 반포한 때부터 드러내놓고 성당 짓고, 일요일 아침에 미사를 지낼 수가 있었습니다. 미사의 기원은 예수님의 죽음과 부활입니다만, 좀더 소급을 하면 돌아가시기 전에 최후만찬 형태를 많이 빌렸거든요. 최후만찬이 간단한 식사가 아니라 회식 아니었습니까. 그야말로 진수성찬이었죠. 그러니까 최후만찬을 미사로 만들었기 때문에 식사하고 미사는 같은 것이었습니다. 미사가 식사, 식사가 미사. 사 자후 돌림이잖아요. 아주 먹을 게 푸짐했어요. 교우들이 일주일을 지내고 난 다음에 토요일 저녁이 되면 집집마다 나름대로 음식 한 가지씩 준비해 와서 모으면 뷔페가 되지 않습니까. 그것이 교우 잔치, 예수 잔치였습니다. 예수님 때문에 모였으니까 예수 잔치고, 교우들끼리 모였으니까 교우 잔치고요. 예수님의 과거를 기억하고, 현존하시는 주님을 모시고, 장차 재림하실 것을 기다리면서 지낸 대동축제였습니다. 어제와 오늘과 내일의 삼차원적인 예수 그리스도를 기리는 대짜배기 축제였단 말이죠. 그러니까 일주일 내내 일하고 난 다음 토요일 저녁 때가 되면 몸 씻고, 옷 갈아입고, 회장님 댁으로 향할 적에, 교우들 심정은 어땠겠습니까. 유행가 노랫가락 그대로였습니다. "토요일 밤, 토요일 밤에 나 그대를 만나리." 오늘 밤 예수 만나러 간다. 예수 잔치에 참석해서 예수님의 말씀과 예수님의 행적을 익히고, 그 말씀 따라 행적 따라 살기로 작심한 것 아닙니까. 예수님의 말씀은 한마디로 쉽게 말해서 복음입니다. 기쁜 소식입니다. 또 예수님의 행적은 구원입니다. 교우들은 미사 때 복음 따라 기쁘게 살자, 구원 따라 후련하게 살자고 다짐했습니다.

그런데 오늘날 미사는 이것과 거리가 멀잖아요. 쉽게 말씀드려서 잔치에 초대를 했으면 먹을 것도 푸짐하게 주고 마실 것도 푸짐하게 줘야 하는데, 교우들 숫자가 많아지니까 먹을 것을 줄였잖아요. 요즘 받아먹어라 하는데 그거 뭐 한입이 됩니까, 반입이 됩니까? 거기다가 마실 것은요, 교우가 천 명이 되든 이천 명이 되든 여러분은 구경만 하세요, 오늘 마실 것이 조금밖에 없어서 그냥 제가 혼자 홀짝하겠습니다. 이런 식입니다. 요즘 성만찬은 그렇게 박제화가 된 거예요. 미사가 예수 잔치다 하는 생각이 안 들 정도로 되어버린 겁니다. 그러니까 전반적으로 미사 자체가 생기가 없게 되어 있죠. 가톨릭대학교 의과대학 어느 여자 교수님이 작년에 저를 찾아와서 하소연을 하는 겁니다. 아이들이 성당을 안 나가려고 해요, 그러더니 몇 달 전부터는 남편이 성당을 안 나갑니다. 이 일을 어떻게 하면 좋습니까. 왜 안 나가요? 아이들도 그렇지만 특별히 남편의 반응이 부정적입니다. 성당에 가서 신부님 강론만 들으면 기분이 나쁘고 언짢고 속이 뒤집힌다는 겁니다. 그래도 성당에 가야 됩니까? 제가 가라고 하겠습니까, 가지 말라고 하겠습니까? 서울에 방배동에만 성당이 있나요? 서초성당도 있고, 반포성당도 있고. 서울 사람 팔자 좋아서 서울에 성당이 180개가 되니까, 본당신부가 그렇게 기분 나쁘게 얘기를 하면 다른 데 가면 될 거 아닙니까. 본당신부가 복음을 전해야 되는데, 복음은 전하지 않고 흉음을 전하거든 다른 성당으로 가세요.

서공석: 이것은 답할 것이 아니고 제3차 심포지엄을 위한 건의 말씀들입니다.

◇ 국회 내에서 이루어진 토의에 대해서는 면책특권이 있습니다. 제3차 심포지엄부터는 징계나 제지당하지 않고 자유롭게 토론하여 문제들이 개선될 수 있는 제도적 장치를 원합니다. (김재일, 간석 2동).

서공석: 이것은 우리가 결정할 문제는 아닙니다. 주교님들의 자비심과 아량에 맡겨진 일이지요. 다른 제안들은 다음 심포지엄의 주제 선정을 위한 자료로 저희들이 사용하겠습니다.

정양모: 장시간 수고하셨습니다.